한-EU FTA 특수문제연구

변재웅 · 이로리 공저

계명대학교 출판부

머리말

유럽연합(EU)은 27개 유럽국가로 구성된 세계 제1의 경제규모를 가진 거대 시장으로, 한국의 제2의 교역상대국의 지위를 갖고 있다. 2009년 12월 19일 리스본조약의 발효로 EU는 보다 확대되고, 심화된 통합의 기능을 수행하게 되었다. 2011년 7월 1일 한-EU FTA가 잠정 발효됨에 따라 한국은 EU시장에 대한 수출기회가 확대되었고, EU 역내 시장에서 미국, 중국, 일본 등 다른 교역경쟁국들에 비해 유리한 입지를 확보할 수 있는 가능성을 갖게 되었다. EU 27개 회원국의 국내 비준절차가 완료될 때 까지 한-EU FTA는 잠정 발효되는 형식이지만, 문화협력, 지적재산권의 형사 집행 관련 부분 등을 제외하고 EU의 배타적 권한이 행사되는 대부분의 FTA의 내용이 그대로 적용된다고 볼 수 있다.

한-EU FTA가 발효됨에 따라 국내에서 '한-EU FTA'와 'EU의 통상정책'에 대한 관심이 과거에 비해 훨씬 높아졌으며, 이와 관련된 전문서적에 대한 수요도 학계와 산업계에서 증가하고 있다. 이에 부응하고자 저자들은 한-EU FTA와 관련된 통상문제들에 대한 통상정책 및 통상법 측면의 최신 동향과 다양한 사례를 제공하는 전문도서로서 '한-EU FTA 특수문제 연구'를 출간하게 되었다.

본 저서는 공동저자들이 그동안 각자의 전문 분야에서 발표하였던 관련 논문 및 연구보고서에 기초하여 그동안의 EU FTA통상정책 및 EU통상법의 변화들을 반영하였다. 한-EU FTA 협상 및 경제적 효과에 대한 부분(제2장, 제3장, 제4장)은 국제통상학과 변재웅 교수가 집필하였고, 한-EU FTA에서의 지리적표시 보호를 포함하여 EU의 통상법 특수문제와 관련된 부분(제5장, 제6장, 제7장, 제8장, 제9장)은 법학과 이로리 교수가 각각 집필하였다.

본 '한-EU FTA 특수문제 연구'는 전문도서로서 8개 주요 주제를 다루고 있는데, FTA와 관련된 주제로서 한-EU FTA사례를 중심으로 한 FTA 찬·반 논쟁(제2장), 한-EU FTA와 한-미 FTA협상 결과에 대한 비교연구(제3장), 한-EU FTA 체결에 따른 산업효과 분석(제4장), FTA에서의 환경보호정책(제5장), EU의 지리적표시 보호제도와 한-EU FTA(제6장)를 다루고 있고, EU 통상법의 특수문제로서 EU에서의 지리적표시와 상표의 충돌에 관한 법적 고찰(제7장), 특허풀과 경쟁법과의 관계에 관한 비교법적 고찰(제8장), EU 역내에서의 상사분쟁을 해결하는 대안적 분쟁해결방식인 조정제도(제9장)를 각각 분석 하였다.

EU 통상정책 관련 전문서적의 출간을 기쁘게 생각하며, 그 동안 저자들의 학문적 성장을 격려해 주신 최상호 부총장님, 류건우 학장님, 김정수 동아대학교 교수님(前 한국무역통상학회 회장), 이종원 수원대 교수님(前 한국유럽학회 회장), 박종삼 남서울대 교수님(한국물류학회 회장), 박노형 고려대학교 법학전문대학원 원장님(前 한국국제경제법학회 회장) 등 여러 존경하는 교수님들, 그리고 출판에 도움을 주신 계명대학교 출판부에게 감사의 인사를 드린다. 끝으로, 저자들의 연구 활동을 늘 지지해주고, 격려해주는 사랑하는 가족들에게도 감사의 마음을 전한다.

2012년 1월 15일

아름다운 계명대학교 성서캠퍼스에서

저자 일동

CONTENTS 목 차

제 1 장
서　　론

2010년 12월 19일 발효된 리스본조약으로 EU는 과거에 비해 보다 심화되고 통합된 기능을 수행하게 되었다. 한-EU FTA가 2010년 10월 6일 정식 서명되고, 2011년 7월 1일 잠정 발효됨에 따라 한-EU FTA 및 EU의 통상정책에 대한 국내의 관심과 이와 관련된 전문서적에 대한 수요도 증가하고 있다. 본 '한-EU FTA 특수문제연구' 저서는 한-EU FTA를 포함한 EU통상정책 연구의 중요성을 인식하고, 이와 관련된 국제통상 및 국제통상법 측면의 다양한 사례와 최신 동향을 제공하는 전문도서로서 집필되었다. 본서는 한-EU FTA 관련 특수문제들을 포함한 구체적인 EU의 통상관련 정책 8개의 주제를 다루고 있으며, 그 내용은 다음과 같다.

제2장은 FTA 찬반 논쟁을 한국-EU FTA 사례를 중심으로 분석한다. 2장은 FTA 이념적인 찬반 논쟁이나 과정상의 논쟁보다는 경제전반과 관련 업계측면의 한-EU FTA의 찬반 논쟁을 위주로 분석한다. 이러한 분석은 향후 동시다발적으로 추진되고 있는 한국의 FTA 정책에서 생산적인 시사점을 유추할 수 있을 것으로 사료된다.

세계경제는 경제 질서가 급속히 변하고 있으며 교통과 통신의 비약적인 발전, 중국과 동구권의 시장경제화 가속화, WTO 다자규범의 확산, 국제금융시장의 통합, 지역주의의 확산 등이다. 특히 자유무역협정(FTA)과 같은 지역주의의 확산이 가속되고 있는데, 지역주의는 세계화에 동참하려는 개별 국가들의 노력인 동시에 대외통상환경의 변화에 적극적으로 대처하기 위한 수단으로 볼 수 있다.

FTA의 추진동기로는 1990년대 이전에는 시장접근에 의한 교역확대가 FTA의 주된 체결 목적이었던 반면, 이후에는 직접투자 유치 및 경제구조 조정 등 다양해진 목표 하에서 FTA가 추진되고 있다. 이 밖에도 대외신인도 제고와 대외협상력 강화를 위한 동기와 정치외교안보적 결속관계를 강화하기 위한 동기로도 FTA가 추진되고 있다.

한국의 경우, 2003년 8월 정부 최초의 FTA 추진 로드맵이 확정된 이후로 여러 국가들을 상대로 한 FTA 체결 노력이 동시에 진행되는 소위 '동시다발적' 추진이 한국의 FTA 전략으로 정해졌다. 한국은 2001년 세계 최대 경제권인 EU와 FTA를 잠정 발효했고, 미국과 체결한 FTA의 발효를 추진하고 있어 거대경제권과의 본격적인 FTA 시대를 열었다. 하지만 그 과정에서 정치사회적으로 FTA에 대한 찬반양론이 심화되었다.

한국과 같이 수출의존도가 높은 국가는 FTA 체결로 상당한 규모의 경제적 이익을 기대할 수 있다. 한-EU FTA가 사실상 발효되어 경제적 효과는 수출과 수입이 동시에 증가함으로써 한-미 FTA의 효과를 초과할 것으로 전망된다. 특히 한국의 '수출우위' 상황이 유지됨으로써 무역수지 흑자는 지속될 것으로 기대된다.

일례로 한국 수출의 대부분을 구성하고 있는 자동차, 전자 등 다수 제조업종은 FTA 체결에 긍정적인 입장을 보이고 있지만, 국제경쟁력이 취약한 농축산업 등은 개방에 부정적인 입장이다. 이러한 FTA 찬반의 움직임에도 불구하고 점점 더 확산되어 가는 FTA 논쟁은 무엇인지를 한-EU FTA 사례를 중심으로 분석하고 이에 대한 향후 FTA 대응책을 유추해본다.

제3장은 한-EU FTA와 한-미 FTA 협상결과에서 주요쟁점이 되었던 분야를 선정하여 비교 분석하는데 목적이 있다. 자동차, 농축산업, 섬유분야, 지적재산권, 원산지, 무역규제, 서비스분야와 한-미 FTA에서 주요 이슈인 ISD제도 논쟁에 대해 각각 분석한다.

한-EU FTA는 2007년 공식협상이 늦게 시작되었지만, 2010년 10월 협상이 타결되고 2011년 7월 발효되었다. 한-미 FTA는 2007년 4월에 협상이 타결되었지만, 재협상, ISD 논쟁 등 많은 반대에 직면하였고 최근 양국의 국회비준을 통과하고 2012년 발효 예정이다. 하지만 한-EU FTA는 한-미 FTA 협상보다 상대적으로 유연하게 협상이 이루어진 것으로 평가된다. 미국과 EU는 각각 거대 선진경제국과 세계 최대경제권으로 한국과의 교역이 수·출입 2-4위에 해당할 만큼 중요한 시장으로서 두경제권과와의 FTA체결이 경제의 대외의존도가 높은 한국으로서는 중요한 의미를 준다.

EU와 미국과의 FTA 협상은 세계 양대 거대 경제권을 상대로 한 FTA 협상이라는 점에서 유사한 점이 많다고 할 수 있으나, 협상의제나 협상방식, 민감 분야 등 많은 면에서 차이가 존재한다. 한-미 FTA는 협상내용이 17개 분과(상품무역, 농업, 서비스, 지식재산권 등)로 구성되었지만, 한-EU FTA는 4개 분과(상품, 서비스/투자, 기타규범, 지속가능개발)로 구성되어 상대적으로 협상이 집중적으로 진행되었다.

주요 협상쟁점은 한-미 FTA 협상은 추가협상에서 자동차분야에 대해 미국측 요구를 받아들이는 반면, 제약, 돼지고기, 비자분야에 대해서는 한국측의 요구가 관철되었다. 한-EU FTA 협상에서는 원산지기준과 관세환급에 관한 사항으로 모두 한국측의 요구에 합의하였지만, 추후 상황을 통해 조정할 수 있는 기준이 마련되었다.

두 FTA 협상은 품목별로 최대 쟁점이었던 자동차산업에 대해서 한-미협상은 한-EU협상에 비해 관세철폐기간과 관세율이 낮았고, 서비스시장에서 한-미협상은 네거티브방식(제한규정 없는한 개방)으로 한-EU협상은 포지티브방식(개방항목 명기)을 도입하여 상대적으로 한-미 FTA에 비해 큰 피해가 없을 것으로 보인다.

또한 한-EU FTA가 한-미 FTA보다 공산품 중 조기 관세철폐 비중과 장기 유예품목의 존재문제에서 자유화가 높은 것으로 나타났다. 즉, 한-EU FTA가 개방 폭이 넓고 관세가 더 빠르게 철폐된다는 것이다. 한국측의 가장 민감한 분야인 농업의 경우, 한-EU 협상이 예외규정을 적용, 시장 개방폭을 최소화하여 한-미협상 보다 비교적 피해가 적을 것으로 평가된다.

제4장은 한국-EU FTA 체결로 산업분야 중 특히 한국의 자동차산업(완성차 및 부품)은 한-EU FTA 체결 후 가장 큰 수혜를 보게 될 산업으로 전망된다. 대구지역 자동차 부품산업을 사례로 분석한다. EU는 2009년 기준으로 5억명의 인구와 16조 4천억 달러의 GDP를 가진 거대 경제권으로 한국-EU FTA 발효로 한국은 세계 최대 경제권인 EU에 수출 확대의 돌파구를 마련할 계기가 되었다. 2000년 이후 한국은 EU와 연평균 10% 이상 수출입 증가세를 기록하고 있고, 최근 2010년 EU는 한국의 제 2위 교역국으로 부상하였다.

자동차 및 자동차부품의 수출비중은 18.5%로 선박과 무선통신기기에 이은 3대 수출 품목이다. 자동차에 대한 EU의 관세는 한국보다 높은 10% 수준이며, 자동차부품도 4.5%로 높은 수준이다. 자동차 관련 산업은 전후방 연관효과가 커서 관련 부품산업에 영향이 클 것으로 예상되며, 한-EU FTA 체결로 자동차부품 관세가 즉시 철폐되면 수출이 크게 늘어날 것으로 기대되어 이에 대한 분석과 대책이 필요하다.

대구지역도 섬유, 전자제품과 함께 자동차부품이 주종산업이여서 관련 자동차 부품산업의 수출을 늘릴 수 있는 기회가 된다. 대구지역 자동차분야(대부분 자동차 부품) 업체는 대구 전체 제조업 업체의 9.4%(621개), 매출액면에서 28.4%를 각각 차지하는 비중 있는 산업이다.

하지만 대구지역을 비롯한 한국의 국내자동차 부품산업은 규모가 영세하고 경쟁력이 취약한 상태여서 기술적 낙후성, 중소부품업체들의 마케팅 능력 및 인증제도 준비 취약성, 높은 대기업 의존도, 대기업과 중소부품업체 간의 기술지원, 자금지원 등 상호협력체계 부족 등의 문제점이 있어 부품산업의 전문화, 대형화, 협력체제 구축이 시급한 과제이다.

대구 자동차부품산업의 EU 수출입은 전체 대EU 수출의 8.8%, 수입은 3.9%를 각각 차지하며 무역흑자를 기록하고 있다. 한-EU FTA 체결에 따른 자동차분야의 관세인하 효과를 극대화하기 위해서는 비관세장벽에 대한 대책과 준비도 필요하다. 유럽시장의 가장 큰 수출장벽은 엄격한 품질기준과 환경기준, 인증제도인데, 중소기업들이 EU의 엄격한 환경기준이나 표준규격 등을 사전에 준비하는 전략이 필요하다.

4장은 최근 통계자료를 이용하여 한-EU FTA에 따른 대구지역 자동차 부품산업의 효과를 분석하고자 한다. 본장에서 먼저 관세양허, 원산지규정, 기타 자동차 관련규제인 기술표준, 환경기준, 인증제도 등 한-EU FTA 자동차 관련 주요 이슈를 먼저 분석하고, 이어서 대구자동차 부품산업의 현황을 각각 분석한다. 그리고 자동차 부품업체 경쟁력, 자동차 부품산업 효과 분석 모형을 통하여 한-EU FTA에 따른 자동차부품산업 대응전략을 분석한 후, 결론을 도출한다. 본 연구는 한-EU FTA에 따른 대구지역 자동차 부품산업의 영향을 도출함으로서 선행연구의 공백을 메우고자 한다.

제5장은 FTA에서의 환경보호정책을 다루고 있다. 현재 WTO회원국들은 하나 이상의 FTA당사국이다. FTA는 당사국간 무역자유화를 추구하는 양자적, 지역적 통상조약으로, 일부 FTA는 WTO의 대상범위를 넘어서 경쟁, 노동, 환경규범을 포함하고 있다. 특히 FTA의 환경규범은 WTO협정과 다자간환경협정(Multilateral Environment Agreements: 이하 'MEAs'라 함)과의 관계가 WTO DDA협상의제라는 점과 환경과 무역의 관계가 WTO의 연구 대상이 되어 왔다는 점을 고려할 때 여러 가지 시사점을 제공한다고 볼 수 있다. WTO차원에서 무역과 환경과의 관계에 관한 명시적인 결정이 없는 상황에서 WTO회원국들이 양자적, 지역적으로 체결하는 무역협정에 환경규범을 포함시킴으로써 동 사안에 관한 개별 국가의 관행을 형성해 나가고 있기 때문이다. 물론 모든 FTA가 환경규범을 포함하고 있지 않지만, 주로 미국, EU 등이 적극적으로 FTA에 환경규범을 포함시키고 있으므로 이들 FTA의 무역규모를 고려했을 때 이들이 주도하는 FTA의 규범적 파급효과는 크다고 볼 수 있다. 따라서 본 장에서는 무역협정에서의 환경규범 도입 배경, 특히 미국과 EU가 체결한 FTA에서의 환경보호정책, FTA에서의 환경규범의 주요 내용 그리고 WTO협정/지역무역협정과 다자간 환경협정과의 관계를 중심으로 검토하여 FTA에서의 환경보호정책에 대한 법적 평가를 도출하였다.

제6장은 EU의 지리적표시 보호와 한-EU FTA의 지리적표시 보호의 내용을 다루고 있다. 지리적표시(geographical indications)는 지적재산권의 한 유형으로, 상품의 품질, 명성 또는 그 밖의 특징이 본질적으로 지리적 원산지에서 기인하는 경우 상품이 회원국의 영토 또는 회원국의 지역이나 지방에서 생산되었다는 것을 나타내는 표시를 의미한다. 지리적표시는 점차 가속화되는 세계화 속에서 지역의 정체성을 보존하게 해 주며, 상품의 전반적인 경제적 가치를 제고하는 데 도움을 준다. 또한 보다 높은 품질의 상품을 생산하는데 인센티브를 제공한다. FTA 등으로 무역자유화가 확대되는 시점에 한국의 농산품 및 가공품은 저렴한 외국의 농산품과 경쟁해야 하는 상황에 직면하여 있는데 지리적표시제도는 국내 농산품의 국내외 보호는 물론 지적재산권으로써 생산자의 권익보호와 품질향상을 통하여 소비자를 보호할 수 있는 제도로 활용될 수 있다. EU는 지리적표시의 긴 역사를 가지고 있고, 특히 농산품 및 식료품에 대한 지리적표시 보호가 상표법상의 지리적표시 보호와는 별개로 그 자체로도 높은 수준의 보호를 제공하고, 이에 대한 생산자와 소비자의 신뢰를 구축하고 있다. 2011년 7월 1일 잠정 발효된 한국과 EU의 FTA에 따라 양국은 동 협정 부속서 10-가(Annex 10-A) 및 10-나 (Annex 10-B)에 기재된 농산품 및 식료품 그리고 포도주, 방향포도주 및 증류주의 지리적표시를 각 당사국의 영역에서 보호해야 한다. 물론, 동 목록에 기재되지 않은 지리적표시의 개별출원도 각 당사국 법령에 따라 가능하다. 본 장에서는 한국의 지리적표시를 EU 내에서 보호하기 위한 법적 제도를 검토할 목적으로 EU의 농산품 및 식료품의 지리적표시 보호제도와 한국과 EU의 FTA의 지리적표시 보호 관련 규정을 중심으로 분석하였다.

제7장은 EU의 사례를 중심으로 한 지리적표시와 상표의 충돌 문제를 중심으로 다루고 있다. 지리적표시와 상표(trademarks)는 모두 상품을 구별하는 식별표지로, 높은 명성과 상업적 가치를 갖는 지적재산권이라는 공통점을 갖지만 법적으로 구별되는 권리이다. 지리적표시는 상품의 원산지

를 식별하는 표시로서 상품의 명성, 품질 또는 기타 특징이 그 원산지와 관련이 있는 경우, 그 상품이 그 지역을 원산지로 한다는 것을 나타내는 표시(indications)인데 비하여, 상표는 한 회사의 상품 및 서비스를 다른 회사의 상품 및 서비스로부터 식별할 수 있는 표지 또는 표지의 결합으로 구성된다. 그러한 표지, 특히 개인의 성명, 문자, 숫자, 상징적 요소 및 색깔의 조합 및 그러한 표지의 결합이 상표로서 등록될 수 있다.

그런데, 한 상품에 대하여 동일표지가 각각 상표와 지리적 표시로 주장되는 경우, 어떠한 권리가 우선하는 가의 문제가 제기될 수 있다. 즉, 어떤 지리적표시와 그러한 지리적표시를 포함하거나 그러한 표시로 구성되는 상표와의 관계에 관한 문제로, 보다 구체적으로 먼저 등록된 지리적표시와 상표와의 관계, 그리고 먼저 등록 또는 사용된 상표와 지리적표시와의 관계에서 권리의 충돌을 생각할 수 있다. 외국의 상표 또는 지리적표시가 관련된 경우, WTO 분쟁사건인 'EC-농산품 및 식료품의 상표 및 지리적표시 보호'(European Communities – Protection of Trademarks and Geographical Indications for Agricultural Products and Foodstuffs) 사건의 예와 같이 국가 간의 통상 분쟁의 대상이 될 수 있다. 본 장에서는 상표와 지리적표시의 충돌에 관한 법적 해결을 검토하기 위하여 먼저 지적재산권으로서의 지리적표시의 의의와 지리적표시의 법적 보호유형을 살펴보고, 지리적표시의 법적 보호 유형별 지리적표시와 상표의 관계에 대한 접근 그리고 관련 WTO분쟁사건인 'EC-상표 및 지리적표시 보호사건'을 중심으로 두 지적재산권의 충돌문제의 법적 해결방법을 검토하였다.

제8장은 EU와 미국에서의 특허풀과 경쟁법관계에 관한 비교법적 고찰을 다루고 있다. 특허 풀(patent pool)이란 둘 이상의 특허권 소유자가 그들의 특허 중 하나 또는 그 이상을 서로 또는 제3자에게 라이선스(특허 실시권)를 주는 계약이다. 특허 풀은 크로스 라이선싱(교차 실시권)의 대상이 되는 지적재산권의 집합으로 정의될 수 있다. 생활의 전 분야에서 다양한 최첨단 기술이 급속도로 발명되고 있고, 그러한 기술에 대한 특허권의 확

보는 21세기 지식기반경제에 있어 기업에게 매우 중요한 과제가 되었다. 하나의 상품에는 상품의 특성에 따라 몇 개에서 몇 천 가지의 기술이 결합되어 있기 때문에 원천기술을 확보하지 못한 기업의 경우 엄청난 특허료를 지불하여야 하며, 관련 원천기술에 대한 라이선스를 취득하지 못한 경우 추가적인 신규기술의 발명이 차단된다. 따라서 상품의 생산과정에 여러 기술들이 결합되어 있는 경우 핵심기술을 서로 묶어 특허 풀을 형성하고, 공동으로 라이선스를 관리하는 추세가 확산되고 있다. 또한 그러한 특허 풀은 풀의 참여자간의 특허분쟁의 발생을 예방하므로 특허침해소송에 관련되지 않고 신규기술 개발에 보다 집중할 수 있게 되며, 나아가 제3자의 특허침해에 대하여 공동으로 대응하게 하는 이점이 있다. 합리적인 라이선스 비용과 라이선스 관리 그리고 특허분쟁예방 측면에서 미국이나 EU 등 선진국에서는 특허 풀이 적극적으로 활용되고 있다.

특허법과 경쟁법은 모두 경쟁을 촉진하고, 산업 및 혁신을 장려하는 공통점을 가지고 있지만 특허권의 행사와 경쟁법 사이에는 일정한 긴장관계가 존재한다. 특허권은 지적재산권으로서 배타적이고 독점적인 성격을 가지고 있는 반면, 경쟁법은 시장에서의 독점행위, 경쟁을 제한하는 행위를 규제하기 때문이다. 특허권의 행사는 자체로서 독점을 규제하는 경쟁법의 규제대상이 되지는 않지만, 특허권행사의 형태인 특허 풀의 구성 및 라이선싱 관행 등 특허 풀의 특정 유형의 행위가 시장에서 경쟁을 제한하는 효과를 갖게 되면 경쟁법의 적용 대상이 된다. 그러한 경우 특허권의 정당한 권리행사의 범위가 문제가 되는데, 구체적으로 특허 풀 구성 및 라이선스 계약의 조건과 그러한 구성과 계약조건이 경쟁에 미치는 효과에 따라 경쟁법의 규제대상 여부가 결정될 것이다. 특허법과 경쟁법 정책 간의 적절한 균형이 이루어지지 않으면, 유효한 특허의 親 경쟁적 사용이 제한되고, 생산적인 경쟁이 이루어지지 않으며, 결과적으로는 산업의 혁신 및 발전이 저해된다. 따라서 산업의 혁신과 경쟁을 촉진시켜 궁극적으로 소비자의 복리 증진에 연결되도록 하기 위하여 법 적용에 있어 특허법과 경쟁법 간의 적절한 균형이 모색되어야 한다. 본 장에서는 선진기술을 확보하고 있는

EU와 미국의 특허 풀에 대한 경쟁법적 규제와 적용사례를 분석하여 특허 풀에 대한 경쟁법적 규제가 그러한 균형을 어떻게 모색하고 있는 지를 살펴보았다.

제9장은 EU의 상사분쟁 조정제도를 검토하였다. EU는 2008년 5월 24일 '2008년 5월 21일 유럽의회와 EU이사회의 민사 및 상사조정의 특정 측면에 관한 지침'(Directive 2008/52/EC of the European Parliament and the Council of 21 May 2008 on certain aspects of mediation in civil and commercial matters: 이하 'EU조정지침'이라 함)을 관보에 게재하였고, 동 지침은 2008년 6월 13일 발효되었다. 동 지침은 국경 간 분쟁에만 적용되지만 회원국들이 동 지침을 국내조정절차에 적용하는 것을 배제하는 것은 아니다. EU조정지침은 EU역내에 주소를 두고 있는 자연인과 법인의 민사 및 상사분쟁해결을 위한 조정만을 적용대상으로 하고 있으므로, EU 역외의 외국과의 민사 및 상사 조정에는 적용되지 않지만, 동 지침이 그러한 적용을 명시적으로 금지하는 것은 아니며, EU회원국이 EU조정지침을 이행하는데 있어 외국이 관련되는 분쟁에 대한 민사 및 상사조정제도를 별도로 운영하기 위하여 법을 개정하거나 입법을 할 가능성은 적다고 볼 수 있다.

EU조정지침상의 '조정'(mediation)은 그 명칭이 무엇이든, 둘 이상의 분쟁당사자들이 조정인(mediator)의 지원으로 분쟁해결에 대한 합의에 도달하기 위하여, 자발적으로, 그들 스스로에 의해 시도되는 구조화된 절차(a structured process)로 정의되었다. 이 경우 조정인 은 분쟁당사자에게 분쟁의 해결책을 제시하거나 부과하지 않는데, 이 점에서 분쟁해결에 개입하는 제3자가 분쟁의 해결책을 적극적으로 제시하는 조정(conciliation)과 다르다. 조정자가 분쟁당사자간의 우호적인 해결책을 도출하는 것을 도와주는 촉진자 (facilitator)의 역할을 하는 경우에는 조정 (conciliation)과 명확하게 구별되지만, 분쟁해결방식의 구조상 또는 분쟁당사자의 요청으로 분쟁해결에 개입하는 제3자가 좀 더 적극적으로 분쟁의 해결책에 대하여 자신의 의견을 제시하는 평가자 (evaluator)의 역할을 하는 경우, 조정(conciliation)과 유사한 성격을 가질 수 있다. EU조정지침의 전문(11)은 명시적으로 동 지침이 계약 전 협상이나 사법조정(judicial conciliation) 제도, 소비자 불만제도, 중재(arbitration) 및 전문가 결정과 같은 사법적 성격의 과정 또는 법적 구속력이 존재하는 지 여부에 관계없이, 분쟁의 해결에 대하여 공식적인 권고를 주는 사람 또는 기관이 관리하는 절차에 적용되지 않는다고 명시하고 있으므로, EU조정지침의 조정(mediation)은 분쟁해결에 참여하는 제3자가 분쟁의 해결책을 제시하는 조정(conciliation)과는 구별된다고 할 것이다.

EU조정지침은 민사 및 상사 분야의 국경 간 분쟁을 해결하려는 당사자에게 EU차원에서 통일된 조정제도에 관한 최소한의 예측가능성과 조정합의의 집행가능성을 제공하고 있다는 점에서 큰 의미가 있다. 본 장에서는 EU조정지침의 채택배경과 주요 내용, 그리고 EU회원국인 프랑스, 영국, 독일의 조정제도와의 관계 등을 검토함으로써 EU역내에 주소를 두고 있는 한국 기업들의 상사분쟁에 대한 대안적 분쟁해결제도로서의 조정제도를 활용하는데 있어서의 시사점을 도출하였다.

제 2 장
FTA 찬반 논쟁 : 한국-EU FTA를 중심으로

I. 서 론

세계경제는 경제 질서가 급속히 변하고 있으며 교통과 통신의 비약적인 발전, 중국과 동구권의 시장경제화 가속화, WTO 다자규범의 확산, 국제금융시장의 통합, 지역주의의 확산 등이다. 특히 자유무역협정(FTA)과 같은 지역주의의 확산이 가속되고 있는데, 지역주의는 세계화에 동참하려는 개별 국가들의 노력인 동시에 대외통상환경의 변화에 적극적으로 대처하기 위한 수단으로 볼 수 있다.

FTA의 추진동기로는 1990년대 이전에는 시장접근에 의한 교역확대가 FTA의 주된 체결 목적이었던 반면, 이후에는 직접투자 유치 및 경제구조조정 등 다양해진 목표 하에서 FTA가 추진되고 있다. 이 밖에도 대외신인도 제고와 대외협상력 강화를 위한 동기와 정치외교안보적 결속관계를 강화하기 위한 동기로도 FTA가 추진되고 있다.

한국의 경우, 2003년 8월 정부 최초의 FTA 추진 로드맵이 확정된 이후로 여러 국가들을 상대로 한 FTA 체결 노력이 동시에 진행되는 소위 '동시다발적' 추진이 한국의 FTA 전략으로 정해졌다. 한국은 2001년 세계 최대 경제권인 EU와 FTA를 잠정 발효했고, 미국과 체결한 FTA의 발효를 추진하고 있어 거대경제권과의 본격적인 FTA 시대를 열었다. 하지만 그 과정에서 정치사회적으로 FTA에 대한 찬반양론이 심화되었다.

한국과 같이 수출의존도가 높은 국가는 FTA 체결로 상당한 규모의 경제적 이익을 기대할 수 있다. 한-EU FTA가 사실상 발효되어 경제적 효과는 수출과 수입이 동시에 증가함으로써 한-미 FTA의 효과를 초과할 것으로 전망된다. 특히 한국의 '수출우위' 상황이 유지됨으로써 무역수지 흑자는 지속될 것으로 기대된다. 일례로 한국 수출의 대부분을 구성하고 있는 자동차, 전자 등 다수 제조업종은 FTA 체결에 긍정적인 입장을 보이고 있지만, 국제경쟁력이 취약한 농축산업 등은 개방에 부정적인 입장이다. 이러한 FTA 찬반의 움직임에도 불구하고 점점 더 확산되어 가는 FTA 논쟁은 무엇인지를 한-EU FTA 사례를 중심으로 분석하고 이에 대한 향후 FTA 대응책을 유추해본다.

2장은 FTA 이념적인 찬반 논쟁이나 과정상의 논쟁보다는 경제전반과 관련업계측면의 한-EU FTA의 찬반 논쟁을 위주로 분석한다. 이러한 분석은 향후 동시다발적으로 추진되고 있는 한국의 FTA 정책에서 생산적인 시사점을 유추할 수 있을 것으로 사료된다. 제 2절에서 먼저 세계 FTA 추진과 한-EU FTA 추진 배경을 살펴보고, 제 3절에서 한-EU FTA 찬성 논쟁, 그리고 제 4절에서 한-EU FTA 반대 논쟁을 각각 분석한 후, 제 5절에서 결론을 도출한다. 본 연구는 한국-EU FTA를 중심으로 FTA에 따른 FTA 찬반논쟁을 분석함으로서 선행연구의 공백을 메우고자 한다.[1)]

---

1) 한-EU FTA 관련 최근 연구는 주로 경제적 효과분석과 추진과정에 관한 연구들인데, 강유덕(2009), 김득갑(2007), 김형주(2007), 김형주, 이서원(2008), 이종원, 변재웅(2008), 안유석(2009), 외교통상부(2009), 이명구(2009), 이종규(2009), 전국경제인연합회(2007), 황나영, 박형중(2009), 田中信世(2008), Nicolas(2009), Smith *et al*(2008) 등이 있다. 그리고 산업분석 관련연구는 자동차산업은 이종원(2010), 송원근(2008), 이항구, 김경유(2009), 산업분석은 변재웅(2009, 2011a), 조대성(2009), 하나금융연구소(2009a) 등이 있다.

Ⅱ. 한-EU FTA 추진 배경

2.1. 세계 FTA 추진

지역화·블록화와 동시에 이에 속한 각국 차원의 FTA 추진이 늘어나고 있다는 점과 경제위기 이후 보호무역주의 기초 속에서 수출확대를 위해 역설적으로 양자협상의 중요성이 부각되고 있다. 자유무역협정(FTA: Free Trade Agreement)은 특정국가간에 배타적인 무역특혜를 서로 부여하는 협정으로 가장 느슨한 형태의 지역 경제통합을 말하며, 지역무역협정(RTA: Regional Trade Agreement)의 대종을 이루고 있다. 최근의 세계적인 FTA 추진동향을 살펴보면 양적인 측면에서의 확산 이외에 질적인 면에서나 상대국 선정 등의 면에서도 과거에 비해 여러 가지 변화가 있다.[2)]

현재 발효 중인 286건의 지역협정을 체결시기별로 살펴보면, 1947년부터 1994년까지 91건에 불과하던 것이 1995년 이후 2011년 3월 기준 206건이 체결되어 최근 지역주의의 광범위한 영향을 보여주고 있다. FTA로 대표되는 지역주의(regionalism)는 세계화와 함께 오늘날 국제경제를 특징짓는 뚜렷한 조류가 되고 있으며, WTO 출범 이후 오히려 확산 추세에 있다.[3)]

예컨대, 47년간의 GATT 시대에 GATT에 통보된 지역무역협정이 124건인데 비해, WTO 초기 9년간 이보다 보다 많은 숫자(176)의 지역무역협정의 통보가 이루어졌다.[4)] 2007년 기준 전 세계 교역량의 50% 이상이 지역무역협정 내 교역에 포함되는 것으로 추정되고,[5)] 2011년 3월 49.2%(2009년 기준)를 기록했다.[6)] 세계 FTA 확산 이유는 〈표 1〉에서 알 수

2) 이준서(2010), pp. 17~18. 무역통상실(2011).
3) http://www.fta.go.kr/new/ftakorea/fta_world.asp
4) http://www.fta.go.kr/new/ftakorea/fta.asp
5) http://www.fta.go.kr/new/ftakorea/fta_world.asp
6) 명진호, 정혜원(2011).

있듯이 개방을 통한 생산성 향상, 외국인직접투자 유치를 통한 경제성장, 특정국가간의 배타적 호혜조치의 장점, 그리고 다자체제 자유화 선도 등이다.

〈표 1〉 세계 FTA 확산 이유

이 유	내 용
개방을 통한 생산성 향상	▷ FTA가 개방을 통해 경쟁을 심화시킴으로써 생산성 향상에 기여한다는 측면에서 무역부문의 중요한 개혁조치로 부상
외국인 직접투자 유치를 통한 경제성장	▷ 무역 및 외국인 직접투자의 유입이 경제성장의 원동력이라는데 대한 인식 확산과 FTA체결이 외국인 직접투자 유치에 큰 도움이 된 사례(NAFTA 이후 멕시코 등)가 교훈으로 작용
특정국가간의 배타적 호혜조치의 장점	▷ 특정국가간의 배타적 호혜조치가 실익 제고, 부담 완화 및 관심사항 반영에 보다 유리할 수 있다는 측면 고려
다자체제 자유화 선도	▷ 연내 국가간의 보다 높은 자유화 추진이 다자체제의 자유화를 선도할 수 있다는 명분론(주로 선진국)

자료: 변재웅(2011b), p. 75.

전통적으로 국가 간에는 관세와 그 외의 다양한 제약이 있어서 상품이 국경 통과가 자유롭지 않았다. 그러한 제약들을 없애거나 최소화해서 다른 나라와도 같은 국가내에서 재화의 이동을 자유롭게 하자는 것이 자유무역협정인데, 이는 FTA가 효율성과 생산성을 높일 수 있는 가장 좋은 방법이라는 것이 기본적인 인식이다.

그러면서 인식이 비슷한 나라끼리 FTA를 체결하고 계획경제를 고집하는 나라들은 배제를 함으로써 신자유주의를 바탕으로 하는 나라들끼리의 무역 리스크를 줄이기 위해 체결하는 것이다. 한국의 경우 FTA를 상당히 적극적으로 추진하는 국가 중 하나인데, 한국은 특히 수출의존도가 세계에서도 높은 수준에 속하므로 FTA 체결이 필수적이라 할 수 있다. 한-EU, 한-미 FTA도 이러한 맥락에서 추진되고 있다.

하지만 지역주의 확산에 따라 역외국가로서 받는 반사적 피해에 대한 대응도 반드시 필요하다. 지역무역협정에 대한 WTO의 규정이 불명확하고, 불충분하여 특정 지역무역협정이 WTO 규정에 합치하는지를 판단하는 것은 현재로서는 매우 어려운 실정이다. WTO 지역무역협정위원회(CRTA: Committee on Regional Trade Agreements)를 중심으로 지역무역협정에 관한 WTO 규정을 명확히 하고 보완하기 위한 협상이 진행되고 있으나, 논의속도는 매우 부진한 편이다. FTA를 포함한 지역무역협정의 이익은 가시적이고 직접적인 반면, 역기능을 억제하기 위한 다자적인 감시기능이 제대로 작동하기 어려운 상황에서 지역주의는 앞으로도 확산될 것으로 전망된다.[7)]

2.2. 한-EU FTA 추진배경

EU는 그동안 적극적으로 FTA를 추진하고 있는데,[8)] 한-EU FTA의 추진배경에 대해서 살펴본다. 〈표 2〉는 2010년 세계 국가별 경제규모를 보여주는데, 세계 경제규모에서 EU는 16조 1060억 달러의 GDP로 미국보다 규모가 큰 세계 최대의 단일 경제권을 형성하고 있어 세계 총 GDP의 1/4 이상을 차지하고 있다. 한국의 경우, EU와 미국과의 경제교류가 큰 시장을 개척하는데 중요하게 작용한다. 특히 EU 회원국인 독일, 프랑스, 영국, 이태리는 세계 4, 5, 6, 7위의 경제대국이다.

---

7) http://www.ftahub.go.kr/kr/situation/fta/02/
8) Matthew, M.(2002).

〈표 2〉 2010년 세계 국가별 경제규모 (GDP 규모, 단위 백만불)

순 위	구 분	GDP규모(US 백만$)
-	세계	61,963,429
-	EU	16,106,896
1	미국	14,624,184
2	중국	5,745,133
3	일본	5,390,897
4	독일	3,305,898
5	프랑스	2,555,439
6	영국	2,258,565
7	이탈리아	2,036,687
8	브라질	2,023,528
9	캐나다	1,563,664
10	러시아	1,476,912
11	인도	1,430,020
12	스페인	1,374,779
13	호주	1,219,722
14	멕시코	1,004,042
15	한국	986,256
16	네덜란드	770,312
17	터키	729,051
18	인도네시아	695,059

자료: IMF(http://www.imf.org/), IMF World Economic Outlook Database, 2011.

한국과 EU의 FTA에 관한 관점에 대해서 각각 살펴본다. 먼저 한국측은 한국경제가 성장하면서 EU와의 경제관계도 더욱 중요해지고 있다. EU는 세계 최대 단일경제권이며 한국의 제2위 수출시장으로 부상하였으며, EU는 한국에 대한 최대 투자국으로 한국내 FDI의 1/3을 차지하고 있다. 한국이 동북아의 허브로 도약하기 위해서는 세계경제의 큰 축인 EU와의 FTA 체결이 필수적이며, 한국경제의 체질 강화와 균형 발전을 위해서도

한-EU FTA가 필요하다.9)

한편 EU로서도 급성장하는 아시아 국가들과의 FTA 체결이 시급한 과제로 대두하게 되었다. 한-EU FTA에 대한 주요국의 견해를 분석하면 다음과 같다. 대부분의 EU국가들은 한-EU FTA를 환영한다. 특히 한-EU FTA 찬반 조사 17개국 중 이탈리아, 루마니아를 제외한 15개국의 반응이 긍정적이었다.10)

한-EU FTA에 기대를 걸고 있는 산업은 국가별로 상이한 것으로 나타났다. 독일은 자국이 강점을 가진 화학 및 제약업계가 수혜를 볼 것으로 예상하고, 벤츠, BMW 등 고급 승용차 수출 기회도 확대될 것으로 기대했다. 영국은 주류 수출에 거는 기대가 크다. 위스키 소비대국 한국과의 FTA로 한-EU FTA를 적극 지지하고 있다. 한국은 이미 스카치 위스키를 세계에서 7번째로 많이 수입하는 나라로, 현행 관세 20%가 철폐되면 3~5년내에 연간 5억 파운드의 위스키 수출을 기대하고 있다.

한편 프랑스 자동차산업은 업체에 따라 상반된 입장을 보이고 있다. 르노는 한-EU FTA를 환영하는 분위기로 한국 르노삼성에서 생산하는 중·고급 승용차의 EU 수출을 위한 생산시설 확충 가능성을 검토 중인 것으로 알려졌다. 반면, 푸조는 한국산 자동차의 관세철폐로 인한 경쟁 격화 및 자국 경쟁사인 르노의 한국생산차량 수입에 따른 상대적인 경쟁력 상실을 우려했지만, 네덜란드는 현재 25%의 관세가 부과중인(10년 철폐대상) 삼겹살 수출이 증가해 양돈업계의 경쟁력을 제고시킬 것으로 기대했다.11) 〈표 3〉은 한-EU FTA에 대한 EU 대표 회원국별 반응을 보여준다.

---

9) 김득갑(2007). 제조업을 기반으로 수출의존도가 높은 독일의 외무부장관 Guido Westerwelle는 한-EU FTA를 "향후 여타 아시아 국가와의 FTA를 위한 시작"으로 높이 평가했는데, 영국은 한국산 제품과 경쟁을 벌이는 자국산업이 적어 한-EU FTA에 대해 우호적인 입장이었다. 프랑스의 사르코지 대통령은 유럽이 보호주의를 거부하고 공정한 국제경쟁을 해야 한다는 입장이다. 이외에도 네덜란드 고용주협회(VNO-NCW)와 중소기업협회(MKB-Nederland)는 유럽의회에 한-EU FTA 비준을 지지하는 서한을 발송했으며, 벨기에 외무장관 Steven Vanakere는 한-EU FTA를 유럽기업들이 아시아 시장을 여는 커다란 기회라고 평가했다. KOTRA 보도자료(2010).

10) KOTRA(www.kotra.or.kr)

11) KOTRA(www.kotra.or.kr)

〈표 3〉 한-EU FTA에 대한 EU 대표 회원국별 반응

국가	전체 반응	긍정적/부정적 사유	현지 업계 반응	
			긍정적	부정적
독일	긍정적	▷ 독일 외무부장관은 "협상승인은 매우 좋은 결과" 입장 ▷ 한-EU FTA는 향후 여타 아시아 국가와의 FTA를 위한 시작	▷ 화학, 제약 ▷ 중형 자동차	▷ 자동차-한국의 현대, 기아 판매율이 매년 상승, 반면 유럽의 한국 수출 자동차 대수는 4%에 불과
영국	긍정적	▷ 영국시장에서 한국 제품과 경쟁을 벌이는 영국 생산품이 적어 반대 분위기가 적음.	▷ 주류-한국 위스키 세계 7위 주요수입국 (연간 5억파운드 수출 예상), 현재 영국 주류 판매 감소하는 상태에서 호기	-
프랑스	긍정적	▷ 유럽의 국제 경쟁 추진	▷ 농산물-농산물 수출 확대 기대 ▷ 자동차-르노삼성 생산시설 확충 검토 중	▷ 자동차(푸조)-한국 자동차 관세철폐로 인한 경쟁격화 예상
이탈리아	부정적	▷ 제조업 의존도가 높아 자동차, 섬유산업에 타격이 예상	-	▷ 자동차-현재 경제위기로 인해 벌어진 경쟁

자료: www.kotra.or.kr, 보도자료(2010).

≫Ⅲ. 한-EU FTA 찬성 논쟁

3.1. 한-EU FTA 찬성론

한-EU FTA 찬성 입장의 배경을 살펴보면 다음과 같다. 수출의존도가 높은 한국으로서는 보호무역주의 확산으로 인한 교역의 급감이 문제이다. WTO협정 범위 내에서도 보호무역주의가 확산될 수 있기 때문에 국가간의 피해를 최소화하기 가장 좋은 방법은 여러 국가와 FTA를 적극적으로 추진하는 것이다. 이러한 맥락에서 한-EU FTA 체결은 양자 간의 관세철폐 및 비관세장벽 완화를 통해 오히려 무역자유화의 수준을 높여 교역확대가 기대된다는 관점이다.[12]

경제 전반적으로는 첫째, EU는 세계 1위 경제규모를 가진 거대시장이자 한국의 제2위 교역파트너로 국내총생산이 미국보다 크다는 장점이다. 둘째, EU의 경우 미국보다 평균 관세율이 높아 FTA 발효와 함께 관세가 철폐될 경우 한국의 주요 수출품목인 자동차와 그에 따른 부품, TV 등 영상기기, 섬유, 신발 등의 분야에서 가시적인 혜택이 기대된다. 셋째, 한-EU FTA 체결로 유럽 27개 개별국가와 동시에 FTA를 체결하는 효과가 있으며, 유럽과 동아시아, 미국을 잇는 'FTA 허브'로 부상할 수 있는 기반을 조성할 수 있다는 장점이 있다.

한-EU FTA 체결로 경제면에서는 한국의 실질 GDP를 장기적으로 연평균 약 0.56%, 최대 5.6% 증가시키고, 최대 25만 3000명의 일자리 창출 효과 기대되며, 향후 15년간 대EU 무역흑자가 연평균 3.6억달러 가량 늘어날 것으로 전망된다.[13] 이를 통해 산업계는 제조업계의 경우, 비용절감 효과는 물론 대일 무역적자 개선도 기대되며, 외국인투자 증대와 함께 투명성, 신뢰성 제고에 따른 전반적인 경제시스템의 선진화가 예상된다.

---

12) 송원근(2009).
13) 이데일리, 2010. 10. 06.

한-EU FTA로 관세가 조기에(즉시 및 3년 이내) 철폐되는 상품 중 한국이 수출 경쟁력을 갖추고 있으며, 무역수지 흑자폭이 큰 상품이 가장 먼저 수혜를 입을 가능성이 크다. 수출 금액 자체가 큰 자동차 부품과 무선통신기기 부품, 합성수지의 수출에 긍정적인 효과를 예상한다. 전기전자는 현지생산용 부품에 대한 관세철폐 효과가 기대되며, 가전제품은 관세가 비교적 낮아, 가격인하 효과보다는 FTA체결로 인한 브랜드 이미지 개선효과가 기대된다. 반면 농축산업, 석유화학, 기계류는 수입증가가 예상된다.[14]

특히 한국의 자동차산업과 자동차 부품산업은 한-EU FTA 체결 후 가장 큰 수혜를 보게 될 산업으로 전망된다. 자동차 및 자동차 부품의 수출 비중은 13%로 선박과 무선통신기기에 이은 3대 수출 품목이다. 자동차에 대한 EU의 관세는 한국보다 2% 높은 10% 수준이며, 부품도 4.5%로 높은 수준이다. 한-EU FTA 체결로 배기량 1.5리터 이상은 3년, 이하는 5년 안에 각각 관세를 철폐하게 되면 수출이 크게 늘어날 것으로 기대된다.[15]

소비자도 세계적인 품질과 브랜드 파워를 가지고 있는 EU산 제품들을 보다 싸게 구입할 수 있다. 일례로 수입산끼리 경쟁하는 와인의 경우 관세가 사라지면 국내 소비자는 더욱 싼 가격에 구매가 가능하여 소비자 후생 증대효과가 있다. 한-EU FTA의 기대효과로는 동아시아 FTA 허브로의 부상, 산업 구조조정을 통한 경제시스템의 선진화, 만성적인 대일무역역조 개선을 기대할 수 있다.[16] 〈표 4〉는 한-EU FTA 찬성론의 효과, 경제적, 관련업계 및 소비자 측면의 관점을 보여준다.

14) 변재웅(2009), pp. 274-275.
15) 변재웅(2011a), 이종규(2009) p. 29.
16) KOTRA Invest Korea 외국인투자정책센터팀(2011), p. 28.

〈표 4〉 한-EU FTA 찬성론

전체 효과	· 한-EU FTA로 유럽 27개 국가와 동시에 FTA를 체결하는 효과, 유럽과 동아시아, 미국을 잇는 'FTA 허브'로 부상할 수 있는 기반 조성 · EU는 세계 1위 경제규모를 가진 거대시장이자 제2위 교역파트너 · 미국보다 평균 관세율이 높아 FTA 발효와 함께 관세가 철폐될 경우, 한국의 주요 수출품목인 자동차와 부품, TV 등 영상기기, 섬유, 신발 등 혜택 기대 · EU시장에서 주요 경쟁국인 미국과 중국, 일본보다 앞서 FTA를 체결하여 선제적인 시장진입과 함께 향후 경쟁에서도 유리한 입지 확보 · 한-EU FTA가 경제동맹을 넘어선 가치동맹의 성격을 지닌다는 점에서 정치·외교 등의 분야에서 양측의 동반자 관계의 격상도 기대 · 한-EU FTA는 의회비준을 추진 중인 한-미 FTA 최종 타결에도 영향 · 현재 협상을 진행 중인 한-중, 한-일 FTA 체결에도 촉매제 역할 기대 · 최근 각국의 보호무역주의 움직임이 가시화되고 있다는 점에서, 자유무역을 통한 경제위기 극복이라는 G20 정신을 실현한 모범사례로로 평가
경제	· 한국 실질 GDP를 장기적으로 연평균 약 0.56%, 최대 5.6% 증가 · 자본축적과 함께 생산성 증대가 이뤄질 경우, 최대 25만명 일자리 창출 효과 · 향후 15년간 대EU 무역흑자가 연평균 3.6억 달러 가량 증가 전망 · 한-EU FTA로 한국의 FTA 체결국간 교역 비중 증대
관련 업계	· 제조업계의 경우, 세계적 경쟁력을 지난 EU산 부품·소재 수입을 통해 비용절감 효과는 물론 대일 무역적자 개선도 기대 · 한국과 EU와의 교역 활성화를 통한 외국인투자 증대와 함께 투명성, 신뢰성 제고에 따른 전반적인 경제시스템의 선진화도 예상 · 이탈리아 고급 패션 브랜드의 수입 급증이 전망되지만, 중국과 치열한 경쟁을 벌이고 있는 화학섬유원사 등은 4~12%의 관세가 사라지면 유럽시장에서 유리한 위치를 차지할 수 있음. · 서유럽 의류업체들이 구매처를 동유럽에서 한국으로 전환
소비자	· 세계적인 품질과 브랜드의 EU산 제품들을 보다 저렴하게 구입 가능 · 무관세로 국내 소비자가 저렴하게 EU 제품 구입 가능하여 소비자 후생 증대

자료: 변재웅(2011b), p. 81.

한국은 EU시장에서 주요 경쟁국인 미국과 중국, 일본보다 앞서 FTA를 체결했다는 점에서 선제적인 시장진입과 함께 향후 경쟁에서도 유리한 입지를 확보할 수 있게 됐다. 또한 한-EU FTA가 경제동맹을 넘어선 가치동맹의 성격을 지닌다는 점에서 정치·외교 등의 분야에서 양측의 동반자 관계의 격상도 기대된다. 한-EU FTA는 현재 추가 협상 후 한국 의회비준을 추진 중인 한-미 FTA 최종 타결에도 상당한 자극제로 작용하게 될 것이다. 이는 최근 각국의 보호무역주의 움직임이 가시화되고 있다는 점에서, 자유무역을 통한 경제위기 극복이라는 G20 정신을 실현한 모범사례로도 평가를 받을 만하다.

전 세계적으로 FTA가 빠르게 확산됨에 따라 세계 교역에서 FTA 체결국간의 교역이 차지하는 비중도 지속적으로 늘어나고 있다. 그러나 한국의 FTA 교역 비중은 불과 14.8%이다. 이는 세계 평균의 3분의 1 수준으로 세계시장에서 한국과 경쟁중인 미국, 중국, 일본, 독일, 프랑스 등 세계 10대 교역국 가운데 가장 낮은 수준이다. 독일, 프랑스 등의 역내 교역 비중이 큰 EU 회원국의 FTA 교역 비중은 70% 이상이며, 미국도 34.1%로 높은 수준이다. 중국과 일본 등 한국의 경쟁국도 각각 19.2%와 16.5%로 한국을 앞서고 있다. 최근 국내에서 EU 및 미국과의 거대 선진국과의 FTA 체결 속도가 너무 빠르다는 주장이 일부에서 제기되고 있지만, 실제적인 FTA 교역비중은 상대적으로 뒤쳐있고, 이는 경쟁국 기업들보다 높은 관세를 부담하면서 수출하고 있어 대외경쟁력을 약화시키는 요인 중 하나로 작용하고 있음을 의미한다.[17)]

17) 명진호, 정혜원(2011). EU와의 FTA를 비롯하여 이미 FTA 협상이 타결된 미국, 페루와의 FTA가 발효될 경우 한국의 FTA 교역비중은 35.1%까지 상승하여 중국과 일본을 추월할 수 있을 것으로 기대되지만 세계 평균에는 여전히 크게 미치지는 못할 것으로 보인다. 중국과 일본의 경우 이미 협상을 타결한 FTA를 모두 발효한다 하더라도 그 비중이 각각 19.4%, 17.6%에 머물 전망이다. 나아가 현재 우리가 협상중인 FTA(7건, 12개국)가 모두 발효될 경우 비로소 세계 평균 수준에 도달할 수 있을 것으로 보인다.

IV. 한-EU FTA 반대 논쟁

4.1. 한-EU FTA 반대 의견

글로벌 금융위기 이후 각국은 자국의 산업보호와 일자리 보호를 위해 보호무역주의 색채를 나타내고 있다. 보호무역의 정책수단에 있어서 선진국과 개도국 간에 분명한 차이가 나타나고 있는 점은 보호무역주의의 확산 가능성이라는 측면에서 주목할 만하다. 선진국과 개도국의 보호무역주의는 다음과 같은 형태로 나타난다. 선진국의 경우 글로벌 수요 급감으로 어려움에 처한 자동차업체에 대한 구제금융 등 자국 산업에 대한 보조금 지급과 같이 간접적인 정책수단을 통해 나타나고 있다. FTA 반대론자들은 NAFTA의 멕시코 사례를 실패 사례로 평가하고 반대한다.[18)]

미국의 경우는 GM과 크라이슬러에 대한 구제금융 등 자국 업체에 차별적으로 보조금을 지급하고 있고 경기부양법안에 정부지출에 의한 인프라 건설시 철강 제품은 미국산 구매를 조건으로 하는 'Buy America' 조항을

---

18) 미국과 멕시코 양국의 부작용 관점에 따른 견해를 살펴보면 다음과 같다. 멕시코측 주장은 멕시코 북부지역의 성장은 급속히 진행되고 남부지역은 소외됨으로써 지역 간 성장 불균형과, 대기업의 활동이 강화되는 반면 중소기업과 중소농가는 난관에 봉착하게 되는 문제점을 지적하였다. 가장 큰 문제점으로 미국에 대한 멕시코 경제의 의존도가 심각한 수준으로 구조화되고 있다는 점이다. 이러한 문제점에서 멕시코 정부는 경쟁적 국내시장 조성 및 기업경쟁력강화, 참여 경제의 조성 및 지역 간 균형 발전, 신경제의 적극적 수용이라는 목표 설정 하에서 적절한 방향성을 가지고 진행해야 된다는 평가가 있다. 선우건(2001), pp. 74-75.

반면 멕시코의 실패 견해에 대해 미국 USTR이 발간한 NAFTA 평가보고서(2003)에 의하면 1995-2000년 사이에 멕시코에서 창출된 신규 고용 중 50% 이상이 NAFTA로 인해 발생한 것으로 추정된다는 긍정적인 평가가 있다. 따라서 NAFTA 결성효과에 따른 미국과 멕시코의 견해에 차이가 있다. 현실적으로 FTA의 성공 여부를 판단하기란 쉬운 일이 아니다. 그 이유는 첫째 FTA가 추구하는 목적이 단순하지 않기 때문이다. 1990년대 초반 EU의 공고화, NAFTA의 출범 등 2대 경제권에서 경제통합이 강화되자 이시기 FTA의 목적은 무역의 확대 및 대경제권과의 연결을 통한 투자유치였다. 그러나 WTO가 발족되자 무역과 투자의 확대 외에도 경제구조조정 혹은 정치적 안정 등이 FTA의 주요한 목적으로 등장했다. 이와 같이 FTA의 목적이 복합적으로 변하는 상황에서 그 효과를 분석한다는 것은 어려운 일이다. 박번순(2005), 김원호 외(2004), 이성형(2007) 참조.

포함하고 있다. 유럽의 선진국들도 자국 자동차산업 및 항공산업에 대한 금융지원 등 국내 산업보호를 위한 보조금 지급을 하고 있고, 반면 개도국의 경우는 관세인상이나 품목별 수입제한과 같은 직접적인 교역장벽 강화 수단을 통한 보호무역주의가 나타나고 있다. 러시아는 승용차 및 철강제품에 대한 수입관세를 인상하였고 인도도 철강제품에 대한 수입관세를 인상하였으며, 아르헨티나를 비롯한 중남미 국가들과 인도네시아 등도 직접적인 수입규제를 강화하고 있는 실정이다.[19]

이러한 맥락에서 한국-EU FTA 반대 논리는 다음과 같다. 현재 글로벌 금융위기로 인한 수요 급감으로 세계경제의 침체 국면인데 이런 상황에서 각국 정부가 자국의 산업과 일자리 보호를 위해 보호무역주의를 추구하고 있는 등 부정적인 측면이 있다.[20] 한-미 FTA 비준을 앞두고 있는 시점에서 한-EU FTA 체결은 농축산업 등의 분야에서 한국측에 부정적인 영향을 미칠 수 있다는 우려이다.[21] 또한 미국에 이어 EU와의 FTA에서도 자동차 관세인하가 연기될 경우 한국기업의 손해 가능성이 있다는 것이다.

경제면에서는 첫째, EU가 서비스, 투자, 지적재산권 등 자신들이 우세한 분야에서 이익을 극대화할 수 있는 발판을 마련할 수 있다는 우려가 있다. 둘째, 서비스의 경우 연간 60억 달러에 이르는 대EU 무역적자의 폭이 더욱 늘어나며 축산업 등 특정분야의 수입 증대 염려가 있다. 셋째, 협정 초안에 역진 방지, 미래 최혜국 대우 보장 등 한-미 FTA 협정에서 독소조항으로 지적됐던 항목들이 포함되었다. 〈표 5〉는 한-EU FTA 반대론의 효과, 경제적, 관련업계 및 소비자 측면의 관점을 보여준다.

---

19) 송원근(2009).
20) 송원근(2009).
21) 변재웅(2009).

〈표 5〉 한-EU FTA 반대론

효과	· 자동차의 경우, 한-미 FTA 추가협상 결과가 한-EU FTA에서도 한국측에 부정적인 영향 · 미국, EU와의 FTA가 동시 진행으로 한쪽이 강화된 조건을 요구하면 다른 쪽도 똑같은 요구를 하는 경향으로 한-미 FTA 추가협상으로 한-EU FTA에도 부정적 영향 · 미국에 이어 EU와의 FTA에서도 자동차 관세인하가 연기될 경우, 한국기업은 손해 예상
경제	· EU는 매우 높은 수준의 포괄적 자유무역협정을 통해 서비스, 투자, 지적재산권 등 자신들이 우세한 분야에서 이익을 극대화할 수 있는 발판 마련 · 서비스 분야도 연간 60억 달러에 이르는 대EU 무역적자의 폭이 더욱 증가 · 특히 협정 초안에 역진 방지, 미래 최혜국 대우 보장 등 한-미 협정에서 독소 항으로 지적됐던 항목 포함.
관련 업계	· 유럽산 자동차의 수입은 급증으로 국내 자동차업체들의 내수 기반 잠식 가능성 · 수입차 증가율이 연 30%인 상황에서 국내 소비자들의 선호도가 높은 유럽산 자동차에 수입관세(8%)가 사라지면, 2010년 20%(금액기준, 7% 판매대수 기준)였던 수입차의 내수시장 점유율이 2012년께 40-50%(금액기준)대로 증대 우려. 2011년 기준 독일 수입차 점유율 65% 이상 · 관세가 연차적으로 철폐될 경우 농·축산업에서만 향후 15년간 연평균 1776억원의 생산액이 감소하고, 이중 93.0%가 축산업 분야 · 쇠고기가격 하락 등 간접피해까지 더해질 경우 축산농가의 고충 더욱 가중 우려 · 한·EU FTA가 발효될 경우, 국내 수입시장의 30-40%를 점유하고 있는 EU산 닭다리와 냉동닭날개 등의 수입증가 예상 · 쇠고기는 EU로부터 직접 수입되지는 않겠지만 대체관계에 있는 축산물의 가격 하락 및 수입증가로 인한 수요 감소 및 가격하락 등 간접 피해 우려
소비자	· 광우병 위험이 높은 유럽 일부국가의 쇠고기를 수입할 길이 열려 국민건강에 악영향 우려

자료: 변재웅(2011b), p. 84.

한-미 FTA 비준을 앞두고 있는 시점에서 한-EU FTA는 한국측에 부정적인 영향을 미칠 수 있는데, 그 이유는 미국, EU와의 FTA가 동시 진행으로 한쪽이 강화된 조건을 요구하면 다른 쪽도 똑같은 요구를 하는 경향이 있어 한-미 FTA 추가협상 등으로 한-EU FTA에도 영향을 미칠 것이라는 것이다. 이런 경우 미국에 이어 EU와의 FTA에서 한국기업은 손해를 본다는 견해이다. 실제 한-미 FTA의 추가협상으로 한-EU FTA에 대해서도 추가협상이 진행되었다.

EU는 매우 높은 수준의 포괄적 자유무역협정을 통해 서비스, 투자, 지적재산권 등 자신들이 우세한 분야에서 이익을 극대화할 수 있는 발판을 마련함으로 서비스 분야만 해도 연간 60억 달러에 이르는 한국 대EU 무역적자의 폭이 더욱 늘어날 것이다. 특히 협정 초안에 역진 방지, 미래 최혜국 대우 보장 등 한-미 협정에서 독소조항이 있다.

사례연구로 한-EU FTA 결성에 따른 자동차와 농축산분야의 양측 찬반 논쟁을 살펴본다. 먼저 한국이 가장 많은 수혜를 볼 것으로 예상되는 자동차산업의 경우, 한국측은 자동차수출의 증가의 긍정적인 면을 기대하고 있고,[22] 특히 자동차 부품산업의 경우 한-EU FTA 체결로 대EU 수출의 증대가 기대된다.[23] 하지만 자동차 분야에서 유럽산 자동차의 수입 급증으로 국내 자동차업체들의 내수 기반 잠식 가능성도 염려한다. EU도 한국시장에 관세율 인하효과로 차량의 판매 증가와 함께 한국수출도 증대가 예상된다. 특히 유럽업체의 가격 경쟁력 향상으로 준중형 이상 차급에서 경쟁이 격화될 전망이다. 관세가 완전히 철폐될 경우 개별소비세와 취등록세 등을 감

---

22) Haugh, D., Mourougane, A., Chatal, O.(2010). EU는 세계 최대의 자동차 생산지로 2009년 연간 약 2,000만대이며, 세계 생산량 7,434만 대의 28.6% 수준이며, 전체 자동차 판매율도 세계 전체의 25%, 승용차는 31%를 각각 차지하고 있는 큰 시장이다. EU는 세계 10대 자동차 생산업체 중 4개사가 EU 본사에 소재(폭스바겐, 르노, PSA, 피아트)하고 있으며, 자동차산업 관련 규범을 선도하는 지역으로 디자인, 파워트레인 기술, 환경규제 등이 있다. 한국은 2009년 4.3%의 점유율로 최근에 점유율이 꾸준히 증가추세에 있는데 이는 독일(30.9%), 미국(19.6%), 일본(13.7%)에 이어 4위이다. European Automobile Manufacturers' Association(www.acea.be)

23) 변재웅(2011a).

안할 때 유럽 수입차들은 현재 판매가격 보다 평균 7.4% 가량 가격인하 여력이 생겨 EU산 수입차는 대한국 수출이 더욱 강화할 것이다.[24)]

반면 EU측의 한-EU FTA 반대 사례를 살펴보면 유럽자동차공업협회(ACEA)가 EU 자동차산업의 타격을 우려해 반대의 입장을 주장한다. 유럽자동차협회는 한국의 부품수입이 확대됨에 따라 중국이나 기타 아시아 국가의 값싼 부품이 유럽으로 유입 초래를 염려한다. 또 한국시장 진입 시 배기와 안전면에서 국제 자동차 표준을 엄수하기 어려움을 지적하며 이것이 비관세장벽으로 작용할 가능성이 있다고 주장하고 있다.[25)] EU는 한국의 기술장벽과 기준, 한국 국내성과기준, 자동차산업 인수 및 합병에 관한 경쟁정책, 투자정책 등을 지적하고 있다.[26)]

자동차 부문은 한-EU 전체 수량의 14%를 차지하는데 무역적자의 40%가 자동차 부문에서 발생하고 있다는 사실도 또한 반대의 이유이다. 한국시장의 경우, 저비용 인접국으로부터 부품을 수입하여 생산하는 과정에서 관세 환급과 원산지기준 완화(50%)를 통해 편익을 볼 것으로 예상되고 향후 3-5년 동안 관세철폐로 평균 7억 유로에 해당되는 비용우위의 편익을 기대하고 있다. 따라서 자동차 한 대당 평균 500유로의 가격경쟁력을 갖출

---

24) 일례로 벤츠 S클래스 2,000만원(2억 5,900만원 → 2억 3,900만원)정도, BMW 5시리즈 500만원(6000만원 중반에서 7000만원대)정도 가격인하 요인이 발생한다. 8%의 관세장벽에서도 현재 국내 자동차시장의 약 20%(판매액 기준)를 차지하고 있는 수입차는 한-EU FTA로 대한국 수출이 더욱 강화되어 이 경우 국산 고급모델들이 심한 가격경쟁을 받을 것으로 예상된다. 2010년 BMW, 벤츠, 아우디, 폭스바겐 등 독일계를 중심으로 한 유럽 메이커들이 한국 수입차 시장의 약 65%를 점유하고 있다.

25) 유럽차 메이커들이 관세철폐보다 더 기대하는 것은 각종 규제철폐다. 한-EU FTA로 유럽식 배기가스 기준을 적용한 가솔린모델 수입이 허용됨에 따라 아우디 'A1'와 같은 유럽형 소형 가솔린차의 국내 판매도 가능해질 것으로 보인다. 일례로 현재 유럽 인기모델 'A1'의 경우, 미국형 배기가스 기준을 갖고 있는 국내시장에 들여오려면 배기가스 자기진단장치(OBD)를 부착해야 하는 등 추가비용이 발생하는데 한-EU FTA 발효로 규제가 풀어지면 시판이 가능하여 유럽차의 수입이 확대될 수 있다. 변재웅(2011a).

26) *"Important non-tariff issues include: Technical Barriers and Standards: this includes EU emission and safety standards, and Korean domestic performance standards; Services regulations affecting distributors and after sales service; Competition Policy, in particular as it impinges on mergers and acquisitions in the automotive industry; and Investment Policy and Regulations"* (Murray G. Smith *et al,* 2008)

것으로 추정되어 EU시장내 한국의 경쟁력 증가를 우려하고 있다. 한국시장의 경우, 국내차 점유율이 94%에 이르고 국제표준 준수가 제대로 이루어져 있지 않다고 예상하고 있어 한국시장의 진입을 부정적이다.[27] 〈표 6〉은 유럽자동차연합회(ACEA)의 반대 견해이다.

〈표 6〉 유럽자동차연합회(ACEA) 반대 견해

구 분	반대 이유
값싼 부품유입	▷ 한국의 부품수입 확대를 허용함으로써 중국이나 기타 아시아 국가로부터 값싼 부품이 유럽으로 유입 경고
국제자동차 표준	▷ 한국시장 진입 시 배기와 안전에서 국제자동차 표준 엄수 어려움: 비관세장벽으로 작용할 가능성 우려
무역적자 문제	▷ 자동차 부문에서 발생하는 EU의 대한국 무역적자 문제: - 자동차 부문은 한-EU 총 무역량의 14%를 차지 - 무역적자의 40%가 자동차 부문에서 발생 (EU의 대한국 무역적자는 140억 유로)
경쟁력 증가	▷ EU 시장 내 한국 자동차 경쟁력 증가 우려: - 한국은 저비용 인접국으로부터 부품을 수입하여 생산하는 과정에서 관세 환급과 원산지기준 완화(50%)를 통해 편익 예상 - 한국은 향후 3-5년 동안 관세철폐로 평균 7억 유로에 해당되는 비용우위의 편익 기대 - 자동차 한 대당 평균 500유로의 가격경쟁력
한국진입 어려움	▷ 한국 자동차시장 진입 어려움 경고: - 한국 자동차시장은 국내산 점유율(94%) 강조 - 한국은 국제표준 준수가 엄격히 이루어지고 있지 않음

자료: European Automobile Manufacturers' Association(www.acea.be), 이종규(2009), p. 20.에서 정리

27) 이종규(2009), p. 20.

다음은 농축산분야이다. 한국측으로서는 대량생산으로 가격이 저렴한 농축산물의 수입은 한-EU FTA에서 한국에게 가장 민감한 부분으로 예상된다.[28] 농・축산업에서는 관세가 연차적으로 철폐될 경우, 향후 15년간 연평균 1776억원의 생산액이 감소가 예상되며, 이중 93.0%가 축산업에 해당한다. 또한 축산물의 가격하락 및 수입증가로 인한 수요 감소 및 가격하락 등 간접피해까지 더해질 경우 축산농가의 고충은 더욱 가중될 것으로 보인다. 소비자측도 광우병 위험이 높은 유럽 일부국가의 쇠고기를 들여올 길이 열려 국민건강에 악영향을 끼칠 가능성이 있다는 점이다.[29]

한국농축산업의 특수성을 고려해 협상을 진행했다고 하지만, 우수한 품질과 가격경쟁력을 갖춘 EU의 농축산물 한국시장 유입은 한국의 농축산업에 피해를 줄 것으로 예상된다. 특히 이미 국내시장에서 경쟁력을 확보하고 있는 냉동 돼지고기류를 비롯하여 각종 낙농제품과 과일류의 수입이 증대될 것으로 예상되어 한-미 FTA에 비해서는 비교적 양호한 수준으로 평가하고 있지만 한국 농축산업이 타격을 받을 것으로 예상된다. 수출은 년평균 700만달러, 수입은 3750만 달러로 각각 예상되며, 특히 양돈과 낙농업분야에서 연간 5000억원의 피해가 예상된다. 이를 위해 FTA 국내 보완대책 예산 증액 등을 통한 다각적인 정부의 적극적인 지원이 더욱 필요하다.

농축산산업은 가장 큰 피해산업으로 FTA에서 도출된 내용은 한국 농축수산업 전반적으로 불리한 조건으로 경우에 따라서는 급격한 국내시장 잠식이라는 상황도 간과 할 수 없다. 따라서 국내 농산품의 경쟁력을 높이고 이를 계기로 EU시장 확대까지 효과가 있도록 조치를 취해야 한다. 지금까지 한국은 FTA 체결 등 개방적 통상정책의 수립과 추진과정에서 피해를 보는 취약부문의 의견을 사전에 조율하는 법적・제도적 장치가 미흡하여 이해관계인에 대한 적극적 의견수렴과정과 부문간 이해 조정 능력이 부족하였다.[30] 이를 위해서 중요한 것은 정부의 노력이며, FTA에서 창출되는

28) Francoise, N.(2009).
29) 이데일리, 2010. 10. 06.
30) 임정빈(2008).

이익을 공정하게 재분배 되어야 한다. 농업전반의 지원확대로 연구개발, 기간사업 등으로 생산성과 품질을 극대화 시키는 등의 내부적 노력도 필요하다.[31)]

반면 EU측은 적극 환영하고 있다. EU는 농축산분야에 경쟁력을 가지고 있어 한국시장 진출이 용이하다는 판단이다. EU 협상단은 돼지고기와 닭고기, 체리에 대한 단계적 관세폐지기간 축소를 요청했다. Francois (2007)의 CGE 분석결과 EU측은 농축산분야에서 14.9%, 한국은 28%의 수입장벽(import protection levels)이 제거된다면 EU가 훨씬 좋은 조건으로 한국시장에 진출할 것으로 예상된다. FTA에 따른 관세인하로 EU 농축산업 수출업자들은 3.8억 유로를 절감할 수 있고 농축산물의 대한국 수출을 기대하고 있다.[32)] 〈표 7〉은 위에서 분석한 한-EU FTA 찬반 논쟁을 비교분석하였다.

---

31) 변재웅(2009).

32) *"European agricultural and processed food products have very good reputation in South Korea and are well perceived by the Korean consumers. Therefore, the EU has substantial agricultural exports into the Korean market. Average annual exports is above €1 billion (pork €240 million, whisky €176 million, dairy products €99 million). The FTA would fully liberalise basically all EU agricultural exports to South Korea and would provide the biggest market liberalisation for EU agricultural exports in years. Today only 2% of EU agricultural exports enter South Korea duty free. The FTA would fully liberalise nearly all EU agricultural exports (e.g., wine is duty-free from day one, whisky on year 3 and there would be valuable duty-free quotas for products like cheese from the entry into force of the agreement). Certain EU pork exports will have duty free access from year 5, whereas for the most sensitive product (frozen pork belly) a 10 year transition period is envisaged. Agricultural exporters would save €380 million annually on duties for agricultural products, for which Korean duties are very high (35% on weighted average). In light of very high Korean tariffs, the potential for expanding EU exports is considerable. The FTA would therefore allow EU agricultural exporters to maintain and improve their competitive position in the Korean market."* EU(2010).

〈표 7〉 한-EU FTA 찬반 논쟁 비교

찬 성	반 대
한국 자동차 및 부품산업 찬성: · 관세인하로 한국측은 자동차와 부품 수출 증가의 긍정적 측면 기대 유럽자동차 업계 환영: · 수입차 증가율이 연 30%인 상황에서 국내 소비자들의 선호도가 높은 유럽산 자동차에 수입관세(8%)가 사라지면, 시장 점유율이 2012년께 40~50%(금액기준)대로 증대 기대. 2011년 기준 독일 수입차 점유율 65% 이상	한국 자동차 산업 우려: · 유럽산 자동차의 수입은 급증으로 국내 자동차업체들의 내수 기반 잠식 가능성 유럽자동차연합회(ACEA) 반대 견해: · 유럽자동차공업협회(ACEA)가 EU 자동차산업의 타격을 우려해 반대 입장 주장. 한국의 부품수입이 확대됨에 따라 중국이나 기타 아시아 국가의 값싼 부품이 유럽으로 유입되는 결과 초래 우려
유럽농축산업 찬성: · 대한국 수출 증대 기대 · EU 협상단은 돼지고기와 닭고기, 체리에 대한 단계적 관세폐지기간 축소 요청	한국 농축산업 반대: · 농·축산업에서는 관세가 연차적으로 철폐될 경우, 향후 15년간 연평균 1776억원의 생산액 감소가 예상, 이 중 93.0%가 축산업에 해당 · 또한 축산물의 가격하락 및 수입증가로 인한 수요 감소 및 가격하락 등 간접피해까지 더해질 경우 축산 농가의 고충 가중 우려 · 한-미 FTA 비준을 앞두고 있는 시점에서 한-EU FTA 체결은 농축산업 등의 분야에서 한국측에 부정적인 영향을 미칠 우려

자료: 변재웅(2011b), p. 90.

4.2. 시사점

한-EU FTA의 기대효과로는 동아시아 FTA 허브로의 부상, 산업 구조조정을 통한 경제시스템의 선진화, 만성적인 대일무역역조 개선을 기대할 수 있다. FTA의 추진 동기로는 여러 가지가 있을 수 있으나, 크게 보아

1990년대 이전에는 시장접근에 의한 교역확대가 FTA의 주된 체결 목적이었던 반면, 이후에는 직접투자 유치 및 경제구조조정 등 다양해진 목표와 대외신인도 제고 및 대외협상력 강화를 위한 동기와 정치외교안보적 결속관계를 강화하기 위한 동기에서도 FTA가 추진되고 있다.

한-EU FTA로 한국은 유럽 27개 국가와 동시에 FTA를 체결하는 효과를 누리며, 유럽과 동아시아, 미국을 잇는 'FTA 허브'로 부상할 수 있는 기반을 조성하게 됐다. EU의 경우 미국보다 평균 관세율이 높아 FTA 발효와 함께 관세가 철폐될 경우 우리의 주요 수출품목인 자동차와 그에 따른 부품, TV 등 영상기기, 섬유, 신발 등의 분야에서 가시적인 혜택이 기대된다.

한-EU FTA 체결에 따른 찬반 논쟁을 살펴보았다. 이를 기초로 향후 한국의 FTA 체결의 시사점을 유추해본다. 앞서 살펴 본대로 산업차원에서 농축산업 등 한-EU FTA로 타격 예상 산업에 대한 지원체체 구축이 필요하다. 협상타결에 따른 사전 예상효과와 실제 효과를 비교 분석과 관세뿐만 아니라 비관세장벽에 대한 효과도 분석과 대책이 필요하다. 또한 중소기업 등은 국내시장의 개방을 기회로 적극 활용하는 자세가 필요하다.[33] 특히 농축산업의 경우, FTA 국내 보완대책 예산 증액 등을 통한 다각적인 정부의 적극적인 지원이 더욱 필요하다.[34]

한국기업에 주는 시사점은 교역 및 투자확대를 위한 활용전략이다.[35] 첫째, 교역확대를 위한 활용 전략이다. 한-EU FTA 체결을 통한 교역확대는 '시

33) 이종규(2009).

34) 정부는 2007년 만든 FTA 국내 보완대책 예산(2008-2017년 21조1000억원)을 22조1000억원으로 확대하기로 했다. 늘어난 재원은 축사(5000억원), 과수시설(2000억원), 원예시설(2000억원) 현대화에 쓰기로 했다. 농어민이 FTA 피해를 보전 받을 수 있는 기준도 완화한다. 저가의 수입 농수산물로 국내 농수산물 가격이 일정 수준 미만으로 떨어지면 손실을 보전해주는 피해보전 직불제도 발동 요건이 '기준가격 대비 80%'에서 '85%'로 조정했다. 보전 비율은 '기준가격과 차액의 80%'에서 '90%'로 높아졌다. 2017년까지 손실을 보전해주기로 했던 것도 2021년 6월까지로 연장했다. 세제지원도 확대된다. 농어업용 면세유 지원 일몰 기한은 내년 6월에서 2015년 말까지로 연장되고 배합사료 영농기자재의 부가세 영세율 적용 기한은 2011-2014년 말까지로 늘어난다. 한국경제 2011년 8월 5일.

35) 이종규(2009). 이종규외(2010).

장접근개선'과 '비용절감'이라는 두 가지 측면의 전략적 접근이 가능하다. KOTRA(2007)가 EU 현지에 진출한 122개 한국 기업을 대상으로 실시한 설문조사 결과에 따르면 응답자의 70%가 한국으로부터의 대EU 직수출이 늘어날 것으로 예상하고 있다. 글로벌 차원의 FTA를 활용하기 위한 전략이 필요하다. 일례로 EU에서 수입하고 중간재를 ASEAN에서 들여와 한국에서 일정비율 이상의 부가가치를 창출해 국내 및 미국 시장에 함께 수출할 경우 관세혜택과 규모효과로 상당한 비용절감을 기대할 수 있다.

둘째, 투자확대를 위한 활용전략이다. 한국기업의 해외직접투자 비율은 GDP 대비 5.3%로 전세계 평균(26.1%)에 비해 매우 낮은 수준이다. 외국인직접투자(inflow FDI)와 해외직접투자(outflow FDI)를 함께 늘림으로써 기업들의 글로벌 경영을 더욱 입체화할 수 있을 것이다. 이를 통해 수출 확대와 국외순수취 소득을 늘림으로써 경제적 후생 수준, 즉 국민총소득(GNI) 확대를 기대할 수 있다. 한국산 유망 수출품 자본재와 관련 부품 및 소재의 직접투자가 확대될 전망이며, 이미 한국에 진출해 있던 해외기업들도 한국 내 생산을 늘릴 가능성이 높다. 한국과 FTA를 체결하지 않은 나라의 대한 수출업체들도 상대적 경쟁력 열위를 만회하기 위해 직접투자를 통한 현지 생산전략을 검토할 수 있을 것이다.

셋째, 수입선 다변화 등 파급효과 분석이 필요하다. FTA 체결에 따른 경쟁국과의 무역패턴의 변화도 고려해야 한다. 일례로 한-EU FTA 체결로 수입선 다변화를 기대할 수 있다. 田中信世(2008)에 의하면 EU의 한국으로부터 수입은 공업품이 321억 유로(05년)로 총 수입량의 96.3%을 차지하며, 그중 기계류(전기, 전자기계 자동차 등 포함)가 185억 유로로 25.7%를 차지하며, 그 대다수가 일본제품과 경합분야이다.

넷째, EU와의 FTA는 상품무역 외에 서비스, 투자 등으로 협상 범위가 확대됨에 따라 상대적으로 한국기업들이 취약한 EU내 정부조달, R&D, 지적재산권 활용, 노동 및 환경규제 등 다양한 분야에서의 협력이 가능하며, 물량확보, 가격경쟁력 우위 등의 측면에서 FTA 체결 이전에 비해 유리한 협상을 벌일 수 있을 것이다.

향후 FTA 추진 시 고려사항은 FTA 추진을 위한 정확한 사전정보의 파악, 협상결정 주체의 이해, 상호간의 산업구조 비교를 통한 비교우위 또는 열세 및 영향의 이해, 한국의 미래 신성장 동력산업과 열세산업을 고려, 협상문화의 이해, 협상전술의 방법론을 최대한 활용하는 전략이 필요하다.[36]

다음은 FTA 추진 시 개선사항으로 먼저 외국인 투자 환경개선이 필요하다. 취약산업에 대한 지원과 구조조정이 필요하다. 이는 산업구조 고도화를 추진하면서 취약산업에 대한 구조조정과 지원이 함께 고려되어야 한다. 일례로 농축산업의 경우, 선택과 집중에 의한 농업부문 구조조정 추진, 품질경쟁력 강화, 다원적 기능유지를 위한 농촌개발 등이 필요하다.

⋙Ⅴ. 결 론

2장은 FTA 찬반 논쟁을 한국-EU FTA 사례를 중심으로 분석하였다. 한-EU FTA 찬성 입장의 배경을 살펴보면 다음과 같다. 수출의존도가 높은 한국으로서는 보호무역주의 확산으로 인한 교역 급감이 문제이다. WTO 협정 범위 내에서도 보호무역주의가 확산될 수 있기 때문에 국가간의 피해를 최소화하기 가장 좋은 방법은 여러 국가와 FTA를 적극적으로 추진하는 것이다. 이러한 맥락에서 한-EU FTA 체결은 양자 간의 관세철폐 및 비관세장벽 완화를 통해 오히려 무역자유화의 수준을 높여 교역확대 기대된다는 관점이다.

한국-EU FTA 반대 논리는 다음과 같다. 현재 글로벌 금융위기로 인한 수요 급감으로 세계경제의 침체 국면인데 이런 상황에서 각국 정부가 자국의 산업과 일자리 보호를 위해 보호무역주의를 추구하고 있는 등 부정적인 측면이 있다.[37] 한-미 FTA 비준을 앞두고 있는 시점에서 한-EU FTA

36) 이준서(2010).
37) 송원근(2009).

체결은 농축산업 등의 분야에서 한국측에 부정적인 영향을 미칠 수 있다는 우려이다.38) 또한 미국에 이어 EU와의 FTA에서도 자동차 관세인하가 연기될 경우 한국기업의 손해 가능성이 있다는 것이다.

경제면에서는 첫째, EU가 서비스, 투자, 지적재산권 등 자신들이 우세한 분야에서 이익을 극대화할 수 있는 발판을 마련할 수 있다는 우려가 있다. 둘째, 서비스의 경우 연간 60억 달러에 이르는 대EU 무역적자의 폭이 더욱 늘어나며 축산업 등 특정분야의 수입 증대 염려가 있다. 셋째, 협정 초안에 역진 방지, 미래 최혜국 대우 보장 등 한-미 FTA 협정에서 독소조항으로 지적됐던 항목들이 포함되었다.

사례연구로 한-EU FTA 결성에 따른 자동차와 농축산분야의 양측 찬반 논쟁을 살펴본다. 먼저 한국이 가장 많은 수혜를 볼 것으로 예상되는 자동차 및 부품산업의 경우, 한국측은 자동차와 부품수출의 증가의 긍정적인 면을 기대하고 있다. 하지만 자동차 분야에서 유럽산 자동차의 수입 급증으로 국내 자동차업체들의 내수 기반 잠식 가능성도 염려한다.

반면 EU측의 한-EU FTA 반대 사례를 살펴보면 유럽자동차공업협회(ACEA)가 EU 자동차산업의 타격을 우려해 반대의 입장을 주장한다. 유럽자동차협회는 한국의 부품수입이 확대됨에 따라 중국이나 기타 아시아 국가의 값싼 부품이 유럽으로 유입되는 결과를 초래를 염려한다.

다음은 농축산분야이다. 한국측으로서는 대량생산으로 가격이 저렴한 농축산물의 수입은 한-EU FTA에서 한국에게 가장 민감한 부분으로 예상된다.39) 농·축산업에서는 관세가 연차적으로 철폐될 경우, 향후 15년간 연평균 1776억원의 생산액이 감소가 예상되며, 이중 93.0%가 축산업에 해당한다. 또한 축산물의 가격하락 및 수입증가로 인한 수요 감소 및 가격하락 등 간접피해까지 더해질 경우 축산농가의 고충은 더욱 가중될 것으로 보인다. 반면 EU측은 적극 환영하고 있다. EU는 농축산분야에 경쟁력을 가지고 있어 한국시장 진출이 용이하다는 판단이다. EU 협상단은 돼지고

38) 변재웅(2009).
39) Francoise, N.(2009).

기와 닭고기, 체리에 대한 단계적 관세폐지기간 축소를 요청했다.

대량생산으로 가격이 저렴한 EU산 농축산물의 수입은 한-EU FTA 추진과정에서 한국에게 가장 민감한 부분으로 예상된다. 이를 위해 FTA 국내 보완대책으로 예산 증액 등을 통한 다각적인 정부의 적극적인 지원이 더욱 필요하다. 중요한 점은 FTA에서 창출되는 이익을 공정하게 재분배 되어야 한다. 농축산업 전반의 지원확대로 연구개발, 기간사업 등으로 생산성과 품질을 극대화 시키는 등의 내부적 노력과 정부의 적극적인 지원이 필요하다.

FTA 추진과 체결은 세계경제의 주도권과 패권을 가지지 않는 한 대외개방정책을 추진하는 국가는 자의든 타의든 세계 경제의 중심부 진입을 추구하고 주변부에 소외되지 않으려면 FTA 추진은 이미 큰 물결에 함께 가야만 하는 대세(mega-trend)이다. 문제의 핵심은 FTA 체결에 따른 순기능을 극대화하고 부정적인 면을 최소화하여 국가의 경제실리를 추구해야 한다는 점이다. 이를 위해 FTA 체결 국가의 순서와 방법, 그리고 합리적인 국민적 합의점을 도출하고 FTA 약자산업에 대한 공감대 형성과 배려가 이념적인 논쟁보다 무엇보다 중요하다. 이러한 맥락에서 거대국 위주의 현 FTA 정책을 수정 보완하여 호주, 남미, 몽고, 중앙아시아 국가 등 거점 주요 핵심 중소 및 자원국가와 FTA를 적극 추진 할 필요가 있으며, 인도, 터키, 베트남 등과의 협력이 더욱 필요한 시점이다.

본장은 한-EU FTA 추진과정에서 양측이 민감한 자동차와 농축산 분야를 중심으로 살펴보았다. 한-미 FTA와 타국 FTA 협상과정과 결과상의 문제점 등 다양한 찬반사례 등을 비교 분석하지 못하여 후속 연구가 필요하다고 사료된다.

참고문헌

강유덕(2009a), "한·EU 서비스교역 동향과 한·EU에 대한 시사점", 『오늘의 세계경제』, 9(20), KIEP, pp. 1-9.

______(2009b), "한EU FTA의 협상결과 및 향후전망", 『관세와 무역』, pp. 48-54.

김득갑(2007), "한-EU FTA의 주요 쟁점과 협상전략", 삼성경제연구소, 『Issue Paper』, pp. 1-115.

김형주(2007), "한-EU FTA, 무엇을 기대하고 있나", 『LG주간경제』, pp. 34-38.

김원호 외(2004), "NAFTA 10년에 대한 영향평가와 우리나라 FTA정책에의 시사점", 대외경제정책연구원, 『논집』, 4(1), pp. 79-80.

김형주, 이서원(2008), "한-EU FTA 이후 경제환경 변화와 시사점", LG경제연구원.

대외정책연구원 외(2010), "한-EU FTA의 경제적 효과 분석", 『대외경제정책연구원』, pp. 1-74.

명진호, 정혜원(2011), "세계 FTA 확산 동향과 시사점", 『Trade Focus』, 10(19), 한국무역협회.

무역통상실(2011), "전세계 지역무역협정(RTA) 현황", 한국무역협회 국제무역연구원.

박번순(2005), "한국의 동남아 경제연구", 삼성경제연구소 『아시아리뷰』, 창간호, pp. 3-5.

방청록(2009), "한-EU FTA 협상과정과 그 의의에 관한 비판적 고찰", 『한국유럽학회 하계 세미나 발표논문집』, pp. 115-131.

변재웅(2009), "한-EU FTA 체결의 산업별 관세효과", 『관세학회지』, 10(4), pp. 263-282.

변재웅(2011a), "한국-EU FTA 체결에 따른 대구자동차 부품산업 효과

분석", 『무역학회지』, 36(1), pp. 349-372.
변재웅(2011b), "FTA 찬반 논쟁: 한국-EU FTA를 중심으로", 『국제학논총』, 16집, pp. 71-99.
선우건(2001), "NAFTA 이후 멕시코 산업정책 변화와 진출전략", 대외경제정책연구원, 『논집』, 1(9), pp. 1-78.
송원근(2009), "보호무역주의와 FTA 추진의 필요성", 한국경제연구원, KERI 칼럼.
이성형(2007), "NAFTA와 멕시코", 비판사회학회, 『경제와 사회』, 76, pp. 164-195.
이종규(2009), "한-EU FTA 주요 타결내용과 시사점", 『Issue Paper』, 삼성경제연구원.
이종규, 장호성, 양오석(2010), "한・EU FTA와 기업의 대응전략", 삼성경제연구소, 『Issue Paper』, pp. 18-33.
이준서(2010), 『한국의 FTA 추진전략과 개선방안 연구』, 성균관대 경영대학원 석사학위논문.
이종원, 변재웅(2008). "한-EU FTA 추진 평가에 관한 연구", 『한독사회과학논총』, 18(1), pp. 187-216.
이창수(2006), "NAFTA 이후 멕시코 경제의 변화와 시사점", 대외정책연구원, 『KIEP 세계경제』, 9(8), pp. 19-23.
임정빈(2008), "우리나라의 FTA 통상정책 추진체계의 문제점과 개선방향: 농업부문 정책과제를 중심으로", 국회 농어업특위 제5분과위원회.
안유석(2009), "한-EU FTA 10대 수출유망품목", 『Kotra Executive Brief』, 09-016.
외교통상부(2009), "한-EU FTA 협상 현황 및 향후 일정", 외교통상부.
이명구(2009), "EU의 특혜원산지제도(PanEURO), 『관세와 무역』, pp. 17-25.
이재득(2009), "EU의 한국의 교역구조 분석", 『2009년 추계 한국유럽학회-부산대 PNU EU센터 공동학술대회 논문집』, pp. 35-60.

이종규(2009), "한-EU FTA의 주요 타결내용과 시사점", 『Issue Paper』, pp. 1-42.

전국경제인연합회(2007), "한-EU FTA 주요 업종별 영향과 대응전략", 전국경제인연합회.

하나금융연구소(2009), "한-EU FTA의 산업별 파급효과 분석", 『하나산업정보』, 제9호, pp. 1-51.

황나영, 박형중(2009), "한-EU FTA, 관세철폐로 교역증가 기대", 『이슈분석』, pp. 1-6.

KOTRA(2007), "한-EU FTA에 대한 현지 진출 한국기업의 반응 조사", 『Global Business Report』, 07-035.

KOTRA Invest Korea 외국인투자정책센터팀(2011), "한-EU FTA 발효에 따른 외국인 직접투자 유치전략", 『외국인투자청책센터자료』, 11-001, pp. 28-33.

田中信世(2008), "EUの對韓國経濟關係とFTA交涉", 『季刊　國際貿易と投資: 研究ノート』, No. 72, pp. 70-84.

EU(2010), EU-South Korea Free Trade Agreement: A Quick Reading Guide, EU.

Haugh, D., Mourougane, A., Chatal, O.(2010), "The Automotive Industry in and Beyond the Crisis", *OECD Economics Department Working papers*, No. 745, pp. 1-30.

Francoise, N.(2009), "Negotiating a Korea-EU Free Trade Agreement: easier said than done", *Asia Europe Journal*, Vol. 1, No 7, pp. 23-42.

Francois, J. F.(2007), "Economic Impact of a Potential Free Trade Agreement(FTA) Between the European Union and South Korea", *Copenhagen Economics*, pp. 1-92.

Matthew, M.(2002), "The EU's Free-Trade Agreements with Developing Countries: A Case of Wishful Thinking", *The*

World Economy, No. 25, pp. 1369-1385.
Smith, M. G. *et al*(2008), "Trade Sustainability Impact Assessment of the EU-Korea FTA", *IBM Consulting Group: Brussels.*

〈기타 자료〉

FTA종합지원포털(2011), "FTA를 하는 이유 및 전망", http://fta.korea.kr (검색일: 2011. 6. 23.)

IMF(2011), "World Economic Outlook Database IMF World Economic Outlook Database", http://www.imf.org (검색일: 2011. 5. 28)

외교통상부 자유무역협정(2011), "한-EU FTA일지", http://www.fta.go.kr (검색일: 2011. 5. 21)

KOTRA(2010), "EU국가들, 반갑다!!", www.kotra.or.kr (검색일: 2011. 5. 21)

자유무역협정FTA(2011), "FTA란 무엇인가", "세계 FTA 추진현황", http://www.fta.go.kr (검색일: 2011. 5. 21)

『이데일리』, 2010. 10. 6. "한-EU FTA GDP 年 0.56%↑ 효과, 무역흑자도 3.6억불↑".

『한국경제신문』, 2011. 08. 5. "FTA 피해지원액 1조 더 늘린다".

Automotive News(2009)(http://www.autonews.com/)

European Automobile Manufacturers' Association(www.acea.be)

제 3 장
한-EU FTA와 한-미 FTA 협상 결과 비교 연구

I. 서 론

한-EU FTA는 2007년 공식협상이 늦게 시작되었지만, 2010년 10월 협상이 타결되고 2011년 7월 발효되었다. 한-미 FTA는 2007년 4월에 협상이 타결되었지만, 재협상, ISD 논쟁 등 많은 반대에 직면하였고 최근 양국의 국회비준을 통과하고 2012년 발효 예정이다. 하지만 한-EU FTA는 한-미 FTA 협상보다 상대적으로 유연하게 협상이 이루어진 것으로 평가된다. 미국과 EU는 각각 거대 선진경제국과 세계 최대경제권으로 한국과의 교역이 수·출입 2-4위에 해당할 만큼 중요한 시장으로서 두경제권과와의 FTA체결이 경제의 대외의존도가 높은 한국으로서는 중요한 의미를 준다.

EU와 미국과의 FTA 협상은 세계 양대 거대 경제권을 상대로 한 FTA 협상이라는 점에서 유사한 점이 많다고 할 수 있으나, 협상의제나 협상방식, 민감 분야 등 많은 면에서 차이가 존재한다. 한-미 FTA는 협상내용이 17개 분과(상품무역, 농업, 서비스, 지식재산권 등)로 구성되었지만, 한-EU FTA는 4개 분과(상품, 서비스/투자, 기타규범, 지속가능개발)로 구성되어 상대적으로 협상이 집중적으로 진행되었다. 주요 협상쟁점은 한-미 FTA 협상은 추가협상에서 자동차분야에 대해 미국측 요구를 받아들이는 반면, 제약, 돼지고기, 비자분야에 대해서는 한국측의 요구가 관철되었다. 한-EU FTA 협상에서는 원산지기준과 관세환급에 관한 사항으로 모두 한

국측의 요구에 합의하였지만, 추후 상황을 통해 조정할 수 있는 기준이 마련되었다.[1]

3장은 한-EU FTA와 한-미 FTA 협상결과에서 주요쟁점이 되었던 분야를 선정하여 비교 분석하는데 목적이 있다. 이러한 FTA 협상 결과 비교연구는 향후 한국의 FTA 정책에 생산적인 시사점을 유추할 수 있을 것으로 사료된다. 제2절에서 자동차, 농축산업, 섬유분야, 제3절에서 지적재산권, 원산지, 무역규제, 서비스분야를 각각 비교 분석한다. 제4절에서 한-미 FTA에서 주요 이슈인 ISD제도 논쟁에 대해 분석한다. 마지막 제5절에서 결론을 도출한다.

Ⅱ. 주요 분야 비교: 자동차, 농축산업, 섬유

2.1. 공산품 관세 자유화

FTA에서는 교역비중이 가장 많은 공산품 관세 자유화에 FTA 협상시 최대 관심 사안이었다. 〈표 1〉은 한-EU 및 한-미 FTA의 자세한 품목별 양허 수준과 단기 양허시기를 나타내고 있다. 두 협상은 철폐기간을 효과발효 즉시와 3년 그리고 조기와 같이 3부분으로 나뉘고 있으며, 또 두협상은 양허수준(%)에 대하여 약간의 차이를 보이고 있다.

한-EU FTA에서 양측은 공산품 및 전 품목에 대해 관세를 철폐키로 하였으며, 품목 수 및 수입액 모두에 있어 한국에 보다 유리한 비대칭적 관세철폐 의무 이행에 합의하였다. 한편 한-미 FTA에서 양국은 상품 전품목에 대해 관세를 철폐하고 수입액기준 약 94% 품목을 조기 3년내 철폐에 합의 하였으며, 한국의 주력 수출품인 3,000cc 이하 승용차관세를 즉시 철폐하기로 했다.

1) 노순규(2009), pp. 74-75.

〈표 1〉 한-미 FTA 및 한-EU 상품분야 품목별 단기 양허수준(2010년)

(단위: %)

품목	철폐기간	한-미 FTA				한-EU FTA			
		한국양허		미국양허		한국양허		EU양허	
		품목	수입액	품목	수입액	품목	수입액	품목	수입액
공산품	즉시	89.9	87.0	87.3	85.5	90.7	69.4	97.3	76.7
	3년	6.3	13.2	4.1	6.9	5.1	22.4	2.1	16.6
	조기	96.2	94.3	91.4	92.4	95.8	91.8	99.4	93.3
농산물	즉시	38.1	55.2	58.7	81.5	42.1	19.5	91.8	88.3
	2-3년	0.4	0.0	0.6	0.1	1.2	17.9	0.5	0.9
	3년내	38.5	55.4	59.3	81.6	43.3	37.4	92.3	89.2
수산물	즉시	14.2	1.5	72.8	82.5	12.3	6.8	40.8	25.3
	3년	40.7	37.4	7.2	5.1	31.9	20.3	31.8	69.7
	3년내	54.9	38.9	80.0	87.5	44.2	27.1	72.6	95.0

자료: 외교통상부(2010). 한-미 FTA 상세설명서. 한-EU FTA 상세설명서에서 정리

한-EU FTA는 전체 교역대상 공산품 가운데 조기 관세철폐의 비중 및 장기 유예품목의 존재문제에서 한-미 FTA 보다 앞선다. 협정 발효 후 3년내 관세철폐를 조기 관세철폐로 규정한다면, 한-EU FTA에서 한국측의 품목수 기준 3년내 관세철폐비율이 96%, EU측이 99%로, 한국측 96.2%, 미국측 91.4%를 기록한 한-미 FTA보다 앞선다.

즉, 양측 간 교역의 실질적 관세철폐 영향도를 살펴볼 수 있는 기준인 수입액 비중으로 보면, 한미 FTA에서 한국측은 미국으로부터 수입되는 액수의 94.3%에 대해 3년내 관세를 없애기로 했지만, EU와의 협상에서는 EU산 공산품 수입액 가운데 3년내 관세가 없어지는 상품의 비중은 92% 선으로 더 낮다. 이에 비해 한-미 FTA에서 미국측은 한국으로부터의 수입액 가운데 92.4%에 대해 관세를 3년내에 없애기로 한 반면, EU는 조금 더 높은 93% 가량의 관세를 3년내에 없애기로 했다.

종합적으로 미국과 EU가 원래 한국산 공산품에 대해 협상전부터 적용하고 있던 관세율의 차이가 있지만, FTA 협상 최종 결과만 비교하면, 수입액 기준으로는 한-EU FTA가 한미 FTA 보다 국내시장은 더 막고 상대국 시장의 문은 더 열게 한 것으로 평가할 수 있다.

2.2. 자동차산업

한-미 FTA 협상에서 가장 쟁점이 된 품목인 승용차의 경우 미국산자동차는 협정 발효 즉시 관세철폐, 한국산자동차의 경우 4년간 관세 2.5%가 유지되고 5년째에 관세가 완전히 철폐된다. 트럭은 8년간 25%로 유지하고 10년째부터 단계적으로 철폐, 전기차는 4년간 4%로 감축하고 5년째에 완전철폐하기로 합의하였다. 자동차 내용관련 분쟁이 발생 시에는 양국 모두 협정내 일반적인 분쟁해결 절차보다 신속한 절차(snap back)를 적용하기로 합의하였다.[2)]

또한 수·출입에 중대한 변화가 있을 때 자동차에 대한 세이프가드 조치가 관세철폐 후 10년간 발동할 수 있도록 하였고, 미국산 자동차 안전 및 환경기준이 완화되어 미국내 안전기준을 충족시키면 업체별로 연간 25,000여대를 한국으로 수출할 수 있게 되었다. 환경기준에서는 국내에 4,500대 이하를 판매할 경우, 적용되던 연비와 이산화탄소에 대한 기준이 철폐하였다. 자동차 배기량기준 세제는 기존 5단계에서 3단계로 개별소비세는 3단계에서 2단계로 각각 완화되었다.[3)]

한편 한-EU FTA 협상에서 양측은 승용차 관련 중대형(1,500cc 초과)은 발효 후 3년내, 소형(1,500cc 이하)은 5년내 철폐하기로 합의하였고, 가솔린 자동차용 엔진, 기어박스 등 주요 자동차 부품에 대한 관세를 양측 모두 즉시 철폐하기로 합의하였다. 안전기준에 대해서는 UN ECE 규정

2) 분쟁해결에 대해서는 약속한 합의사항을 이행하지 못하는 상황이 발생하면, 부여한 특혜 관세 혜택을 일시적으로 철회해 대응하는 일종의 무역보복조치를 의미하는 snap back 요소를 설정하였다.

3) 곽수종(2010), pp. 6-7.

(부속서 제3조)을 충족시키면 국내기준을 준수한 것으로 인정하고 환경기준에서는 수입된 EU산 자동차의 배출가스 기준을 한국기준을 준수하되, 연간 1만대 이하의 소량 판매 제작사에 대해서는 별도의 평균 배출량 기준을 적용하였다.[4)]

또한 배출가스자기진단장치(OBD)기준은 2014년부터 Euro6 OBD기준을 적용하기로 합의하였다. 국내조세와 관련해서는 한-미 FTA와 동일한 자동차세를 현행 5단계에서 3단계로 축소 적용하기로 하였다. 자동차 관련 분쟁 발생 시 일반적인 분쟁해결절차보다 신속한 절차를 도입하기로 합의한다. 세제에 대해서는 최혜국 대우를(MFN) 적용한다는 내용을 규정하고 있으며, 분쟁해결 방법은 snap back 요소를 배제하고 있다.[5)]

한-EU FTA 자동차의 경우 양측 모두 3-5년 사이에 관세를 철폐를 약속하는 대칭적 방식을 채택했기 때문에 한국 자동차 수출량은 증가할 것으로 예상되며, 유럽의 유명 브랜드 자동차도 보다 저렴한 가격으로 구입할 수 있는 기회를 가지게 되었다. 한-미 FTA의 자동차 관련 협상의 경우에는 관세 철폐 기간이 4년 뒤로 연기 되었다. 이는 한미간 자동차 산업은 EU와 한국의 자동차 산업처럼 경쟁관계가 아닌 상호보완적 의미를 가지고 있으며, 미국으로 수출되는 한국산 자동차의 47%가 미국 현지 생산되어 판매되기 때문에 영향은 미미하다. 〈표 2〉는 한-미 FTA와 한-EU FTA 자동차 산업관련 협상결과를 비교한다.

---

4) 변재웅(2011a), p. 351.
5) 외교통상부(2010), 한-EU FTA 상세설명서, pp. 39-48.

〈표 2〉 한-미, 한-EU FTA 자동차 협상결과 비교

	한-미 FTA	한-EU FTA
관세	· 한국: 모든 자동차관세 8% 즉시 철폐 · 미국: 3,000cc 이하 승용차관세(2.5%) 즉시철폐, 3,000cc 초과 승용차: 3년 내 철폐, 픽업트럭(25%): 10년 내 철폐	· 중대형자동차: 3년내 철폐 · 소형자동차: 5년내 철폐 · 자동차관세: 8%(한국), 10%(EU)
안전기준	· 6,500대 이하: 한국기준과 미국기준 중 선택사용 · 6,500대 초과: 한국기준 적용	· 기준적용 관련 지침 없음: - 42개 주요 안전기준 : 32개 기준과 유사한 UN ECE 기준인정 - 인정 및 조화 대상기준 이외의 기준 (통상문제 발생시 협의)
환경기준	· 1만대 이하 판매제작자에 대한 배출기준: 4,500대 이하(LEV 기준), 4,501대-1만대 이하(LEV/ULEV 중간기준) · 배출가스 자기진단장치-1만대 이하 판매제작자에 대해 '08년 말까지 의무부착면제	· 1만대 이하 판매제작자에 대한 배출기준: 한-미 FTA 합의내용 EU에도 적용, 한-미 FTA 발효시까지 잠정방안 적용 · 배출가스 자기진단장치: EOBD-6에 충족 시 ULEVOBD 기준 충족인정, EOBD-6 도입 시까지 매년 6,000대, EOBD-6 차량인정 개별제작자 상한 1,000대
세제	· 배기량 기준세제의 조정내용 규정: 개별소비세는 3단계에서 2단계, 자동차세는 5단계에서 3단계, 배기량 기준 새로운 세제의 미도입 약속	· 자동차 세제변경 내용의 MFN적용 내용 규정
분쟁해결	· 신속분쟁해결절차: snap-back	· 신속분쟁해결절차: snap-back 요소 배제

자료: 외교통상부(2010). 한-미 FTA 상세설명서. 한-EU FTA 상세설명서에서 정리

2.3. 농축산업

한-미 FTA에서 국내 영향이 없거나 이미 수요량의 대부분을 수입에 의존하는 품목은 관세를 즉시 철폐하였고, 민감도가 낮은 품목은 즉시 철폐에서 10년까지 철폐기간을 차별화하여 양허 주요 민감품목에 대해 양허제외 현행관세유지 계절관세를 도입하였다.[6] 세번 분리 농산물 세이프가드 적용 등 예외적 취급과 함께 15년 이상의 관세철폐 기간을 확보하였다.

좀 더 자세히 살펴보면, 관세율 할당(Tariff Rate Quota)의 운영 및 이행에 대해 미국측은 선착순 관리방식을 주장하였으나, 선착순, 수입권 공매, 과거 실적기준 배분 등 다양한 관리방식 도입에 합의하였다. 각 품목별 특성을 고려하여 관리규범 차별화를 실시하였다. 미국측은 용도제한 금지, 쿼터 물량 배정 시기 등에 관한 엄격한 규범을 요구하였으나, 품목별 예외규정을 두는 것에 합의하였다. 미국산 특정 농림축산물이 일정한 물량을 초과하여 수입될 경우 초과수입물량에 대해 관세를 추가적으로 부과하는 농산물 세이프가드(Agricultural Safeguard Measures)를 가동하였으며 사과, 고추, 마늘, 양파, 산삼, 인삼 등 주요품목은 관세 철폐 후에도 일정기간 농산물 세이프가드를 유지하도록 하였다.

쌀 및 쌀 관련 제품은 양허에서 제외한다. 또한 국내외 가격차가 크거나 관세율이 높아 관세를 완전히 철폐할 경우 심각한 영향이 우려되는 품목은 현행관세를 유지하고, 일정물량의 수입 쿼타를 제공한다. 민감 품목 중 수확, 유통기간이 비교적 뚜렷하게 구분되는 품목은 우리나라 수확, 유통기간에 집중적으로 보호하는 계절관세를 적용한다. 양국의 주력 품종이나 용도가 구분되는 경우, 한국에서 주로 생산되는 부분을 집중적으로 보호한다. 수입이 일정물량 이상으로 급증되면 관세를 추가 부과하여 국내시장을 보호하는 농산물 세이프가드를 발동시킨다.

한-EU FTA 협상에서 양측간 경쟁력 차이를 감안하여 비대칭적인 개방

---

6) 즉시 철폐율은 품목 수 기준 37.9%, 수입액 기준 55.8%로 한다. 이와 반대로 민감도가 낮은 품목은 즉시 철폐에서 10년까지 철폐기간을 차별화하여 양허한다.

수준에 합의하였고 한국은 농업의 민감성을 반영하여 예외적 취급 범위를 최대한 확보하였다. 한국의 주요 민감 품목에 대해 양허제외, 현행관세유지, 계절관세도입, 10년 초과 장기 철폐, 농산물 세이프가드 적용 등 예외적 취급 확보하였으며, 한국의 대EU 주요 수출품목 및 수출 유망품목은 대부분 즉시철폐 하였다. 〈표 3〉은 한-EU FTA와 한-미 FTA 농산물분야 양허결과를 비교한다.

〈표 3〉 한-EU FTA와 한-미 FTA 농산물분야 양허결과(2010. 1월)

	한-EU FTA				한-미FTA			
	한·EU(우리측)		한·EU(EU측)		한·미(우리측)		한·미(미국측)	
양허유형	품목수	수입액	품목수	수입액	품목수	수입액	품목수	수입액
즉시철폐	42.1%	19.5%	91.8%	88.3%	38.1%	55.2%	58.7%	81.5%
3년내 철폐	43.3%	37.4%	92.3%	89.2%	38.5%	55.4%	59.3%	81.6%
5년내 철폐	62.5%	65.3%	98.1%	99.5%	59.2%	67.0%	81.4%	83.7%
6-7년 철폐	3.3%	4.1%	-	-	4.3%	4.4%	5.1%	14.2%
10년 철폐	19.9%	21.9%	-	-	23.3%	4.7%	9.9%	2.1%
10년 초과	11.5%	8.5%	-	-	12.1%	23.0%	3.6%	0.%
양허제외/현행관세	2.8%	0.2%	1.9%	0.5%	1.1%	0.9%		

자료: 외교통상부(2010). 한-미 FTA 상세설명서. 한-EU FTA 상세설명서에서 정리

EU측은 농산물 시장을 전반적으로 조기 개방한다. 품목수 기준 98.1%, 한국 수입액(한국의 대EU 수출액)기준 99.5%에 대한 관세를 5년내 완전 철폐한다. EU측 품목수 기준 91.8%, 대EU 수출액 기준 88.3%에 해당하는 음료, 면류, 간장, 비스킷 등의 농산물 관세가 즉시 철폐되며, 쌀 및 쌀 관련 제품은 한국과 동일하게 양허하고, 일부 채소 및 과일 품목의 경우, 기존 시장진입가격제도를 유지한다.

수산물의 경우에서도 한국측은 주요 민감품목에서 현행관세를 유지하거나 10년 이상의 관세 철폐기간을 확보하고, EU측은 수산물 전품목이 5년내 완전개방의 방식으로 합의하였다. 축산분야의 경우 돼지고기, 낙농제품에 대해 장기 철폐기간(냉동삼겹살 10년, 냉동 기타 부위 5년 후 관세철폐)을 확보하였다.7)

다음은 농업분야에서 중요한 농산물 수입쿼터와 세이프가드 제도를 비교하면 다음과 같다. 첫째, 한-미 FTA와 한-EU FTA의 수입쿼터를 비교하면, 한-미 FTA에서는 16개 품목(46개 세번)에 대해 수입쿼터를 설정했으나, 한-EU FTA 에서는 그중 10개 품목(36개 세번)에 대해서만 설정하였다.

한-EU FTA에서는 한-미 FTA와 동일하게, 수입쿼터 관리방식으로 공매제, 허가제 및 두 방식의 혼합방식을 도입하였으며, 농수산물유통공사, 한국유가공협회, 농협중앙회 등이 관리기관으로 선정되었다. 수입국의 법적, 행정적 요건을 충족하는 자는 누구나 수입권을 배정받을 수 있도록 하였고, 생산자단체 배분 금지, 국내산 구매조건 부과 금지, 가공업자 한정배분 금지 등 한-미 FTA 수입쿼터 관리와 유사한 규정을 두었다.8)

둘째, 한-미 FTA와 한-EU FTA의 세이프가드 조치를 비교하면 다음과 같다. 한-미 FTA에서 미국측은 용도제한 금지, 쿼타 물량 배정 시기 등에 관한 엄격한 규범을 요구하였으나, 품목별 예외 규정을 두는 것에 합의하였다. 농산물 세이프가드와 주요품목은 관세 철폐 후에도 일정기간 농산물

7) 외교통상부(2010), 한-미 FTA 상세설명서, 한-EU FTA 상세설명서, pp. 8-15.
8) 임정빈(2009), p. 5.

세이프가드를 유지하도록 하였다.[9] 양국의 주력 품종이나 용도가 구분되는 경우, 한국에서 주로 생산되는 부분을 집중적으로 보호한다.

한-EU FTA에서 농산물 세이프가드는 수입물량이 발동기준 물량을 초과하는 경우 추과관세를 부과하는 방식으로 도입되었다. 협정문 부속서에 각 품목의 연도별 발동기준 물량 및 이를 초과할 경우 부과 할 수 있는 추가 관세율을 명시하였고, 발동 60일 이내 상대국에 서면으로 발동사실을 통보하도록 하고 있다. 사과, 인삼, 설탕 등 주요 품목은 관세가 철폐된 후에도 일정 기간 동안 농산물 세이프가드를 유지할 수 있다. 한-미 FTA에서는 30개 품목(75개 세번)에 대해 농산물 세이프가드를 설정하였으나, 한-EU FTA에서는 9개 품목(22개 세번)에 대해서만 설정되어 관세양허 수준이 낮은 반면 세이프가드 폭은 적다.[10]

한-미 FTA 농산물 협정은 한국이 미국으로부터 수입하는 농산물의 양이 3.7억 달러 가량 상승할 것으로 보이며, 이에 따른 한국의 농업과 축산 농가에 피해가 예상되고 있다. 하지만 이에 반해 한-EU FTA는 700만 달러 수준의 비교적 양호한 수준을 보이고 있다. 그리고 문제가 되었던 미국산 쇠고기의 경우 30개월을 초과한 쇠고기는 수입하지 않는다는 조건에 대해서 미국측이 한시적으로 합의함에 따라서 문제를 한시적 해소 할 수 있는 기회가 생겼다.

2.4. 섬유산업

한-미 FTA에서 미국의 양허수준은 즉시 철폐비율이 수입액 기준 61%, 품목수 기준 87%에 이르며 스웨터(미국관세율 32%), 양말(13.5%), 화섬남성바지(28.2%) 등 한국 주력 수출 품목 상당수가 즉시 철폐하였다. 특히 스웨터(관세율 32%), 폴리에스텔섬유(4.3%), 양말(13.5%) 및 남성셔츠(28%) 등 관심품목으로 제시한 225개 품목 가운데 164개가 즉시

9) 외교통상부(2010), 한-미 FTA 상세설명서, p. 21.
10) 임정빈(2009), p. 7.

철폐로 반영하였다. 이는 금액으로 15.5억 달러 상당이다.

한편 한-EU FTA에서 한국측은 현재 8-13%의 관세를 부과하고 있는 직물제 의류 품목에 대해 관세를 즉시 철폐하며, 순모직물(13%)은 7년 이후 폐지하기로 합의하였다. EU측은 각각 8%의 관세를 부과하고 있는 편직물에 대해선 즉시 폐지, 순모직물에 대해서는 3년 후 폐지를 합의하였다. 따라서 의류는 편직제 의류수출 비중이 높은데다 원료와 원사 수출도 상당규모에 이르고 있어 관세 폐지 시 합성직물을 중심으로 한 수출이 크게 증가할 것으로 예상된다.[11] 〈표 4〉는 한-미 FTA와 한-EU FTA 섬유분야 양허비교를 보여준다.

〈표 4〉 한·미 FTA와 한·EU FTA 섬유분야 양허결과(2010. 1월)

품 목		한·EU FTA		한·미 FTA	
		한국	EU	한국	미국
섬유 및 의류	순모직물	(13%) 5년, 7년	(8%) 즉시, 5년	(13%) 즉시	(7-25%) 즉시
	편직제의류(61류)	(8-13%) 즉시	(2-12%) 즉시	(8-13%) 즉시	(0-32%) 즉시, 5년, 10년
	직물제의류(61류)	(8-13%) 즉시	(6.5-12%) 즉시	(8-13%) 즉시	(0-28.6%) 즉시, 5년, 10년
	합성섬유(54/55류)	(8-10%) 즉시	(8%) 즉시	(8-10%) 즉시	(0-24%) 즉시, 5년, 10년

자료: 외교통상부(2010), 한-미 FTA 상세설명서, 한-EU FTA 상세설명서에서 정리

11) 변재웅(2009), p. 273.

Ⅲ. 지적재산권, 원산지, 무역규제, 서비스 분야

3.1. 지적재산권

한-미 FTA 지적재산권 협상에서 저작권 보호기간을 발효 2년 후부터 저작자와 자손 2세대까지 보호한다는 취지로 사후 50년에서 70년으로 연장에 합의하고 저작물에 대한 보호조치가 강화되며 정부의 정품 사용을 의무화 하였다. 또한 고유의 냄새, 소리에 대한 저작물도 인정되어 비시각적 상표에 대해 권리로서 보호가 가능하도록 하였다.[12)]

한-미 FTA 협정의 지적재산권 분야는 보호대상의 확대, 보호기간의 연장, 집행의 강화 등 지적재산권 보호수준의 강화를 요구하고 있다. 한-미 FTA 지적재산권 협상에 따른 긍정적인 측면은 관련법 개정을 통해 선진화된 제도도입의 계기가 될 것이라는 부분이다.[13)]

한편 한-EU FTA에서 한-EU 양측은 지리적 표시 품목을 협정 부속서에 기재해 상호 보호키로 했으며, 농식품의 지리적표시 보호 수준을 WTO TRIPS(무역 관련 지적재산권 협정. 제10.21조 제1항)상의 포도주와 증류주 보호 수준으로 강화키로 했다. 다만 협정 발효 이전에 출원 또는 등록된 상표나 사용에 의해 식별력이 확립된 상표인 선행상표의 사용은 계속 보장키로 했다. 저작권의 경우 보호기간을 기존의 50년에서 사후 70년으로 연장하되, 보호기간 연장시점을 협정 발효 후 2년간 유예키로 했다. 또한 EU측이 요청한 추급권[14)] 도입은 일단 배제하고 협정 발효 후 2년 이내에 추급권 도입가능성에 대한 협의를 하기로 결정하였다.[15)]

다음은 한-미와 한-EU간 FTA 지적재산권 분야 협상 결과를 비교한다. 전체적으로 한-EU FTA 지적재산권 협상은 한-미 FTA와 유사한 부분을

---

12) 외교통상부(2010), 한-미 FTA 상세설명서, pp. 145-149. 예를 들면 할리데이비슨 오토바이의 엔진소리도 포함된다.

13) 권인회(2009), p. 10.

14) 미술품이 재판매될 때 작가 또는 저작자에게 주는 일종의 저작권료이다.

15) 장성길(2010), pp. 99-101. 외교통상통일위원회(2010), pp. 77-82.

보이지만, 각국 산업의 강점이 다른 만큼 여러 면에서 차이를 보여준다. 한-미 FTA 협상에서는 저작권과 특허 분야가 주요 논의 대상이었으나, 한-EU FTA 협상에서는 상표와 디자인 분야가 주요 논의 대상이다. 또 한-EU FTA에서는 한-미 FTA 협상에서 부각되지 않았던 새로운 쟁점들이 제기되었다. 특히 EU는 협상과정에서 한국측에게 상대적으로 생소한 공연보상청구권, 지리적표시의 보호 등을 요구했으며 의약품 자료보호기간의 연장과 지적재산권 집행강화를 강력하게 요구했다.[16]

하지만 한-미 FTA와 한-EU FTA가 모두 지적재산권을 강력하게 보호하는 것을 내용으로 하고 있고 서로 영향을 미쳤다고 할 수 있기 때문에 EU에서의 지적재산권, 특히 저작권의 보호수준은 미국과 사실상 동일하다고 할 수 있다. 접근통제의 인정, 연장된 저작권 존속기간, 일시적 복제의 인정 등이 여기에 해당된다.[17] 〈표 5〉는 한-미와 한-EU간 FTA에서 지적재산권 분야 비교이다.

〈표 5〉 한-미 및 한-EU간 FTA, 지적재산권 분야 비교

	한-미 FTA	한-EU FTA
주요 항목	· 냄새, 소리, 상표, 권리, 보호, 특허항목, 일시적 복제권, 불법 해독된 위성·케이블 신호 사용 금지, 대학가에서 저작물 불법 복제·배포 방지 노력 강화	· 상표절차와 관련된 의무를 정확히 규정, 지리적표시, 특허기간 연장, 국경조치 적용대상인 지적재산권 침해상품에 특허를 침해하는 상품 포함
유사점	접근통제의 인정, 연장된 저작권 존속기간, 일시적 복제의 인정	

자료: 변재웅(2011c), p. 51.

16) 이대희(2009), pp. 271-273. 남영숙(2010), p. 76. 권인회(2009), p. 10.
17) 이대희(2009), pp. 271-273.

3.2. 원산지규정

한-미 FTA 협상에서 원산지 기준을 살펴보면 다음과 같다. 〈표 6〉은 한-미 품목별 원산지 기준을 보여준다. 자동차 제품에 대해서는 순원가법, 공제법, 집적법을 기업이 선택적으로 사용한다. 화학제품은 양국의 입장을 공히 반영하여 미국의 주요공정기준과 우리의 세번변경기준을 모두 인정하기로 합의했다. 신발은 우리 주력 수출품에는 역외산 갑피 사용이 인정되나, 일부 예외품목에 대하여만 역내산 갑피 요건을 적용한다. 기계 및 전기전자양국의 수출입 주력품목으로 교역확대에 기여하는 방향으로 원산지 기준을 적용하기로 합의했다. 이에 따라 세번변경기준을 원칙으로 채택하고 양국 산업의 민감성이 있는 예외적인 경우에만 부가가치 기준을 적용한다.

한편 한-EU FTA 협상에서 완성차에 대한 원산지 기준은 우리측 요구에 합의하여 역외산 부품사용 비율 상한을 45%로 결정했으며, 자동차 부품 및 기타 자동차의 경우에는 보다 완화된 기준인 역외산 부품사용비율 50% 또는 세번 변경기준을 적용했다. 또한 주요쟁점이었던 관세환급 역시 우리측 주장에 의해 현행 관세 환급제도를 계속 유지키로 했다. 다만 협정 발효 5년 후부터 역외산 원자재 사용이 현저하게 증가할 경우 해당 품목에 대해 환급하는 관세율의 상한을 설정할 수 있는 제도를 도입키로 했다.

기계, 전기·전자의 경우 세번변경기준과 역외산 부품사용비율을 45-50% 중 선택하고 의류 분야에서는 한-미 FTA 원사기준보다 완화된 기준으로 직물기준을 적용하기로 하였다. 주요 농·수산품에 대해서는 역내산(완전생산기준)을 적용하고, 담배는 역외산 재료 30%까지 허용하기로 합의하였다. 개성공단 제품과 관련해서 한국과 EU 양측이 "한반도역외가공지역위원회"를 구성하여 역외가공지역 운영에 관한 세부사항을 결정하기로 합의하였다.[18]

한-미 FTA와 한-EU FTA 원산지 규정에 대한 주요 쟁점을 비교하면 다음과 같다. 한-미 FTA가 일반원산지 규정과 섬유 및 의류에 관한 원산

18) 외교통상부(2010), 한-EU FTA 상세설명서, pp. 86-93. 채형복, 황해륙(2010), p. 621.

지 규정을 구분하여 규정하는데 비해, 한-EU FTA는 수출입물품 전부에 적용되는 통합된 원산지 규정의 형태를 채택하고 있으며, 품목에 대해서는 한-미 FTA는 역내에서 생산한 원사를 사용해 최종 완제품으로 수출할 때까지 모든 공정을 역내에서 수행해야 하는 규정인 원사기준(Yarn Forward Rule)을 채택한 반면, 한-EU FTA는 직물기준(Fabric Forward Rule)을 채택하여 원사로부터의 제직, 편직과정과 재단, 봉재과정만 거치면 역내산이 인정되도록 원산지 기준을 완화하였다.

또한 한-미 FTA는 양측의 배타적 경제수역에서 입어허가를 받은 제3국의 선박에 의해 획득된 수산물에 대한 연안국의 원산지를 인정해주는 것과는 달리 한-EU FTA는 연안국의 원산지를 인정하지 않는다. 그리고 한-미 FTA는 상품의 생산, 시험 또는 검사에 사용되지만 상품의 물리적으로 결합하지 않는 중립재(Natural Elements)에 대한 구체적인 언급을 하고 있다.

하지만 한-EU FTA는 중립재에 대한 구체저인 언급을 하지 않고 있기 때문에 차후 문제발생 요지가 될 수 있다. 마지막으로 한-미 FTA의 경우 수송을 위해 제공되는 포장재료 및 용기는 한-미 FTA의 경우 원산지 상품을 규정에 별도 고려하지 않는다고 규정하고 있으나, 한-EU FTA는 수송을 위한 포장재료 및 용기에 대한 별도의 규정을 두고 있지 않다.[19]

종합적으로 품목별 주요 원산지 기준 중 한-미 FTA에 비해 한・EU FTA 합의안이 주요품목에서 한국기업이 충족 가능한 품목별 원산지 안에 합의한 것으로 평가된다. 자동차, 합성수지, 섬유·의류 비철금속, 기계・전기전자 중 특히 업계의 우려한 기계, 전기전자에서 만족할 만한 수준(세번변경기준 또는 역외부가가치 45-50%)으로 합의되었다. 〈표 6〉은 한-EU와 한-미 FTA 원산지 기준 비교이다.

19) 채형복, 황해륙(2010), pp. 604-605. 채형복, 황해륙(2009), p. 554.

〈표 6〉 한-EU와 한-미 FTA 원산지 기준 비교

<table>
<tr><th colspan="2">품 목</th><th>한 · EU FTA</th><th>한 · 미 FTA</th><th>평 가</th></tr>
<tr><td rowspan="2">자동차</td><td>완성차</td><td>· 역외부가(45%)</td><td>· 역외부가(45%) or
순원가법(35%)</td><td>· 한·미 수준 원산지안</td></tr>
<tr><td>자동차
부품</td><td>· 세번변경기준(4%) or
역외부가(50%)</td><td>· 세번변경기준</td><td>· 세번변경기준과
부가가치기준 선택적용</td></tr>
<tr><td colspan="2">합성수지</td><td>· 세번변경기준(4%)
- 일부역외부가(50%)</td><td>· 세번변경기준</td><td>· 대부분 품목
세번변경기준</td></tr>
<tr><td colspan="2">섬유 · 의류</td><td>· 의류- 패브릭포워드
· 섬유- 얀포워드
(일부 수입 쿼터적용)</td><td>· 얀포워드- TPL
직물·의류 각각 1억
SME</td><td>· 한·EU가 미국보다
완화된 2단계공정,
충분한 역외산 원료
쿼터 확보</td></tr>
<tr><td colspan="2">비철금속</td><td>· 세번(4%)
- 일부 역외부가(50%)</td><td>· 세번(4%)</td><td>· 세번변경기준 중심,
일부품목 부가가치기준</td></tr>
<tr><td colspan="2">기계·전기
전자</td><td>· 일반기준: 세번(4%)
또는 역외부가(50%)
· 예외기준: 세번(4%)
또는 역외부가(45%)
- 일부역외부가
(45/50%)</td><td>· 세번(4/6)
- 일부역외부가(55%)</td><td>· 대부분 품목 원산지
증명 원활 예상</td></tr>
</table>

자료: 외교통상부(2010), 한-미 FTA 상세설명서, 한-EU FTA 상세설명서에서 정리

증명서 발급방식에 대한 비교는 증명방식, 주체, 방법, 기간과 같이 4가지로 분류 할수 있는데, 증명방식은 한-EU FTA와 한-미 FTA가 동일하게 자율방식으로 결정하였고, 증명 발행주체는 한-EU FTA 경우 수출자와 생산자 2명의 주체를 선정한 반면, 한-미 FTA는 수출자, 생산자, 그리고 수입자 3명의 주체를 선정하였다. 그리고 증명방법은 한-EU FTA의 경우 인보이스 신고 방식을 채택한 반면에 한-미 FTA는 필수사항만 기재가 되면 형식을 요하지 않는다. 마지막으로 증명 유효기간은 한-EU FTA의 경우 비교적 단기인 1년이며, 한-미 FTA는 4년이다.

3.3. 무역규제

한-미 FTA 무역구제에서 반덤핑 조사 개시전 사전 통지 및 협의 의무에서는 반덤핑 조사 신청을 접수한 경우, 조사개시 이전에 상대국에 통보하고 동시에 협의 또는 이와 유사한 기회를 부여하며, WTO 협정에는 반덤핑에 관한 조사개시 이전에 상대국에게 통지하도록 규정하고 있으나, 한-미 FTA상 협의 절차를 의무화하도록 하였다.[20]

반덤핑 또는 상계관세 조사과정에서, 우리 수출자 또는 정부측에서 가격 또는 물량 합의에 대한 제안을 제시하면,[21] 미국 조사당국이 이를 적절히 (due) 고려하고, 한국측에 충분한(adequate) 협의기회를 부여하도록 규

---

20) 외교통상부(2010), 한-미 FTA 상세설명서, p. 86. 조사 개시 전 통지 및 협의를 통하여 반덤핑 제소 전 단계에서 적극적인 소명을 함으로써, 반덤핑 조사 신청 및 개시를 견제하고 이후 절차에서 우리 측에 유리한 방향으로 쟁점이 해결되는 효과를 가지고, 사전협의를 통해 반덤핑 조사의 범위와 대상을 간소화 또는 명확화함으로써 한국 수출기업의 비용과 시간부담을 완화시키고, 통상 반덤핑 조사개시와 함께 피제소기업은 매출감소 등의 피해가 발생하므로 제소장 접수로 인하여 곧바로 조사당국의 조사개시가 진행되지 아니하도록 하는 것이 중요하고, 제소자의 무분별한 반덤핑 제소 남용을 억제하는 장치로써, 제소장을 접수한 조사당국이 제소요건의 적합성 및 제출자료의 신뢰성에 대하여 면밀하게 검토하도록 촉구할 수 있는 기회를 제공한다.

21) 가격 또는 물량 합의: 수출자의 가격인상 또는 수출물량제한에 관한 약속 제의가 조사당국에 의해 수락될 경우, 관세부과없이 조사를 중지 또는 종결할 수 있는 제도이며 따라서, 이 제도는 수출자에게 유리한 문제 해결 방식이며, 반덤핑관세를 부과받지 아니하고 조사를 중지할 수 있는 대안적 제도이다.

정하고, 무역구제위원회를 통하여 이러한 협의 및 고려가 실제로 제대로 이루어지고 있는지 상시 점검하도록 제도화한다.

가격인상이 반덤핑 관세 범위 내에서 결정되므로, 수출자 입장에서는 반덤핑 관세 부과로 인한 가격 상승효과와 동일한 가격조건을 유지하면서, 가격 인상분은 수출자의 이윤으로 그대로 남는 긍정적 효과 기대, 반덤핑 관세가 부과되는 경우에 가격인상분이 반덤핑 조치를 발동한 수입국의 재정수입으로 돌아가는 결과와 비교하면 이득이 상당하다.[22)]

한-미간에는 양자 세이프가드를 도입하여 한-미 FTA로 인한 관세 철폐의 영향으로 수입급증시, 피해를 구제하기 위하여 관세를 일시적으로 다시 인상할 수 있는 제도를 도입하여, 농산물 등 부패하기 쉬운 상품에 대해서는 조기에 조치를 취할 수 있는 "잠정 조치"를 허용하고, 잠정 조치의 남용을 방지하기 위해 이해당사자(예: 수출자)의 의견을 묻는 등 최소한의 적정 절차를 걸쳐 조사개시로부터 45일 이후 조치를 발동할 수 있는 것으로 합의했다.[23)]

원칙적으로 협정발효 후[24)] 10년 동안, 관세철폐기간이 10년 이상인 상품의 경우 관세철폐기간 종료 시까지 존속하고, 조치가 발동되는 경우 최장 2년까지 유지가능하고, 필요시 1년 연장가능하며, 동일 상품에 대한 재발동은 금지한다.[25)]

한편 한-EU FTA 협의사항은 다음과 같다. 반덤핑 및 상계관세는 반덤핑 조사개시 15일 전까지 상대국에 반덤핑 조사신청서 접수사실을 통보하고, 덤핑마진이 수출가액의 2% 미만일 경우 반덤핑 관세 부과를 금지하는 미소기준(de minimis) 확대를 적용한다.[26)]

---

22) 외교통상부(2010), 한-미 FTA 상세설명서, p. 87. 현재 미국은 정책적으로 가격 또는 물량 합의 제도를 거의 사용하지 않고 있는 상태이며, 250여건에 달하는 미국의 반덤핑·상계관세 조치 중 가격/물량 합의는 8건에 불과('07. 12월말 기준)하며, 수출자가 가격 합의를 희망하는 경우에도 미국 조사당국(상무부)은 이를 고려조차 하지 않는 것이 현실이다. 한·미 FTA의 관련 규정 도입으로, 우리나라에 대하여는 동 제도의 사용 가능성이 높아진다.

23) 예비 판정이 내려지기 전 최소 20일간 의견개진 기회 부여한다.

24) 외교통상부(2010), 한-미 FTA 상세설명서, p. 91.

25) 외교통상부(2010), 한-미 FTA 상세설명서, p. 91.

반덤핑 또는 상계관세는 덤핑 마진 또는 보조금 마진이 국내산업 피해를 제거할 수 있는 수준보다 높을 경우, 국내산업 피해를 제거할 수 있는 수준까지만 부과 가능하다. WTO 반덤핑 및 보조금 협정상 Lesser Duty Rule은 바람직한 것으로만 규정되어 있을 뿐 그 적용의무가 있는 것은 아니다.[27] 반덤핑 또는 상계관세 부과 전에 공익을 고려하도록 노력할 것을 규정하고[28], 반덤핑 및 상계관세 조항은 FTA 분쟁해결절차에서 제외한다. 단, 중개절차(Mediation)는 적용 가능하다.[29]

한-EU FTA에 따른 관세감축으로 인한 심각한 피해가 발생할 경우에 대비, 양자세이프가드를 도입하고, 일반(MFN) 관세율까지 관련 상품에 대한 특혜관세율을 인상한다. 양자 세이프가드는 관세철폐 후 10년까지 발동 가능하다.[30] 일부 민감 농산물에 대해, 미리 정해둔 물량을 초과하여 수입될 경우, 해당 농산물에 대한 특혜관세율을 일반(MFN) 관세율까지 인상하고, WTO 협정에 따른 다자 세이프가드 조치를 발동할 수 있음을 확인하며, 다만 동일한 상품에 대해 양자 세이프가드와 다자 세이프가드를 동시에 발동할 수 없도록 제한한다.[31] 〈표 7〉은 한-미, 한-EU FTA 무역구제 비교이다.

---

26) WTO 반덤핑 협정 제5.8조에 따른 원심뿐만 아니라, 신규 수출자 재심, 상황변화 재심 등 재심에도 적용됨을 명시한다.

27) WTO 반덤핑 협정상 합산여부는 조사당국의 재량이다. 비합산(non-cumulation) 검토 의무를 부과하고, 다수 국가로부터 수입되는 상품이 반덤핑 또는 상계 관세 관련 조사의 대상이 되는 경우, 상대국으로부터의 수입을 합산하는 것이 적절한지 검토 의무를 부과한다.

28) WTO 반덤핑 협정상 관련 규정은 없다.

29) 외교통상부(2010), 한-미 FTA 상세설명서, pp. 69-70.

30) 한-미 FTA의 경우 발효 후 10년 또는 10년 이상, 관세철폐 대상 품목의 경우 관세철폐기간까지 발동 가능하다.

31) 외교통상부(2010), 한-EU FTA 상세 설명서, pp. 68-69.

〈표 7〉 한–미, 한–EU FTA 무역구제 비교

	한–미	한–EU
반덤핑 조사 전	· 신청 접수한 경우, 조사개시 전 상대국에 통보(WTO 반덤핑 협정 동일), 협의 또는 이와 유사한 기회 부여	· 조사개시 15일 전까지 상대국에 신청서 접수 사실 통보
반덤핑 또는 상계관세 조사 과정	· 한국 수출자 또는 정부측에서 가격 또는 물량 합의에 대한 제안을 제시하면, 미국 조사당국이 이를 적절히 고려하고, 한국측에 충분한 협의 기회를 부여하도록 규정	· 덤핑 마진 또는 보조금 마진이 국내산업 피해를 제거할 수 있는 수준보다 높을 경우, 국내산업 피해를 제거할 수 있는 수준까지만 부과 가능
비합산조치	· 미국측의 수용불가로 인해 한국기업들에게 실질도움이 되는 규정을 도입하는 것으로 전략 재편성	· 다수 국가로부터 수입되는 상품이 반덤핑 또는 상계 관세 관련조사의 대상이 되는 경우, 상대국으로부터 수입을 합산하는 것이 적절한지 검토 의무 부과
다자 세이프가드	· 재량적(면제할 수 있다)형태이고, 최대 수출국이 아닌 경우 배제될 가능성이 있음	· WTO 협정에 따른 다자 세이프가드 조치를 발동 확인, 동일 상품에 다자 세이프가드와 양자 세이프 가드 동시 발동 제한
양자 세이프가드	· FTA로 인한 관세 철폐의 영향으로 수입급증 시, 피해를 구제하기 위하여 관세를 일시적으로 다시 인상할 수 있는 제도 도입	· FTA에 따른 관세감축이 원인이 되어 국내 산업에 심각한 피해가 발생할 경우, 일반관세율까지 관련 상품에 대한 특혜관세율을 인상

자료: 외교통상부(2010), 한–미 FTA 상세설명서, 한–EU FTA 상세설명서에서 정리

4.4. 서비스

한-미 FTA의 서비스분야는 제한 규정이 없는 한 모두 개방하는 네거티브방식(Negative)을 적용하여 개방의 폭을 넓혔고, 최혜국대우(MFN)원칙을 적용하기로 합의하였다.[32] 반면 서비스 및 투자 관련 의무로 한-EU FTA는 한-미 FTA와 마찬가지로 발효 후 서명되는 FTA에 대해 미래 MFN(최혜국대우)을 적용하기로 규정하였다. 또한 한-EU FTA는 서비스 분야는 포지티브 양허방식(기재된 품목만을 개방)을 채택하였다. 그리고 EU 법체계상 투자보호 관련 협상권한을 개별 EU 회원국이 보유하고 있어 투자자-국가 간 분쟁해결절차(ISD) 등 투자보호 관련 사항도 포함하고 있지 않다. 서비스 양허 수준은 대부분의 분야에서 한-미 FTA 수준과 비슷하나, 일부 통신 및 환경서비스는 추가적인 개방을 하였다. 법률 서비스에 대해선 외국법자문사의 자국명칭 상용을 허용하기로 합의하였다.[33]

FTA에서 서비스 분야도 근본적으로 두 협상이 차이를 보이고 있다. 서비스협상 방식 자체가 미국은 개방을 제한하기로 합의한 분야 외에 나머지 모든 시장을 여는 '네거티브 방식'으로 이뤄진 반면, EU는 개방 대상을 적시하는 '포지티브 방식'이었다. 서비스 분야에서 강점을 갖고 있는 EU는 협상 내내 줄기차게 미국에 내준 것보다 시장을 더 열어야 한다는 소위 '코러스(KORUS) 플러스'를 요구했고 한국측은 일부를 더 내주기로 했다.

협상단 관계자는 서비스 분야의 코러스 플러스로 세 가지를 적시했다. 하수도 처리사업 지자체 입찰에서 외국업체 비(非)차별조항, 기간통신사업자를 통하지 않고 방송사가 위성전용회선을 직접 계약할 수 있는 조항, 법률자문서비스에서 외국법 자문사(외국법 변호사) 뒤에 자국의 변호사 명칭을 쓰도록 허용하는 조항이 그것이다.

---

32) 외교통상부(2010), 한-미 FTA 상세설명서, pp. 102-128.

33) 장성길(2010), pp. 99-101. 외교통상부(2010), 한-EU FTA 상세설명서, pp. 94-107.

≫Ⅳ. ISD 논쟁 및 협상결과 비교

4.1. ISD제도 논쟁

ISD(Investor-State Dispute Settlement: 투자자-국가 분쟁해결제도)는 투자자가 투자유치국 정부가 협정상 의무, 투자계약 또는 투자인가를 위배한 조치에 의하여 투자자에게 부당하게 손실이 발생하는 경우, 그 투자자가 투자유치국 정부를 상대로 국내 법원이 아닌 제3의 공정한 국제중재를 통한 구제를 요청할 수 있는 제도로서, 외국인 투자를 유인하기 위해 전 세계적으로 확산되고 있는 투자 보호 장치이다.[34]

한-미 FTA 협정내용 중 ISD로 인해 한국정부의 공공정책이 무력화될 우려가 있다는 주장이 제기되면서 ISD 논쟁이 일어났다.[35] ISD는 해외투자와 관련된 정책이다. 즉 한국에 투자하는 외국기업뿐만 아니라 외국에 투자하는 한국 기업을 보호하는 투자자보호정책이다. 일방적 정책이 아닌 쌍방적 정책이다. ISD체결로 어느 나라의 기업이 더 보호를 받을 수 있을지는 사전적으로 판단하기 어렵지만 통계를 통해 보면 미국이 그동안 유리하지만 않다.[36]

한국의 해외투자 규모가 점점 커짐에 따라 세계 각국에서 한국 투자자를 적극적으로 보호할 정책적 도구가 필요한데, 이를 보장해 줄 수 있는 것이 FTA 또는 투자협정내의 ISD조항이다. 한국은 지금까지 85건의 투자협정을 체결했는데 그 중 81개국과의 협정에서 이미 ISD를 채택하고 있다.

일례로 최근 2011년 상반기까지 한국의 해외투자건수는 10만 건이 넘으

34) 외교통상부(2011b), p. 1.

35) 공공부분에 대한 ISD 논쟁이 있는데, 간접수용은 한·미 FTA는 간접수용의 인정범위가 더욱 제한되도록, 간접수용 판단법리를 추가적으로 명확히 하고 정당한 공공복지정책 목적의 예시에 부동산 가격안정화정책을 포함된다. 따라서 간접수용의 원칙적 예외로 공중보건, 안전, 환경 및 부동산 가격안정화와 같은(예시적 목록) 정당한 공공복지 목적을 위한 당사국의 비차별적 규제 행위는 드문 상황을 제외하고는 간접수용을 구성하지 않는다.

36) 외교통상부(2011b), pp. 2-5. 외교통상부(2011a), p. 94.

며 액수로는 약 2,700억 달러인 반면, 외국인의 한국투자는 약 6만 건, 1,800억 달러에 불과하다. 문제의 초점이 되고 있는 한국과 미국간의 투자 현황은 동기간까지 한국기업의 대미 투자는 126억 달러(611건), 미국기업의 대한국 투자는 11억 달러(145건)이다. ISD로 인하여 한국에게만 일방적 피해가 일어나 것은 아니다. ISD는 만일의 사태에 대비하는 보험적 성격의 조항이다.[37)]

한-EU FTA에서는 왜 ISD조항을 삽입하지 않았는데 한-미 FTA에서는 채택을 하는가하는 의문을 제기하기도 한다. EU집행부는 ISD를 FTA 협정문내에 채택할 수 있는 권한이 없다. 왜냐하면, ISD관련 협정은 EU회원국이 상대국가와의 개별 투자협정을 통하여 자국의 투자자를 보호하도록 하고 있다. 따라서 한-EU 협정문에 ISD조항이 없을 수밖에 없고, 한국은 이미 EU 27개 회원국 22개국과 이미 ISD를 체결하였다.

투자협정에서 이미 ISD를 하고 있어, 완전 새로운 조항이 아니다. 하지만 특정분야에 한정하여 시행하는 투자협정(BIT)에 비해 FTA는 해당 범위가 너무나 광범위하여 향후 발생할 문제점을 정확히 파악하기 어렵다. ISD관련 문제점들은 FTA 체결과 동시에 나타나지는 않지만, 장기적으로 이에 대한 분쟁에 염두에 두고 대응하는 것은 바람직하다.

〈표 8〉은 한-EU FTA와 한-미 FTA의 협상결과 비교표이다. 종합적으로 한-EU FTA 협상에서는 한-미 FTA 진행과정에서 대내 협상의 최대 쟁점이었던 투자자-국가간 소송(ISD)이나 방송분야가 빠질 것으로 보이는 점은 한미 FTA와 비교해 가장 두드러진 차이다. 서비스 협상에서 미국과의 FTA는 명시된 유보분야를 제외하고 모두 빗장을 여는 '네거티브 방식'으로 진행됐지만, EU와의 협상은 '포지티브 방식'으로 진행될 것으로 전망되는 점도 큰 차이다. 공통적으로 두협상 모두 한국의 자동차, 전기전자, 섬유 등의 수출이 증대되고 제약, 기계, 농수산물 등의 품목은 수입의 증가가 발생할 것이며, 한국 주력상품은 생산이 증대되고 경쟁력이 약한 산업

---

37) 송백훈(2011).

은 더욱 위축될 것으로 예상되어 이에 따른 산업별 체계적인 대응전략이 필요하다.[38)]

〈표 8〉 한-EU FTA와 한-미 FTA 협상 결과 비교

	한-EU FTA	한-미 FTA
자동차	· 양국가간 민감한 산업분이이기 때문에 즉시관세 철폐대상에서 제외하며 단계별 적용 · 승용차 중대형 3년내 소형 5년내, 자동차부품 관세즉시 철폐 · UN유럽경제위원회 안전기준 적용 · 배출가스기준 평균배출량제도 적용 · 휘발유차량 배출가스자기진단장치 2014년부터 Euro-6적용 · 1만대 이하 소량판매 제작업체에는 완화된 배출기준 적용 · 완성차 역외산부품 비율 45%로 합의	· 미국산 발효즉시 관세 철폐, 한국산 5년째에 관세철폐 · 4% 고관세 자동차부품 관세 즉시 철폐 · 세이프가드 관세 완전 철폐 후 10년간 발동 가능 · 미국안전기준도 인정(6500대를 기준으로 이하를 수출하는 업체는 한국의 안전기준을 따르고, 그 이상은 미국의 안전기준에 따름)
농축산물	· 양측 간 경쟁력 차이를 감안하여 비대칭적인 개방수준 합의 · 한국 민감품목 관세장기 철폐기간 확보, 세번분리 등 예외규정 적용 · 주요 민감 품목인 쌀, 고추, 마늘 등 양허제외, 현행관세유지, 계절관세도입, 냉동돼지고기와 삼겹살은 10년 초과 장기철폐, 농산물 세이프가드 등 적용 · 9개 품목만 세이프가드 설정되어 관세 양허수준이 낮고 세이프가드 폭은 적음	· 수입 민감도에 따라 최장 10년 관세철폐 기간 설정 · EU는 대부분 조기 시장 개방 · 세번분리 농산물 세이프가드 등 예외적 취급과 함께 15년 이상의 관세철폐 기간 확보 · 쌀, 분유, 포도 등 민감 품목에 대해 현행관세유지, 세번분리, 계절관세 도입 등 예외 규정 도입 · 30개 품목 국내시장 보호 세이프가드 도입

38) 이종규 외(2009), pp. 11-13. 조성대(2009). 기획재정부 FTA 국내대책본부(2008). 김형주, 이서원(2008). 이와 같이 양국간의 FTA는 협약 당사국에 관해 여러 분야에 영향을 미치고 있는데 부록 <표 9>는 주요 13개 산업에 대해서 영향력을 분석하였다.

	한-EU FTA	한-미 FTA
섬유	· 수출입물품 전부에 적용되는 통합된 원산지 규정의 형태 채택 · 원사로부터의 제직, 편직과정과 재단, 봉재과정만 거치면 역내산이 인정되도록 원산지 기준 완화 · 관세환급 현제도 유지	· 일반원산지 규정과 섬유 및 의류에 관한 원산지 규정을 구분하여 규정 · 역내에서 생산한 원사를 사용해 최종 완제품으로 수출할 때까지 모든 공정을 역내에서 수행해야 하는 규정인 원사기준(Yarn Forward Rule) 채택 · 대미 수출액 기준 61%, 품목수준 87%의 수준 관세 즉시 철폐 · 공급부족 원료 역외 조달 허용(수출의 10% 수준)
지적 재산권	· 냄새, 소리, 상표, 권리, 보호, 특허항목, 일시적 복제권, 불법 해독된 위성·케이블 신호 사용 금지, 대학가에서 저작물 불법 복제·배포 방지 노력 강화 · 저작권보호기간 사후 70년으로 연장. 추급권 발효 2년내 추가 협의결정	· 상표절차와 관련된 의무를 정확히 규정, 지리적 표시, 특허기간 연장, 국경조치 적용대상인 지적재산권 침해상품에 특허를 침해하는 상품 포함 · 저작권보호기간 사후 70년으로 연장 · 고유의 냄새, 소리도 저작권 인정
원산지	· 완성차: 역외부가(45%), · 자동차부품: 세번변경기준(4%) or 역외부가(50%) · 합성수지: 세번변경기준(4%) - 일부역외부가(50%) · 섬유·의류: 의류(패브릭포워드), 섬유(얀포워드-일부 수입 쿼터 적용) · 비철금속: 세번(4%) - 일부 역외부가(50%) · 기계·전기전자: 일반기준: 세번(4%) 또는 역외부가(50%), 예외기준: 세번(4%) 또는 역외부가(45%)-일부역외부가(45/50%)	· 완성차: 역외부가(45%) or 순원가법(35%) · 자동차부품: 세번변경기준(4/6) · 합성수지: 세번변경기준(4/6) · 섬유·의류: 얀포워드- TPL 직물·의류 각각 1억 SME · 비철금속: 세번(4%) · 기계·전기전자: 세번(4/6) -일부역외부가(55%)

	한-EU FTA	한-미 FTA
무역구제	· 무역구제 발동절차의 투명성을 높이고 WTO보다 엄격한 규정 준수하도록 합의 · FTA에 따른 심각한 피해가 발생할 경우, 일반 관세율까지 관련 상품에 대한 특혜관세율을 인상할 수 있는 양자간 세이프가드 도입 · 일반(MFN) 관세율까지 관련 상품에 대한 특혜관세율을 인상, 양자 세이프가드는 관세철폐 후 10년까지 발동 가능 · 농산물 세이프가드, 다자세이프가드 도입	· 반덤핑 조사 개시 전 사전 통지 및 협의 의무에서는 반덤핑 조사 신청을 접수한 경우, 조사개시 이전에 상대국에 통보하고 동시에 협의 또는 이와 유사한 기회를 부여하며, WTO 협정에는 반덤핑에 관한 조사개시 이전에 상대국에게 통지하도록만 규정하고 있으나, 한-미 FTA상 협의절차 의무화 · 한·미 FTA 발효 후 10년 또는 10년 이상 관세철폐 대상 품목의 경우 관세철폐기간까지 발동 가능 · 반덤핑/상계조치 견제, 해결수단 도입 · 양자 세이프가드 도입 · 다자 세이프가드 재량적 배제
의약분야	· EU측 관세 즉시철폐 · 한국제품에 따라 즉시-10년간 차별적으로 관세철폐 · 복제약 개발사가 신약개발 자료 활용 가능 시점을 신약 실질 특허 만료 후 복제약 허가 가능	· 의약품 자료독점 규정 마련 · 의약품 특허기간 연장 · 허가 특히 인계제도를 도입해 특허 만료 후 복제약 허가 가능
동식물검역	· WTO SPS 협정상의 권리와 의무 재확인 · 분쟁 시 WTO 분쟁해결절차 적용	· SPS조치 관련 분쟁사항도 WTO의 분쟁해결절차 적용 · 관련기술 협력의 강화
ISD	· 없음. 이미 22개 EU 회원국과 BIT 체결	· ISD 체결

자료: 외교통상부(2010), 한-미 FTA 상세설명서, pp. 11-149. 장성길(2010), pp. 99-101. 외교통상부(2010), 한-EU FTA 상세설명서, pp. 8-107. 변재웅(2011c), pp. 60-62. 참조

V. 결 론

본장은 한-EU FTA와 한-미 FTA 협상 결과 비교 연구이다. 두 FTA 협상은 품목별로 최대 쟁점이었던 자동차산업에 대해서 한-미협상은 한-EU협상에 비해 관세철폐기간과 관세율이 낮았고, 서비스시장에서 한-미 협상은 네거티브방식(제한규정 없는한 개방)으로 한-EU 협상은 포지티브 방식(개방항목 명기)을 도입하여 상대적으로 한-미 FTA에 비해 큰 피해가 없을 것으로 보인다. 또한 한-EU FTA가 한-미 FTA보다 공산품 중 조기 관세철폐 비중과 장기 유예품목의 존재문제에서 자유화가 높은 것으로 나타났다. 즉, 한-EU FTA가 개방 폭이 넓고 관세가 더 빠르게 철폐된다는 것이다. 한국측의 가장 민감한 분야인 농업의 경우, 한-EU 협상이 예외규정을 적용, 시장 개방폭을 최소화하여 한-미협상보다 비교적 피해가 적을 것으로 평가된다.

한-EU 및 한-미 FTA의 주요 품목인 자동차, 자동차 부품, 선박, 컬러 TV, 에어컨, 섬유의류, 의료용 기기, 의약품, 화장품, 섬유화학, 합판 그리고 기타 구두나 가죽제품 등의 양허 협상과 시기를 알아 볼 수 있는데, 양허 발동 시기는 협상발동과 동시에 길게는 10년까지 양허기간을 책정하였다. 특히 한국의 민감한 품목 중 하나인 자동차산업의 경우, 한-미 FTA는 중대형과 소형자동차의 한국측 양허시기를 즉시로 설정한 반면, 한-EU FTA의 경우, 한국과 EU는 중대형 부분에서 3년의 양허시기 설정, 소형 부분에서는 한국측은 6년 EU측은 5년을 각각 설정하였다. 자동차 시장에서 한국보다 상대적 우위를 점하고 있는 EU의 시장은 한-미 FTA보다 상대적으로 긴 양허시간을 책정하고 있다. 그리고 섬유부분의 경우는 협상 체결국 모두 상대적으로 빠른 양허시기를 설정 한 추세이다.

마지막으로 효율적인 한국의 FTA 정책을 위하여 FTA 후속 대응전략이 필요하다. FTA협정은 국내산업에 긍정적 혹은 부정적 영향을 끼칠 우려가 예상된다. 일례로 한-EU FTA에서는 WTO에서는 개방하지 않았던 민자 사업도 EU에 개방했기 때문에 그에 따른 예방책이 미약하여 대책이 필요하다. 한-미, 한-EU FTA 양측보다 핵심사항이고 반발이 많았던 농산물의 경우, 한-미 FTA의 경우 쌀, 포도 같은 민감한 품목에 대해서 관세철폐 기간을 10년으로 지정하였다. 한-EU 역시 민감한 품목에 대해서 장기의 관세철폐 기간을 약속했기 때문에 다소 안심 되는 부분이지만, 미래에 대한 대책을 위하여 전반적인 분석과 예방책이 필요하다. 문제의 핵심은 FTA 체결에 따른 순기능을 극대화하고 부정적인 면을 최소화하여 국가의 경제실리를 추구해야 한다는 점이다. 이를 위해 FTA 체결국가의 순서와 방법, 그리고 합리적인 국민적 합의점을 도출하고 FTA 피해산업에 대한 공감대 형성과 배려가 이념적인 논쟁보다 우선 중요하다.[39)]

〈부록〉 한-미, 한-EU FTA 산업·품목별 영향 비교

품목	한-미 FTA	한-EU FTA
자동차	· FTA 재협상으로 자동차 관세 철폐 4년 후로 연기 · 한-미 자동차부문은 경쟁관계보다 상호보완적 측면이 많고, 한국자동차는 경쟁력이 높음 · 세이프가드 도입은 한국의 자동차 수출우려가 있으나 그간 발동 사례가 없고, 양국 모두 발동 가능하기에 파급효과는 미미 · 대미 자동차 수출 47%가 미국 현지 생산이여서 영향이 제한적	· 양측 모두 3~5년내 관세를 철폐하는 대칭적 방식 채택 · 민감한 품목으로 즉시 철폐 대상에서 제외 · 관세철폐로 승용차와 트럭 수출 증가 예상 · 유럽산 자동차, 특히 친환경자동차 수입 증대

39) 변재웅(2011b).

품목	한-미 FTA	한-EU FTA
자동차 부품	· 자동차부품 즉시 관세철폐로 생긴 가격경쟁력으로 50억-60억 달러 수출 예상	· 자동차 부품관세 즉시 철폐로 수출 증가 · EU 자동차업체 OEM 납품 확대 기회
섬유·의류	· 관세철폐로 중국에 비해 가격 경쟁력 확보 · 관세철폐로 한국의 섬유부문은 수출은 증가하나 수입은 늘지 않을 전망 · 생산성 향상과 미국과 기술협력을 통해 고부가가치화 추구 기회	· 관세철폐로 화학섬유원사, 화섬소재 등 유럽시장에서 유리 · EU산 고급의류 수입 증가 · EU 주요국뿐만 아니라 동유럽 신규 가입국으로 시장 확대 가능
농·축산	· 수입 연평균 3.7억달러 증가 · 축산물과 과일류의 적자 확대 · 저렴한 미국산 농·축산물 수입증가로 큰 피해 예상 및 지원 대책 필요 · 한-미 FTA 체결시 한국 농축산물의 생산감소 추정액 2조-8조 8천억 예상 · 돼지고기 관세철폐 기한을 2년 더 연장함으로써 한국 양돈농가들은 경쟁력 대비 시간 마련 · 30개월 이상의 미국산 쇠고기를 수입하지 않는다는 조건부 제한에 미국이 한시적으로 합의	· 수출 연평균 700만 달러, 수입 3,750만 달러 증가 예상. · 한-미 FTA에 비해선 비교적 양호한 수준으로 평가 · 생산 감소액은 연평균 1,776억원 발생 · FTA 체결로 수출은 연평균 700만 달러, 수입은 3,750만 달러 증가 예상 · 주요 농축산업의 관세인하 효과로 수입이 증대되어 농업 전반에 피해 예상 및 지원 대책 필요 · 양돈·낙농업 연간 5,000억원 이상 피해 예상 · 포도, 키위, 분유, 치즈 등 수입 증가 예상 · 쌀, 보리 등 민감 품목에 대해 예외적인 취급 방안 도입

품목	한-미 FTA	한-EU FTA
전자	· 수출확대 기대되나 주요기업들의 멕시코 현지 공장체제 구축 등으로 규모는 크지 않음 · 휴대폰, 반도체, 컴퓨터 및 관련 부품 등 수출 주력제품은 정보기술협정(ITA)체결로 이미 무관세 혜택 · 한국 관세율이 미국보다 높아 FTA 초기에는 무역수지가 악화될 수 있으나, 국산제품의 경쟁력 향상으로 급격한 대미 수입증가는 없을 전망	· 관세인하 효과로 많은 수혜가 예상 · 휴대전화, 반도체는 이미 무관세로 거래되어 효과 미미 · LCD TV, 3G 휴대폰 등 첨단기술 제품 10% 관세철폐로 시장 점유율 상승 기대 · 까다로운 EU 인증제도 및 환경 규제가 EU 진출시 장애요인으로 작용
기계	· 일반기계 즉시 관세철폐 품목 미국 82.1%, 한국 38.3%로 한국이 무역 개방 속도가 느리기 때문에 가격경쟁력을 가질 수 있는 시간 확보 · 관세철폐 시 미국제품의 가격경쟁력 상승으로 일부 품목의 수입증가가 예상되나, 양국 간 교역량 증가 등으로 인한 시너지 효과 기대	· 기계·화학은 경쟁력이 낮아 우수한 기술력을 가진 유럽시장 진출 어려움 · 관세철폐 후 EU측 일반기계 국내 시장 점유율 확대 예상 · 일본산 기계 수입선 다변화와 대일 무역수지개선 도움
석유·화학	· 석유화학제품은 제품의 품질이 비슷하고, 가격변동이 심해 FTA로 관세철폐 후 큰 폭의 수출증가는 미흡 · 수입제품의 경쟁력 증가로 고부가가치제품의 수입이 증가하여 무역수지의 적자 확대 예상	· 한국의 높은 관세율로 관세 철폐시 한국 상대적으로 불리 · 무관세장벽인 신화학물질관리제도(REACH)로 수출경쟁 약세 · 중국 수출의존도를 줄이고 유럽 시장 접근성 제고에 기대

품목	한-미 FTA	한-EU FTA
철강	· 한-미간 철강제품에 대한 무세화, 미국의 수입물량이 미미한 수준인 점을 감안, FTA 체결로 인한 산업 피해 우려는 없는 것으로 판단 · 양국 철강업계간의 철강협력 기회 제고. 국내 철강산업은 고급강 고부가가치 생산위주로 한 단계 선진화시키는 산업구조 개선효과	· 2004년부터 상호 무세 적용으로 직접적인 영향 크지 않을 것으로 예상 · 자동차, 전자 등 수출호재시 간접적 수출의 확대 기대
보건·의약	· 의약품 특허 연장과 관련하여 2007년 협정문대로 발효되었을 경우, 연평균 약 1-2.2억달러 비용 절감 · 향후 2-3년간 특허 만료되는 블록버스터 약품들로 인한 매출 성장 · 2011년 이후 특허 만료될 주요품목의 원외처방액 규모가 2억달러로 추정 될 경우, 전체 의약품 수혜규모 4억달러 예상	· 수출 1,600만 달러, 수입 1억 1백만 달러로 EU와의 무역수지가 8,400만 달러 적자 예상 · 유럽 굴지의 의약관련 업체의 국내진출로 국내 제약, 의료기기 산업의 피해 확대
지적재산권	· 지적재산권 보호기간이 사후 50년에서 70년으로 늘어나 출판산업은 향후 600억원(연간30억), 미국산 캐릭터 로열티 향후 20년간 1400억 추가 비용 발생 · FTA 발효로 인해 불법 다운로 당사자뿐만 아니라 국가에도 배상책임 가능	· 지적재산권 보호기간 사후 50년에서 70년으로 연장 · 향후 20년간 연평균 22억원 추가 지불

품목	한-미 FTA	한-EU FTA
서비스	· 미국 서비스산업 절대 우위로 대규모 적자 예상 · 서비스분야 개방으로 낙후된 서비스 특히 법률, 금융, 회계 등의 서비스 분야는 경쟁력을 제고 기회 · 지적재산권 보호기간 연장으로 향후 20년간 91억원 발생(캐릭터저작물 49억원)	· 연평균 103억원의 생산유발효과와 46억원의 부가가치 유발 · 통신분야의 경우 발효 2년내 외국인 간접투자를 100%까지 허용 · 관련 서비스분야 국내진출 확대 · FTA 체결로 서비스교역 증가추세 · 한-미 FTA와 개방수준이 유사하지만 통신·환경서비스 추가개방
수산업	· 연평균 수입 1,174만달러 수출 62만달러 증가 · 생산감소액 연평균 281억원 발생 · 원양어업 경우, 연평균 185억원 생산 감소	· 수출 연평균 1,036만 달러, 수입 1,273만 달러 증가 예상 · 생산감소액 향후 15년간 연평균 94억원 · 일반해면어업, 원양어업 연평균 각각 42억원, 27억원 생산 감소 예상

자료: 대외경제정책연구원 외(2010), pp. 8-17. 대외경제정책연구원 외(2007), pp. 10-19. 등 여러 자료 참조 후 작성

참고문헌

곽수종(2010), "한미 FTA 추가 협상 타결 의미와 향후 과제", 삼성경제연구소.

권인회(2009), "FTA와 지적재산권", 한양법학회.

김형주, 이서원(2008), "한-EU FTA 이후 경제환경 변화와 시사점", LG

경제연구원.

기획재정부 FTA 국내대책본부(2008), “한·미FTA 관련 주요내용 및 국내보완대책”, 기획재정부 FTA 국내대책본부.

남영숙(2010), “한·EU FTA 분야별 쟁점에 관한 공청회, 서비스, 투자, 지적재산권 등 무역규범 및 제도”, 국회 외교통상통일위원회.

노순규(2009), “한·EU FTA와 경제전략”, 한국기업경영연구원.

대외경제정책연구원 외(2007), “한·미 FTA의 경제적효과분석”, 대외경제정책연구원.

__________________(2010), “한·EU FTA의 경제적효과분석”, 대외경제정책연구원.

변재웅(2009), “한-EU FTA 체결의 산업별 관세효과”. 『관세학회지』, 10(4), pp. 269-275.

변재웅(2011a), “한국-EU FTA 체결에 따른 대구자동차 부품산업 효과분석”, 『무역학회지』, 36(1), pp. 349-372.

_____(2011b), “FTA 찬반 논쟁: 한국-EU FTA를 중심으로”, 『국제학논총』, 16, pp. 71-99.

_____(2011c), “한-EU FTA와 한-미 FTA 협상 결과 비교 연구”, 『사회과학논총』, 30집 2호, pp. 41-66.

송백훈(2011), “ISD, 약인가? 독인가?”, 한국경제연구원.

외교통상부(2011a), “한·미 FTA, 이제 마무리할 때입니다”, 외교통상부 통상교섭부.

________(2011b), “투자자-국가 간 분쟁해결절차[ISD], 공정한 글로벌 스탠다드”, 외교통상부 통상교섭부.

이대희(2009), “한-EU FTA의 지적재산권 주요 쟁점 분석”, 『고려법학』, 53, pp. 271-273.

이종규, 양오석, 정호성, 김화년(2009), “한-EU FTA의 주요타결 내용과 시사점”, 삼성경제연구소.

임정빈(2009), “EU FTA 해부한다.”, GS&J 인스티튜트.

장성길(2010), "한-EU FTA, 잃은 것과 얻은 것은?", KDI경제정보센터.

조성대(2009), "한 EU FTA 타결에 따른 기대효과와 향후 과제", 국제무역연구원.

채형복, 황해륙(2009), "한미FTA 원산지규정의 한중FTA협상에 대한 시사점", 『한국무역학회 법학논고』, 30, pp. 548-574.

채형복, 황해륙(2010), "한-EU FTA 원산지규정에 대한 연구", 『한국무역학회 법학논고』, 32, pp. 599-630.

외교통상부(2010), "한-미 FTA 상세설명서", 외교통상부.
〈http://www.ftahub.go.kr/DATA/situation/K-U-FTA-detail.pdf〉

외교통상부(2010), "한-EU FTA 상세설명서", 외교통상부.
〈http://www.ftahub.go.kr/kr/situation/take/index.jsp?a_id=7〉

제 4 장
한-EU FTA 체결에 따른 산업효과 분석 : 대구자동차 부품산업 사례연구

I. 서 론

EU는 최근 한-EU FTA 발효를 위한 의회의 비준절차를 거쳐 2011년 7월 한-EU FTA를 잠정발효하기로 합의했다. EU는 2009년 기준으로 5억명의 인구와 16조 4천억 달러의 GDP를 가진 거대 경제권으로 한국-EU FTA 발효로 한국은 세계 최대 경제권인 EU에 수출 확대의 돌파구를 마련하는 계기가 되었다. 2000년 이후 한국은 EU와 연평균 10% 이상 수출입 증가세를 기록하고 있고, 최근 2010년 EU는 한국의 제2위 교역국으로 부상하였다.

특히 한국의 자동차산업(완성차 및 부품)은 한-EU FTA 체결 후 가장 큰 수혜를 보게 될 산업으로 전망된다(송원근, 2008: 조성대, 2009: 이종원, 2010: 변재웅, 2009). 자동차 및 자동차부품의 수출비중은 18.5%로 선박과 무선통신기기에 이은 3대 수출 품목이다. 자동차에 대한 EU의 관세는 한국보다 높은 10% 수준이며, 자동차부품도 4.5%로 높은 수준이다. 자동차 관련 산업은 전후방 연관효과가 커서 관련 부품산업에 영향이 클 것으로 예상되며, 한-EU FTA 체결로 자동차부품 관세가 즉시 철폐되면 수출이 크게 늘어날 것으로 기대되어 이에 대한 분석과 대책이 필요하다.

대구지역도 섬유, 전자제품과 함께 자동차부품이 주종산업이여서 관련 자동차 부품산업의 수출을 늘릴 수 있는 기회가 된다. 대구지역 자동차분야(대부분 자동차 부품) 업체는 대구 전체 제조업 업체의 9.4%(621개), 매출액면에서 28.4%를 각각 차지하는 비중 있는 산업이다. 대구 자동차부품산업의 EU 수출입은 전체 대EU 수출의 8.8%, 수입은 3.9%를 각각 차지하며 무역흑자를 기록하고 있다. 한-EU FTA 체결에 따른 자동차분야의 관세인하 효과를 극대화하기 위해서는 비관세장벽에 대한 대책과 준비도 필요하다. 유럽시장의 가장 큰 수출장벽은 엄격한 품질기준과 환경기준, 인증제도인데, 중소기업들이 EU의 엄격한 환경기준이나 표준규격 등을 사전에 준비하는 전략이 필요하다.

4장은 최근 통계자료를 이용하여 한-EU FTA에 따른 대구지역 자동차 부품산업의 효과를 분석하고자 한다. 본장에서 먼저 제2절에서 관세양허, 원산지규정, 기타 자동차 관련규제인 기술표준, 환경기준, 인증제도 등 한-EU FTA 자동차 관련 주요 이슈를 먼저 분석하고, 제3절에서 대구자동차 부품산업의 현황을 각각 분석한다. 그리고 제4절은 자동차 부품업체 경쟁력, 자동차 부품산업 효과 분석 모형을 통하여 한-EU FTA에 따른 자동차부품산업 대응전략을 분석한 후, 제5절에서 결론을 도출한다. 본 연구는 한-EU FTA에 따른 대구지역 자동차 부품산업의 영향을 도출함으로서 선행연구의 공백을 메우고자 한다.[1)]

1) 한-EU FTA 관련 최근 연구는 주로 경제적 효과분석과 추진과정에 관한 연구들인데 강유덕(2009), 김득갑(2007), 김형주(2007), 김형주, 이서원(2008), 이종원, 변재웅(2008), 안유석(2009), 외교통상부(2009), 이명구(2009), 이종규(2009), 전국경제인연합회(2007), 황나영, 박형중(2009), 田中信世(2008), Nicolas(2009), Smith *et al*(2008) 등이 있다. 그리고 산업분석 관련연구는 자동차산업은 이종원(2010), 송원근(2008), 이항구, 김경유(2009), 변재웅(2011), 전체 산업분석은 변재웅(2009), 조대성(2009), 하나금융연구소(2009) 등이 있다.

»» Ⅱ. 자동차산업 한-EU FTA 주요 이슈 분석

1. 관세양허

자동차(완성차 및 부품)산업은 한-EU FTA 최대 관심분야 중 하나이다. 〈표 1〉은 자동차산업 관련 현재 관세율을 보여 주는데, EU에 비해 한국의 관세가 조금 더 높다. 자동차는 양측 모두 민감 품목인 만큼 즉시 철폐대상에서 제외하였고, 배기량에 따라 양측 모두 중형/대형(배기량 1500cc 초과) 자동차에 대해 3년내, 소형(배기량 1500cc 이하) 자동차에 대해 5년내 관세철폐를 각각 실시하는 등 기간을 상이하게 조정한다.

〈표 1〉 자동차 산업관련 관세율 (2010년 기준)

구 분	승용차	트 럭	버 스	자동차부품
EU	10%	3.5%-22%	10%-16%	3%-4.5%
한국	8%	10%	10%	8%

자료: 한국자동차공업협회(http://www.kama.or.kr)

EU의 중대형차량 현관세 10%를 3년내에 철폐시 매년 3.3%의 관세인하 효과를 기대할 수 있으며, 현재 미국관세 2.5%를 감안할 때 FTA 즉시 철폐의 효과를 기대할 수 있다. 그리고 EU시장은 미국보다 규모가 상대적으로 커서 시장 진출여건 개선 효과가 클 것으로 기대된다.

한국의 경우 EU가 승용차 관세율(10%)을 철폐할 경우, 수출과 이에 따른 매출 증가가 예상된다. 또한 관련 부품산업 또한 관세철폐(3-4.5%)가 예상되어 완성차 공장과의 시너지 효과도 기대된다. 특히 EU의 고관세 품목인 트럭(3.5-22%)의 경우 관세 철폐효과가 아주 클 것으로 예상되며, 버스(10-16%)도 관세철폐로 EU 수출에 긍정적 영향이 예상된다.

구체적으로 자동차 관련 관세양허의 몇 가지 특징을 살펴보면 다음과 같다. 첫째, 2011년 7월 잠정 발효 예정이며 2016년 7월 관세가 완전히 철폐된다. 둘째, 상용차의 경우, 3년내에 단계적으로 철폐하지만, 한국은 20톤 초과, EU는 5톤 이하는 5년내 철폐하기로 합의하였다. 버스는 즉시 관세를 철폐한다. 셋째, 자동차부품의 경우, 품목수 기준 94%에 대하여 현행 3-19%의 관세를 즉시 철폐하고 나머지 5%는 3년간 단계적 철폐로 합의하였다.

2. 원산지규정

한-미 FTA 규정과 비슷한 수준의 원산지 기준에 합의하였다. 한국의 주요 수출품목인 자동차, 전기전자, 기계 등에서 역외산 재료 비중이 높은 특성을 반영한 수준에서 품목별 원산지 기준 선택 합의하였고, EU는 기존의 엄격한 결합기준(세번변경 + 역외산 부가가치) 대신 보다 완화된 선택기준(세번변경 혹은 역외산 부가가치)도 수용하였다. 완성차의 경우, 역내 부가가치 55% 이상(공장도가 기준), 자동차부품은 역내 부가가치 50% 이상 혹은 세번변경(change in tariff-heading) 기준이 각각 적용된다.[2)]

3. 기타 EU 자동차 관련규제: 기술표준, 환경기준, 인증제도

다음은 EU의 자동차 관련규제를 살펴보면 다음과 같다. 첫째, 자동차폐차(ELV: End of Life Vehicle) 지침이다. EU는 2000년에 발효시킨 폐차지침에 의거하여 역내 자동차의 리사이클(recycle)을 추진하고 있다. 동 지침에 의하면 리사이클을 방해하는 유해물질 사용의 억제와 함께 생산자가 폐차 회수비용을 부담하도록 하고 있다. 또한, 폐차로부터 제거할 부품의 지정, 목표 리사이클 비율 설정, 폐차회수 및 처리 시스템 확립 등을 요구하고 있다.[3)]

---

2) 곽용선, 김현정(2009), p. 4.

3) 유해물질 검사 및 리사이클 목표율 달성을 위한 시스템 구축도 요구하고 있으나 동 검사방법 및 시스템의 양상에 대해서는 회원국의 독자 판단에 맡기고 있는 실정이다. 유해물질 검사 관리당국 역시 국별로 일원화되지 못하고 다양하게 편제되어 있다. 동 지침은 2003년 7월부터 신차에 적용되기 시작하였으며 2007년 1월 이후 폐차를 포함, 모든 차량에 대해 적용되고 있다.

둘째, 자동차 및 비도로 운행기계 배출가스규제이다. 승용차 및 2.5톤 이하의 소형화물차의 경우 일산화탄소, 탄화수소, 질소산화물 및 미세먼지에 대한 적용 기준이 존재하며, 2-3륜차의 배출 가스기준을 규제하고 있다. 또한 EU는 환경보호를 위해 적용하고 있는 배기가스 기준으로 2001년 도입한 '유로(Euro)3' 보다 한 단계 강화된 규제로 '유로4'를 2005년부터 적용 중이며, 2011년부터 전면 의무화되는 '유로5', 2014년 강화된 '유로6'를 실시 예정이다.[4)]

셋째, 가솔린 승용 배기가스진단(OBD) 기준에 대하여 유럽기준을 인정한다. 현재 한국은 가솔린차는 미국식 OBD를, 디젤차는 유럽식 OBD를 채택토록 하고 있어 유럽 메이커가 한국시장에서 가솔린 승용차를 판매하기 위해서는 미국식 OBD를 장착하여야 하며, 푸조, 피아트 등 일부 유럽 메이커에 대해 추가 생산비용을 지불케 하는 비관세장벽으로 지적받아 왔다. 한-미 FTA의 경우에는 안전기준과 마찬가지로 판매규모에 의해 업체별로 적용한다.[5)]

넷째, 인증제도의 준비가 필요하다. 특히 EU는 원산지인증수출자 제도라는 선진화된 시스템을 통해 체계적으로 원산지정보를 관리하고 있다. 한-EU FTA에서는 6천유로(EURO) 이상 수출물품에 대해서는 원산지인증수출자로 인증을 받은 업체에 한해 특혜관세 혜택을 부여하도록 규정하고 있다. 따라서 대(對) EU와의 교역을 위해서는 관세당국으로부터 '원산지 결정기준에 따라 성실하게 관리할 수 있는 능력이 있다'는 원산지인증수출자 인정을 받는 것은 가장 기본적이면서 필수적인 요건이다.

---

4) 자동차 1Km 주행 시 배출하는 질소산화물(NOx)은 0.25g, 미세먼지(PM)는 0.025g 이하로 규정한다. 상용차의 경우 일산화탄소(CO) 질소산화물(NOx) 등 유해가스가 1시간 운행 때 각각 1.5g, 3.5g 이하로 배출돼야 한다. 2011년부터 전면 의무화한 '유로5'의 미세먼지(PM) 배출량은 '유로4' 보다 80% 강화된 것이고, 질소산화물(NOx) 배출량은 경유차량의 경우 유로4보다 20% 강화된 수준이다. 2014년 9월 적용되는 '유로6'은 '유로5' 보다 PM(미세먼지) 배출량은 같고, 질소산화물(NOx) 배출량은 경유 차량의 경우 '유로5' 보다 더욱 강화된 수준(180mg/kg에서 80mg/kg)이다.

5) 곽용선, 김현정(2009).

Ⅲ. 대구 자동차 부품산업

1. 한국 자동차 부품산업

〈표 2〉는 한국 완성차업체인 현대, 기아자동차의 글로벌 생산거점과 한국자동차 부품업체의 해외공장 진출 현황을 각각 보여준다. 유럽에는 현대의 체코공장(년산 30만대)과 기아의 슬로바키아공장(년산 30만대)이 가동중이며, 인근 터키공장도 있으며 최근 현대의 러시아공장이 착공되었다.6) 완성차뿐만 자동차 부품회사인 현대모비스, 만도, 한라공조, 성우하이텍, 화신과 대구업체인 SL과 평화정공도 해외에 동반진출하고 있다.

〈표 2〉 한국자동차 부품업체의 해외공장 진출 현황(설립년도/소재지)

		미국	유럽	중국	인도	기타
완성차	현대자동차	2006(앨라바마공장)	2003(터키) 2009(체코) 2011(러시아)	2004 2005 2008(베이징2공장)	2005	2010(브라질)
	기아자동차	2009(조지아공장)	2007(슬로바키아)	2007(염성 제2공장)		

6) EU는 세계 최대의 자동차 생산지로 2009년 연간 약 2,000만대이며, 세계 생산량 7,434만 대의 28.6% 수준이며, 전체 자동차 판매율도 세계 전체의 25%, 승용차는 31%를 각각 차지하고 있는 큰 시장이다. EU는 세계 10대 자동차 생산업체 중 4개사가 EU 본사에 소재(폭스바겐, 르노, PSA, 피아트)하고 있으며, 자동차산업 관련 규범을 선도하는 지역으로 디자인, 파워트레인 기술, 환경규제 등이 있다. 한국은 2009년 4.3%의 점유율로 최근에 점유율이 꾸준히 증가추세에 있는데 이는 독일(30.9%), 미국(19.6%), 일본(13.7%)에 이어 4위이다. European Automobile Manufacturers' Association(www.acea.be).

		미국	유럽	중국	인도	기타
부품업체(동반진출)	현대모비스	2003 2005 2009	2003 2005 2009	2002 2003 2005	2005 2009	
	만도	1996(디트로이터) 2003(앨라바마)	1997(터키)	2002(만도) 2002(하얼빈) 2003(베이징) 2004(텐진)	1997(MIL) 2005(MSI) 2006(MIS)	1995 (말레이시아)
	한라공조	2003(앨라바마) 동반진출	1996(포르투갈) 2005(터키) 2007(슬로바키아)	2002(북경) 2005(대련)	1997(VASI)	1989(캐나다) 1996(태국)
	성우하이텍		2005(체코) 2006(슬로바키아) 2010(러시아)	2002(북경) 2006(염성)	1998 2006	
	화신	2003		2002(북경)	2002(첸나이)	
	에스엘(SL)	2000(테네시) 2003(앨라바마)	2006(슬로바키아)	1994(북경) 2002 2004 2005(연대)	1997	
	평화정공		2005(슬로바키아) 2007(체코)	2002(태창) 2005(북경)		

자료: 변재웅(2011), p. 354.

자동차산업은 국내 제조업 산업의 기반으로써 자동차부품산업과도 밀접한 관계를 가지고 있으며, 자동차 부품산업이 발전되어야 자동차산업 역시 국내외적으로 경쟁력을 가진다.[7] 국내자동차 부품산업의 몇가지 특징을 살펴보면 다음과 같다. 첫째, 그동안 완성차업계의 국내외 생산 증가와 선진국 자동차업체의 글로벌소싱 확대에 따른 수출 증가로 매출액이 크게 확대되고 기업수도 증가하는 등 외형성장을 지속하고 있다. 자동차 부품업체의

7) 이병희, 강기우(2008).

매출액은 2003년 32조 1194억원에서 2008년 49조 5866억원으로 증가하였다. 자동차 부품산업의 성장세가 지속되면서 창업과 사업전환도 증가해 현재 부품업체수는 외환위기 전인 1997년 3083개에서 2009년 3947개로 증가하였다.[8)]

둘째, 국내 자동차부품산업의 제조업내 비중변화를 살펴보면 2007년 자동차부품산업은 제조업 전체 생산의 5.5%, 부가가치의 4.9%, 고용의 6.0%, 수출의 3.2%를 각각 차지하고 있으며, 국내 완성차 생산증가에 힘입어 지속적으로 성장하고 있다. 2000년 자동차부품산업이 제조업내 생산의 3.4%, 수출의 1.2%를 각각 차지하던 것과 비교하면, 국내 자동차부품산업은 매년 생산과 수출이 9-10% 이상씩 증가하고 있다. 이러한 국내 자동차부품산업의 성장은 해외 완성차업체의 글로벌 소싱 확대로 인한 납품기회 확대와 국내 완성차 업체의 수출 및 해외생산 등 글로벌 시장에 기인한다.[9)]

셋째, 자동차 부품산업의 대기업과 중소기업 변화가 있다. 대기업과 중소기업간 격차도 확대되고 있는데, 대기업의 국내 납품액 비중은 2001년 43.6%에서 2008년 59.0%로 상승하였다. 이상과 같이 완성차업체의 수직계열화가 점점 증대되고 있고, 이와 반대로 영세한 기업은 점점 그 경쟁력을 잃고 사라져 가는 추세이다.[10)]

넷째, 하지만 세계적인 자동차 부품 전문회사가 부족한 실정이다. 세계 매출액 기준 100대 자동차 부품회사에서 유럽(35개), 미국(28개), 일본계(30개)는 많은데 비하여 한국은 LG화학(6위), 현대모비스(12위), 만도(61위), 현대WIA(65위) 4개 회사만 있는 실정이다.[11)]

다섯째, 한국자동차 부품산업의 EU 수출입은 1998년(29억 달러)에서 2008년(76.2억 달러)로 연평균 10%의 수출 증가세를 보이고 있다. 품목

8) 이항구, 김경유(2009).
9) 이종규(2009), 데이코산업연구소(2009).
10) 이항구, 김경유(2009), p. 11.
11) Automotive News(2009). (http://www.autonews.com/)

면에서 최근 자동차부품 모두 수출입이 증가하고 있는데, 특히 기어박스와 그 부분품(HS870840), 완충기와 그 부분품(HS870810)의 수출이 대폭 증가 하였으며, 반면 수입은 제동장치와 그 부분품(HS870830)의 수입이 증가되고 있다.[12)]

2. 대구지역 자동차 부품산업

다음은 대구지역의 자동차 부품산업의 현황은 다음과 같다. 자동차분야(자동차, 부품 및 트레일러)의 업체는 대구 전체 제조업 업체의 9.4%(621개), 매출액면에서 28.4%를 각각 차지한다.[13)] 부품산업의 몇 가지 특징을 살펴보면 다음과 같다.

첫째, 대구지역 자동차부품산업이 차지하는 비중은 업체수 7.7%, 종사자수 5.0%, 부가가치는 3.3%로 대구지역은 저부가가치의 단품 생산업체가 많아 업체 수에 비해 부가가치 비중은 다소 떨어지는 것으로 보인다.[14)]

둘째, 대구지역 연구기관은 총 532개 기관이며, 4,172명의 연구인력으로 전국대비 3.0%에 해당한다. 그러나 대구지역 자동차부품산업 업체수가 국내에서 차지하는 비중(7.7%)에 비해 연구투자가 낮은 것으로 보인다.[15)]

셋째, 제조업 생산 증가율면에서 대구 자동차 부품산업 역시 2008년 세계적 경제위기로 인해 큰 타격을 받았다. 2009년 1월 중 대구·경북지역 제조업 생산은 자동차부품이 큰 폭의 감소를 기록하면서 악화되었고 대구지역 역시 자동차부품의 감소폭이 더욱 확대되고 있다.[16)]

넷째, 자동차 부품업체 기업규모에서 2006년 기준으로 대구지역자동차 부품업체의 산업구조가 차츰 개선과 안정화 되어가고 있지만, 10인 이하

---

12) 한국무역협회(www.kita.net).
13) 대구상공회의소(2008).
14) 윤상현(2009), p. 2.
15) 윤상현(2009), p. 39.
16) 한국은행 대구경북본부(2009), p. 5.

소규모 업체가 전체의 52.7%를 차지할 정도로 소규모 영세한 업체가 많은 부분을 차지하고 있다.[17] 대구 자동차 부품업체는 아직 세계 100대기업에 포함되어 있지 않다.

다섯째, 〈표 3〉은 대구지역 주요 자동차 부품사 해외사업을 보여주는데, 대구지역 자동차부품 생산업체는 평화발레오, 평화정공, 경창산업, SL(삼립) 등 소수의 중견회사와 다수의 중소규모의 회사로 구성되어 있다. 이들 대부분의 회사들은 현대, 기아, 쌍용, 대우, 현대모비스 등 국내 자동차 업계와 GM, 혼다, 닛산, 피아트 등에 부품을 납품하고 있다.

여섯째, 대구기업들도 완성차업체와 동반진출하거나 아니면 단독 투자하고 있다. 이들 대구 부품회사는 국내생산 제품과 해외생산 제품은 서로 상이한데 이는 해외수요에 부응하기 위하여 현지에서 관련 제품을 생산하고 있다.

〈표 3〉 대구지역 주요 자동차 부품사 해외사업(2009)

	평화발레오	평화정공	경창산업	SL(삼립)
매출액	2960억	2995억	1423억	3270억
주요 생산품목	클러치 디스크, 클러치 커버, 클러치 훼이싱	래치류, 도어 모듈	케이블, 오토 T/M 지얼	램프류
해외주요 거래처 및 지역	네드카(미쓰비시-볼보합작사), 닛산, 미쓰비시, 스즈끼, 까미(스즈끼-GM합작사), GM-HOLDEN(호주), 르노, 혼다, 포드, 피아트 Europe(69%) Asia & others(12%) North America(15%) South America(4%)	마쯔다, 포드(호주) 현대(50.5%), GM대우(3.7%) 해외관계사(23.5%) 해외직수출(14.0%)	GM, 혼다, 닛산 현대(65.4%), GM대우(11.2%) 기아(2.5%), Mazda(1.5%) 기타(19.4%)	피아트, PSA, SGM 현대(40%), GM대우(22.5%) 기아(9.9%), 기타(27.4%)

17) 최순오(2009), p. 32.

	평화발레오	평화정공	경창산업	SL(삼립)
비고	OEM(45%), OES/AS(11%) Export IAM(29%) Domestic IAM(15%)	-	-	-
FDI	(국내) 평화(50%)-발레오(50%) 합작 (중국) 난징(25%), 발레오(35%), 평화(40%) 합작	체코, 인도 중국, 미국, 슬로바키아 등	중국 등	미국, 중국 등
해외 생산제품	릴리스베어링, 훼이싱, 클러치디스크플라이휠, 클러치 카바	도어모듈시스템, 래치시스템, 힌지스트라이커, 도어체커	컨트롤 케이블, 와이퍼 리서벌 탱크	헤드램프, 미러, 샤시, FEM

자료: 변재웅(2011), p. 354.

일곱째, 대구 자동차부품산업의 EU 수출입을 살펴보면 대구의 전체 대 EU 수출의 8.8%(55.48백만 달러, 2008년 기준), 수입은 3.9%(40.27백만 달러)를 각각 차지하며 무역흑자를 기록하고 있다. 특히 최근 2009년 기어박스와 그 부분품(HS870840)의 수출이 대폭 증가하고 있으며, 수입은 완충기와 그 부분품(HS870810)이 대폭 증가하고 있다. 주요 수출국은 독일, 영국, 네덜란드이고, 주요 수입국은 독일, 이태리, 영국이다.[18]

18) 한국무역협회(www.kita.net).

Ⅳ. 한국-EU FTA 체결에 따른 자동차 부품산업 대응전략 모델

1. 자동차 부품산업 경쟁력 분석

먼저 대구 자동차부품업체의 경쟁력을 분석하고자 한다. 〈그림 1〉은 대구자동차 부품산업 경쟁력분석을 보여주는데 경쟁력분석 관련 지표로 5가지를 선정하였다. 부품업체의 전문성 및 기술수준을 보여주는 '기술 및 전문성', 자동차 부품산업의 내외부 환경변화에 따른 향후 시장규모 발전 가능성 및 장래성을 보여주는 '시장성', 수출, FDI 등 부품업체의 국제화 정도를 나타내는 '국제화', 대형화 정도를 나타내는 '규모', 경영 및 마아케팅 능력, 인증제도 준비 정도, 완성차 업계와의 상호 협력체제 구축정도(협력정도)를 나타내는 '경영능력 및 협력성'을 기준으로 각각 평가한 결과이다.

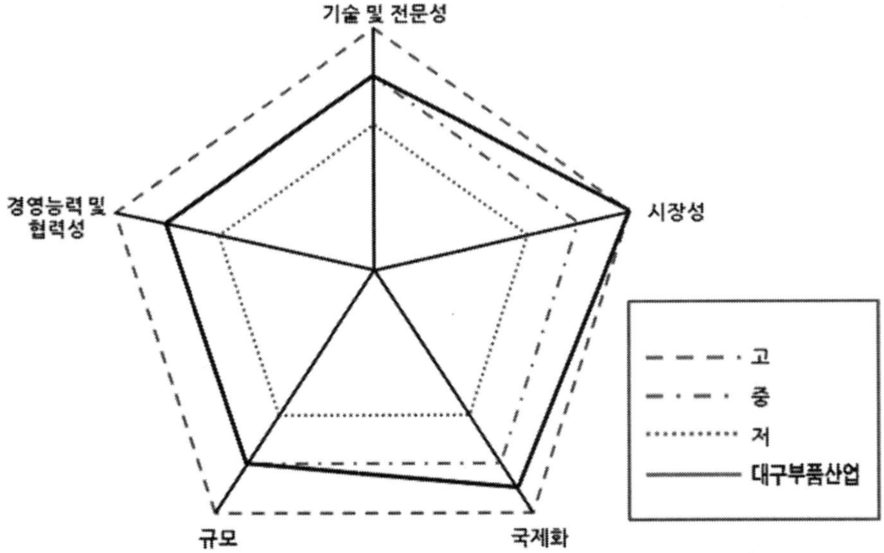

〈그림 1〉 대구(한국)자동차 부품산업 경쟁력

자료: 변재웅(2011), p. 358.

① 기술 및 전문성: 부품업체의 전문성 및 기술수준 부족

국내 자동차 부품산업의 91%가 중소기업이여서 선도적 부품공급업체가 거의 없어 신기술 개발 등 대규모 프로젝트를 수행하기가 어려워 기술적 낙후성을 벗어나지 못하는 설정이다. 대기업과 중소기업간 서로 격차도 확대되고 있는데, 대기업의 국내 납품액 비중은 2001년 43.6%에서 2008년 59.0%로 상승하였다. 완성차업체의 수직계열화가 점점 증대되고 있는 반면, 영세한 기업은 점점 그 경쟁력을 잃고 사라져 가는 추세이다.[19]

대구지역의 경우, 자동차부품 관련업체는 생산매출액은 지속적으로 커지고 있으나, 부가가치는 상대적으로 낮은 편이다. 생산기술 위주의 운영으로 연구개발이 취약하여 매출액 대비 연구 개발투자비가 낮고, 연구개발 인력도 부족한 상황이다. 또한 완성차업체와 부품업체 간의 경직된 거래관행이 존재해서 부품업체의 신기술 개발의지가 약화 되었다.[20]

② 시장성: 아주 좋음. 확대전망

한-EU FTA 체결, 한-미 FTA 추진 등으로 내외부 환경 변화에 따른 시장규모 발전 가능성 및 장래성으로 향후 관련 시장이 확대될 것으로 기대된다. 이에 따라 관련부품 산업의 해외주문 및 수출증대가 예상된다. 즉 EU의 관세인하로 한국산 부품의 구매증대를 통한 수출 및 outsourcing 확대, 전략적 제휴 확대 등으로 관련 부품산업의 시장성과 국제화가 촉진될 전망이다.

③ 국제화 정도: 국제화 촉진 계기

내수 의존도가 높은 판매구조를 갖고 있는 국내 자동차부품산업은 완성차수출 대비 부품수출 비중이 33.4%(2007년 기준)로 일본(49.7%,

19) 이항구, 김경유(2009), p. 11.
20) 윤상현(2009).

2004년 기준)이나 미국(79.4%, 2004년 기준)에 비해 크게 낮은 수준이다.[21] 하지만 자동차 부품업체의 국제화 정도를 살펴보면 현재 자동차 완성차 및 부품업체는 수출과 FDI가 활발한 상대이며 향후 한-EU FTA, 그리고 한-미 FTA 추진 등으로 부품산업의 수출과 FDI가 더욱 증대할 것으로 예상된다. 일례로 2009년 기준으로 247개 국내부품업체는 335개의 해외공장을 운영하고 있는데 이는 2008년 237개 업체 312개 공장에 비해 각각 5-7% 늘어났다.[22] 앞 〈표 3〉에서 살펴본바와 같이 대구지역의 자동차부품산업도 중견기업을 중심으로 해외에 진출해있고 향후 완성차업체의 해외진출과 함께 증대할 것으로 예상된다.

④ 규모성: 미흡

세계 매출액 기준 100대 자동차 부품회사에서 알 수 있듯이 미국(28개), 유럽(35개), 일본계(30개)는 많은데 비하여 한국은 LG화학(6위), 현대모비스(12위), 만도(61위), 현대WIA(65위) 4개 회사만 있는 실정이다.[23] 대구 자동차부품업체는 아직 세계 100대 자동차 부품기업에 포함되어 있지 않다. 이는 세계 5대 자동차 생산국으로 상대적으로 부품공급을 다변화한 보쉬나 덴소처럼 전문 대형 부품업체수가 상대적으로 적다는 것을 암시한다. 대구의 경우, 2006년 기준으로 대구지역 자동차부품업체의 산업구조가 조금씩 개선이 되고 안정화 되어가고 있지만, 10인 이하 소규모 업체가 전체의 52.7%를 차지할 정도로 소규모 영세한 업체가 많은 부분을 차지한다.[24]

⑤ 경영(마케팅)능력 및 협력성: 취약

첫째, 자동차산업의 높은 대기업 의존도를 보여준다. 대구지역의 경우 대

21) 이항구, 김경유(2009), p. 10.
22) 매일경제 2010년 9월 12일.
23) 기타국은 캐나다 2개사와 멕시코 1개사이다.
24) 최순오(2009), p. 32.

부분이 완성차에 관련제품을 납품하는 협력업체가 대부분이며, 직접적으로 완제품을 수출, 납부하는 업체는 그리 많지 않은 상황이다. 이런 특정 완성차업체에 대한 의존도가 높은 것은 자유로운 경쟁 및 영업활동의 제약으로 성장에 한계가 있으며, 의존적 관계에서 완성차업체의 납품단가 인하 요구 등은 부품산업의 저비용구조 탈피에 걸림돌로 작용한다. 또한 대기업과 중소부품업체간의 기술지원, 자금지원 등 상호협력체계가 부족하다.[25)]

둘째, 중소부품업체들의 마케팅능력이 취약하다. 내수 의존도가 높은 판매구조를 갖고 있는 국내 자동차부품산업은 완성차수출 대비 부품수출 비중이 선진국에 비해 크게 낮은 수준이다. 이는 대부분의 중소부품업체들이 해외수주 전문조직이나 현지 사무소 부재 등으로 마케팅 능력이 취약한 데 기인한다.

셋째, 인증제도 준비가 부족하다. 한-EU FTA에서는 6천유로(EURO) 이상 수출물품에 대해서는 원산지인증수출자로 인증을 받은 업체에 한해 특혜관세 혜택을 부여하도록 규정하고 있다. 하지만 국내 1만여개에 달하는 대 EU수출기업 중 원산지인증수출자 인증을 받은 업체는 164개에 그칠 정도로 준비가 미흡하다. 또한 EU에서는 우리기업들이 특혜관세 혜택을 받고 EU회원국으로 수출한 물품에 대해서는 활발하게 원산지 검증을 할 것으로 예상된다. 대구경북세관에 따르면 현재 관세혜택을 볼 수 있는 지역기업은 750여개 업체로 이 가운데 한-EU FTA 원산지인증수출자 가인증 업체수는 37개 업체로 4.9%에 불과했다. 이들 기업중 기계·자동차업체가 13개 업체, 섬유업체가 12개 업체, 전자가 5개 업체 등이다.[26)]

위의 내용을 종합하면 대구지역 자동차 부품산업은 규모가 영세하고 경쟁력이 취약한 상태여서 기술적 낙후성, 중소부품업체들의 마케팅 능력 취

25) 최근 이러한 기술 및 조기 결제상환 등 상호협력 관계를 증진시키기 위한 동반성장 노력도 있다. 매일경제 2010년 10월 27일.

26) http://www.customs.go.kr/daegu. 대구경북지역 중소기업 대부분이 한-EU FTA에 제대로 대비하고 있지 않다. 대구경북세관(2010) 조사에 따르면 FTA에 대한 인지도는 응답업체의 41%로 절반에도 미치지 못했고, FTA 특혜요건을 아는 경우는 17%에 그쳤다. 또 21%의 수출업체만 FTA를 활용할 수 있다고 응답했다.

약과 인증제도 준비 부족, 높은 대기업 의존도, 대기업과 중소부품업체간의 기술지원, 자금지원 등 상호협력체계가 선진국 부품업체에 비해서 부족한 점 등의 문제점이 있다. 대구부품업체의 경우가 중소기업 위주의 한국 자동차부품업체의 정도와 유사할 것으로 사료된다.

이를 개선하기 위해서는 첫째, 대기업과 중소기업간 유기적 협조체제 구축이 필요하다. 완성차업체와 전장부품업체간 유기적 협력관계를 구축함으로써 연구개발 역량을 결집하여 자동차부품산업의 경쟁력을 강화하고, 완성차업체와 부품업체의 해외 동반진출을 확대하여 부품업체의 글로벌 역량을 제고해야 한다. 또한, 완성차업체와 부품업체간에 품질・원가 경쟁력 등 공동의 목표를 달성하기 위하여 유기적인 상생협력 체제를 구축함으로써 장기적 거래관계를 강화해야 한다.

둘째, 적극적인 해외시장 개척이 필요하다. 국내 완성차업체에게 안정적으로 제품을 공급하는 동시에 해외시장을 개척, 확대해야 한다. 또한, 지역에서 고부가가치 자동차 부품산업이 주요사업으로 기반을 구축하며, 능동적인 개발 및 생산체계를 구축해야한다. 또한 해외 연구기관 유치 및 네트워크를 연계하여 지역기업 기술수준 향상과 경쟁력을 강화할 필요가 있다. 규모가 영세한 지역 자동차부품업체의 경우 연구개발, 설비투자 및 해외시장 개척에 주력하여 중견기업으로 성장을 해야 경쟁력을 확보할 수 있다. 부품업계의 전문화를 위하여 특정 부품의 해외용품 사업 참여를 통한 브랜드 개발이 필요하다. 소규모 부품업체들의 특정 완성차업체에 대한 의존도를 낮추면서 핵심 부품을 개발할 수 있는 효율적인 방법이 될 것이다.[27)]

셋째, 중소부품업체들은 해외수주 전문조직이나 현지 사무소 추진 등으로 마케팅 능력의 향상이 필요하다. 또한 인증제도의 사전 철저한 준비 전략이 필요한데 기업들이 한-EU FTA를 통해 해외시장을 개척하고 성공적으로 FTA 혜택을 받기 위해서는 발효전 빠른 시일내에 원산지인증수출자 인증기업 확대 및 국내산 원재료의 부가가치를 추적할 수 있는 체계적인 원산지관리시스템의 마련이 시급한 실정이다.

---

27) 하나금융연구소(2009b).

2. 자동차 부품산업 효과 분석

〈표 4〉는 자동차(완성차 및 부품산업)부분의 한국-EU FTA 결성에 따른 대구(한국) 자동차 부품생산업계의 대응전략 모형을 나타낸 것이다. 바람직한 전략을 모색하기 위하여 각 모델별 분석은 완성차 및 부품사의 수출, FDI, 현지생산, 그리고 기타 해외생산으로 한국과 EU 등 선택 가능사항을 모두 고려하여 분석한다.

〈표 4〉 자동차 부분 한국-EU FTA 결성에 따른 효과 모형

	한국 → EU		EU → 한국	
	완성차	부 품	완성차	부 품
수출	① 증가	② 증가	⑨ 증가	⑩ 증가
(신규) FDI	③ -	④ 다소 증가	⑪ -	⑫ 증가
현지생산 (차량 및 부품)	⑤ 증가	⑥ 증가	⑬ 다소 증가	⑭ 증가
기타 해외생산 (인도 등)	⑦ 다소 증가	⑧ -	⑮ -	⑯ -

참조: -는 없거나 미미. 자료: 변재웅(2011), p. 362.

① 대EU 완성차 수출: 증가

관세인하로 EU내 한국차량의 판매도 증가하여 수출증대가 예상된다. 한국의 경우 수출 주력 차급의 조기개방으로 수출증대 및 EU시장 점유율 확대가 예상된다.[28] 일례로 1.5ℓ 초과 수출 주력 승용차는 3년간 단계적 철폐인데, 아반떼, i30, 쏘나타, 스포티지 등 EU로 수출되는 대부분의 승용차가 해당되어 점진적으로 수출이 증가 할 것으로 예상된다.[29] 완성차의

28) 또한 EU의 많은 국가들은 중고자동차를 신차로 구매시 각종 세제 혜택을 주고 있다. Haugh, D., Mourougane, A., Chatal, O.(2010).

대EU 수출은 현대, 기아차의 현지공장 완공으로 2007년 이후 다소 감소하였지만 2008, 2009년 수출액이 수입액 보다 많다.

② 대EU 자동차부품 수출: 증가

완성차의 관세 인하효과로 한국산 차량 판매 증대와 함께 자동차 부품의 관세율 인하효과로 한국산 자동차부품의 판매가 증가하여 대EU 수출 증대가 예상된다. 부품업체도 EU의 관세인하로 한국산 부품의 구매증대를 통한 수출확대 및 아웃소싱(outsourcing)증가, 전략적 제휴 확대가 예상된다. 실제 최근 벤츠, BMW, 폭스바겐, 아우디, 르노 등 유럽자동차 메이커들은 최근 많은 한국 자동차 부품업체와 부품납품 계약을 체결하였고 확대 의사를 밝히고 있다.[30]

대구의 경우 주력 품목인 샤시(19% 관세)를 제외한 대부분 자동차 부품은 3-4.5%의 관세를 부과하고 있는데, 관세철폐로 직접적 수출증대와 함께 EU 메이커의 글로벌 소싱 증가추세에 따라 OEM 납품을 확대할 수 있는 계기가 될 것이다. 현재 유럽 주요 완성차 업체들은 한국부품 아웃소싱을 확대하는 추세(60%→70%)여서 기술이 우수한 부품업체는 상당한 기회로 작용한다. 이는 한국산 자동차부품 수출증가 가능성 확대 및 품목 다변화의 계기, 기술개발 촉진 및 원가절감을 통한 경쟁력 도약 계기, 핵심부품(전장, 변속기 등)은 EU와 국내 부품업체간 경쟁 치열, 부품업계에 대한 유럽 메이커의 활용 기회가 증가한다.

③ 완성차 대EU FDI: 미미

현재 EU내 현대 체코(2008년, 연산 30만대), 기아 슬로바키아(2006년, 년산 30만대) 현지공장이 있는데 현지에서 생산하는 자동차는 이미 관세효과가 없기 때문에 EU내 신규투자는 당분간 없을 것으로 예상된다.

---

29) 곽용선, 김현정(2009).

30) 매일경제 2010년 9월 12일.

④ 부품업체의 FDI: 다소 증가

국내부품업체는 2009년 기준으로 247개 업체가 335개의 해외공장이 있는데 이는 2008년 대비하여 237개 업체 312개 공장에 비해 5-7% 늘어났다. 따라서 한-EU FTA로 한국 자동차 부품업체의 해외투자가 다소 증가 할 것으로 예상된다.

⑤ EU내 현지생산 차량: 증가

현지생산의 경우, 부품관세 즉시 철폐 및 적정한 수준의 원산지 규정으로 현지 생산비 절감이 예상되며, 이에 따른 수요증대로 현지생산의 증가가 예상된다. 또한 현지생산 차량은 EU시장뿐만 아니라 역외국에도 수출이 가능하다.

⑥ EU내 현지생산 부품: 증가

현지에 이미 진출한 관련 부품회사는 관세효과는 없지만 한국산 자동차의 관세철폐 등의 효과로 판매가 증가하면 이에 따른 부품의 수요가 증가가 예상된다. 하지만 EU지역 내에서 관세율이 높았던 품목을 생산해왔던 기업들은 생산공정을 국내로 이전할 수도 있다.

⑦ 기타국 해외생산 완성차: 다소 증가

현대자동차의 경우 2011년 하반기 출시한 신형 2000cc급 소나타 유럽형을 외국공장(인도)이 아닌 한국에서 생산하기로 최근 결정했는데 이는 한국에서 생산하는 것이 유리하기 때문이다. EU시장의 1.5ℓ이하 소형차의 관세인하 기간이 중대형차에 비해 상대적으로 길게 결정된 것은, 현재 소형모델(i10, i20)이 인도에서 EU로 저관세로 수출되고 있는 점을 감안하면 현재는 큰 문제가 아니지만, 향후 인도 생산 소형차 위주로 대 EU 수출이 증가 할 것으로 예상된다. 특히 1.5ℓ 이상의 SUV 승용차급과 볼

보·스카니아 등 유럽 메이커가 강세를 보이고 있는 대형 트럭 차급에서 한국시장의 관세철폐 시기가 느린 점은 한국업체에게 다소 유리하게 작용할 것으로 예상한다.[31] 하지만 최근 중동과 아프리카의 현대차 수요가 유럽을 상회하고 이들 지역의 기업은 현대차와 공동으로 합작투자를 희망하고 있는 실정이다.[32]

⑧ 기타국 해외생산 부품: 효과 미미

미국, 중국 등 해외생산부품의 대EU 수출은 그국가와 EU와 관세효과에 따라 영향이 달라지는데 대체로 한국에서 수출하거나 EU내 현지 생산부품으로 공급되기 때문에 제 3국을 통한 수출은 당분간 활성화되지 않을 것으로 예상된다.

⑨ EU 완성차 대한국 수출: 증가

EU도 한국시장에 관세율 인하효과로 차량의 판매 증가와 함께 한국수출도 증대가 예상된다. 특히 유럽업체의 가격 경쟁력 향상으로 준중형 이상 차급에서 경쟁 격화될 전망이다. 관세가 완전히 철폐될 경우 개별소비세와 취등록세 등을 감안할 때 유럽 수입차들은 현재 판매가격보다 평균 7.4%가량 가격인하 여력이 생겨 수입차는 한-EU FTA로 대한국 수출이 더욱 강화할 것이다.[33]

유럽차 메이커들이 관세철폐보다 더 기대하는 것은 각종 규제철폐다. 한-EU FTA로 유럽식 배기가스 기준을 적용한 가솔린모델 수입이 허용됨에

---

31) 곽용선, 김현정(2009), p. 5.

32) 한국경제 2010년 10월 27일.

33) 일례로 벤츠 S클래스 2,000만원(2억 5,900만원→2억 3,900만원)정도, BMW 5시리즈 500만원(6000만원 중반에서 7000만원대)정도 가격인하 요인이 발생한다. 8%의 관세장벽에서도 현재 국내 자동차시장의 약 20%(판매액 기준)를 차지하고 있는 수입차는 한-EU FTA로 대한국 수출이 더욱 강화되어 이 경우 국산 고급모델들이 심한 가격경쟁을 받을 것으로 예상된다. 2010년 BMW, 벤츠, 아우디, 폭스바겐 등 독일계를 중심으로 한 유럽 메이커들이 한국 수입차 시장의 약 65%를 점유하고 있다.

따라 아우디 'A1'와 같은 유럽형 소형 가솔린차의 국내 판매도 가능해질 것으로 보인다. 일례로 현재 유럽 인기모델 'A1'의 경우, 미국형 배기가스 기준을 갖고 있는 국내시장에 들여오려면 배기가스 자기진단장치(OBD)를 부착해야 하는 등 추가비용이 발생하는데 한-EU FTA 발효로 규제가 풀어지면 시판이 가능하여 유럽차의 수입이 확대될 수 있다.

⑩ EU 대한국 부품수출: 증가

완성차의 관세 인하효과로 EU산 자동차 국내 판매 증대와 그에 따른 자동차 부품 수요증대가 있다. 또한 자동차 부품의 관세율 인하효과로 EU산 부품의 국내 수요증가로 대한국 수출도 증대가 예상된다.

⑪ 국내 완성차 FDI: 미미

유럽 자동차업체의 한국 완성차 참여는 제한적이다. 현재 르노가 일본 닛산과 함께 삼성르노차에 투자 중인데 신규 한국 투자는 당분간 시도하지 않을 것으로 예상된다.

⑫ 국내 부품산업 FDI: 증가

발레오 등 EU업체는 한국에서 한국기업과 공동투자하고 있다. 한국부품업체의 인수 및 투자 확대, outsourcing 증대와 구매가 대폭 확대 될 것으로 예상된다.

⑬ 한국 내 생산 완성자동차: 다소 증가

현재 르노가 일본 닛산과 함께 삼성르노를 운영하며 국내에서 생산중이다. 한국 내 생산 중인 SM3를 러시아 등 해외에 수출 중인데 르노의 참여가 제한적이지만 확대될 수 있으며 수출차종과 품목도 다변화될 수 있다.

⑭ 한국 내 생산 자동차부품: 증가

발레오 등 몇 개의 EU업체는 한국에서 한국기업과 공동투자하고 있다. 한-EU FTA로 한국부품업체의 아웃소싱과 전략적 제휴 및 구매가 대폭 확대 될 것으로 예상된다. EU 메이커의 글로벌 소싱 증가추세에 따라 OEM 납품을 확대할 수 있는 계기가 될 수 있어 유럽 주요 완성차 업체들은 현지생산 법인을 운영 검토하고 있다.

⑮ 기타 외국생산 완성차: 효과 미미

한국과 EU 이외 국가에서 현지생산 차량의 수입이 증가할 가능성은 현재는 낮다. 대부분의 유럽산차는 고급차로 유럽의 원산지 효과가 크기 때문에 제 3국을 통해 수입될 경우 소비자의 신뢰도와 A/S 등의 문제가 있을 수 있다.

⑯ 기타 외국생산 부품: 효과 미미

한국과 EU 이외 국가에서 현지생산 부품의 경우 유럽자동차 부품업체의 필요시 수입될 수도 있다.

종합적으로 한국-EU FTA에 따른 자동차 부품산업 효과모형에서 한국은 완성차의 경우 수출은 증가하고 현지생산은 다소 증가가 예상된다. 부품산업의 경우, 수출이 증가하고, 신규 FDI와 현지생산은 다소 증가할 것으로 각각 예상된다. EU의 경우도 완성차의 수출증가와 현지생산이 다소 증가할 것으로 예상되며, 부품산업은 수출, FDI, 현지생산이 모두 증대 할 것으로 예상된다.

대구지역 자동차업계의 경우, 평화발레오는 프랑스 발레오를 거점으로 유럽에 70% 이상 납품하고 있는 업체여서 이번 한-EU FTA에 매우 민감한 반응이다. 왜냐하면 국내경쟁업체들이 관세가 사라지면 EU시장 진출이 더욱 용이하게 되어 제품의 원자재 절감, 기술력 확보 등 품질 및 기술개발 촉진에 더욱 중점을 두어야 하기 때문이다. 평화정공, 경창산업, 삼립 등 대구지역부품 회사들도 한-EU FTA로 유럽의 자동차들이 국내의 자동차산업의 일부분을 차지하게 되면서 국내자동차 산업을 위협할 수 있어 자동차 부품사들은 가격, 품질 및 기술력 향상 노력이 더욱 필요하다는 입장이다.[34)]

따라서 대구자동차 부품업체는 한-EU FTA 효과를 극대화하기 위해서는 다음의 몇 가지 전략이 필요하다. 첫째, 대기업과의 유기적 협조체제 구축, 관련 기술개발을 적극 추진해야 한다. 부품공급을 다변화한 보쉬나 덴소처럼 지역(한국)의 자동차 부품업체도 규모의 성장을 추구하는 전략도 필요하다.

둘째, 해외자본 및 기술력 유치가 필요하다. 국내에서는 높은 기술경쟁력을 가진 EU기업들의 투자와 협력을 이끌어내는 기회로 활용할 필요가 있다. 특히, 부품, 소재분야의 직접투자가 확대될 것으로 예상됨에 따라 기술경쟁력 우위에 있는 기업과의 전략적 제휴 모색이 필요하다. 이와 함께 한-EU 기업간 협력 확대 및 생산네트워크 재조정이 필요하다. 기업간 투자 및 협력 확대 통해 경쟁력 확보하고, 박람회 개최 및 참여 확대 등 협력채널 지속 유지, 기업별로 구체적 협력사업 추진하여 글로벌 생산네트워크를 재조정하여야 한다.

셋째, 적극적 해외시장 개척과 함께 해외 마아케팅을 적극 추진해야 한다. 대구자동차 부품업계는 관세철폐에 따른 가격경쟁력 강화를 현지 판촉 수단으로 활용, 관세인하 이익 마아케팅 비용 전환이 필요하며, 대유럽 수출차종을 국내생산 하는 방안도 필요하다. 이와 함께 상품경쟁력 강화, 브랜드 가치 및 품질 향상, 유럽시장에 맞는 차별화 전략, 에너지, 환경 관련 기술 개발을 통한 시장점유율을 확대 할 필요가 있다.

넷째, EU 지역은 긴 납기일, 물류비용 등의 추가비용 발생이 거래 시 단점으로 작용해 역내국 수입을 선호하므로 소량주문, 적기납품 대응을 위

---

34) 각사 생산관리팀 인터뷰.

해 현지 물류센터 활용전략도 필요하다.

다섯째, 비관세장벽에 대한 대책과 준비가 필요하다. EU 회원국들은 일부 품목에 있어서 상이한 표준, 시험 및 인증절차를 유지하고 있어 EU시장 진출에 장애요인으로 작용하고 있다. 한편 유럽자동차 관련업체들은 관세철폐보다 한국의 자동차 관련 각종 규제철폐가 관심사항이다. 한-EU FTA로 유럽식 배기가스 기준을 적용한 가솔린모델 수입이 허용됨에 따라 유럽형 소형 가솔린차의 국내 판매도 가능해 한-EU FTA 발효로 규제가 풀어지면 유럽차와 관련 부품의 수입이 확대될 수 있어 이에 대한 대비도 필요하다. 또한 자동차 부품수요가 훨씬 줄어드는 전기자동차의 대중화에 따른 중기적(5-15년) 현상을 미리 대비하는 전략도 함께 필요하다.

여섯째, 원산지 기준 등 새로운 통상환경을 면밀히 검토하여 완제품 수출 및 해외공장에서 제품을 생산하던 기업들은 원산지 기준 충족여부 확인을 통해 필요시 생산거점의 재조정이 필요하다. 한국기업이 원산지기준을 충족하지 못하면 면제받은 관세를 물게 되고 수입국 법령이 정하는 벌금이 부과되거나 징역까지 살 수도 있다. 또 외국산부품 등 역외생산 원자재 조달방식으로 만들어진 제품을 수출할 경우, FTA 발효 5년 뒤부터 5% 환급상한제를 두고 있어 관세혜택도 크게 줄게 된다. 예를 들어 100만원 상당의 자동차부품을 들여와 완성차에 얹은 뒤 EU에 수출하면 FTA 발효 후 5년간은 8만원을 돌려받지만, 상한설정 때에는 최대 5만원까지만 환급되어 한국기업은 제품생산단계에서부터 점검이 필요하다. 또한 EU와 한국의 품목분류(HSK) 체계가 달라 수출입기업의 혼란이 가중될 수 있어 이에 대한 기업의 준비도 필요하다.

EU 대형 완성차업계의 외부부품 조달율이 75%로 높아 적극적인 마케팅 전략이 필요하며, 동유럽 현지공장의 부품관세의 즉시 철폐로 생산비용 감소와 부품 수출증대를 기대할 수 있다. 또한 원산지규정으로 한국산 부품을 사용하더라도 역내산을 인정받아 자동차부품 수출을 증대할 수 있다.[35)]

35) 이종원(2010), p. 300. 이종원(2010)은 한-EU FTA 발효 후 한국차량과 EU내 한국생산차량의 판매는 늘어나고, 완성차량과 관련부품의 대EU 수출은 아주 증가할 것으로 예상한다.

일곱째, 기업들이 한-EU FTA를 통해 해외시장을 개척하고 성공적으로 FTA 혜택을 받기 위해서는 빠른 시일내에 원산지인증수출자 인증기업 확대 및 국내산 원재료의 부가가치를 추적할 수 있는 체계적인 원산지관리시스템의 마련이 시급한 실정이다. 특히 수출물품에 대한 원산지결정기준 충족여부 등 인증수출자로 지정을 받기 위해서는 사전 준비기간을 포함해서 최소한 1개월에서 6개월 이상이 소요되는 점을 감안할 때 발효까지 남은 기간은 상당히 짧다. 특히 한-EU FTA 발효 초기 EU 세관에서 자국과의 경쟁 산업인 자동차(부품)와 섬유 등을 수출하는 대구(한국)기업에 대해 강도 높은 원산지 검증을 할 것으로 예상돼 수출기업들은 빠른 시일내 준비를 서둘러야 할 것이다. 마지막으로 한-EU FTA 효과를 극대화하기 위해서는 자동차 부품산업에 대한 정부의 지속적인 지원이 필요하다.

V. 결 론

4장은 한-EU FTA 체결에 따른 산업효과 분석으로 대구지역 자동차 부품산업의 사례를 분석하였다. 한-EU FTA 체결로 자동차분야는 최대 수혜산업으로 예상되지만, 노력 여하에 따라서는 효과가 적을 수도 있다. 자동차 부품산업은 한-EU FTA로 수출증가와 품목 다변화, 기술개발 촉진과 원가절감을 통한 경쟁력 도약의 계기가 될 수 있다. 하지만 핵심부품은 EU와 국내 부품업체간 경쟁 치열이 예상되며, 부품업계에 대한 유럽 메이커의 활용 기회가 증가할 것으로 예상된다.

대구자동차 부품업체 경쟁력 분석에 의하면 부품업체 기술 및 전문성, 대형화 정도를 나타내는 규모, 경영 및 마아켓팅 능력과 완성차 업계와의 상호협력체제 구축정도(협력정도)를 나타내는 협력성은 중간 수준으로 나타난 반면, 한-EU FTA로 향후 시장성은 높게 나타나고, 수출, FDI 등 부품업체의 국제화 정도는 다소 높은 수준으로 평가되었다. 대구부품업체의 경우가 중소기업 위주의 한국 자동차부품업체의 정도와 유사할 것으로 사료된다.

한국-EU FTA에 따른 자동차 부품산업 효과 모형에서 한국은 완성차의 경우 수출은 증가하고 현지생산은 다소 증가가 예상된다. 부품산업의 경우, 수출이 증가하고, 신규 FDI와 현지생산은 다소 증가할 것으로 각각 예상된다. EU의 경우도 완성차의 수출증가와 현지생산이 다소 증가할 것으로 예상되며, 부품산업은 수출, FDI, 현지생산이 모두 증대 할 것으로 예상된다.

대구지역을 비롯한 한국의 국내자동차 부품산업은 규모가 영세하고 경쟁력이 취약한 상태여서 기술적 낙후성, 중소부품업체들의 마케팅 능력 및 인증제도 준비 취약성, 높은 대기업 의존도, 대기업과 중소부품업체간의 기술지원, 자금지원 등 상호협력체계 부족 등의 문제점이 있어 부품산업의 전문화, 대형화, 협력체제 구축이 시급한 과제이다.

대구자동차 부품업체는 한-EU FTA 효과를 극대화하기 위해서는 다음의 몇 가지 전략이 필요하다. 첫째, 대기업과의 유기적 협조체제 구축과 관련 기술개발을 적극 추진하고 부품업체도 규모의 성장을 추구, 해외자본 및 기술력 유치, 한-EU 부품업체간 협력 확대와 글로벌 생산네트워크 재조정이 필요하다. 둘째, 이와 함께 상품경쟁력 강화, 브랜드 가치 및 품질 향상, 유럽시장에 맞는 차별화 전략, 적극적 해외시장 개척과 함께 소량주문, 적기납품 대응을 위해 현지 물류센터 활용전략 등 적극적인 해외마케팅 전략이 필요하다. 특히 품질은 중요한 요소로서 토요타 자동차의 교훈에서도 알 수 있듯이, 부품산업의 문제는 바로 완성차의 수출과 브랜드에 심각한 영향을 준다는 사실을 교훈으로 삼아야 한다. 셋째, EU 시장의 인증제도, 기술표준, 환경기준 규정 등 비관세장벽에 대한 대책과 함께 에너지, 환경 관련 기술 개발을 통한 시장점유율을 확대 할 필요가 있다. 이를 위해 FTA를 통해 성공적으로 해외시장 확대 전략을 추진하기 위해서는 변화되고 있는 FTA 교역체제에 맞도록 기업의 무역관리시스템도 바꿔어야 한다. 넷째, 한-EU FTA 효과를 극대화하기 위해서는 자동차 부품업계의 노력뿐만 아니라 자동차 부품산업에 대한 정부의 지속적인 지원도 필요하다.

【부록】

〈표 5〉 세계 100대 자동차부품업체

(단위 : million USD)

	Company	country	sales		Company	country	sales
1	Denso Corp.	Japan	28,731	51	NTN Corp.	Japan	2,718
2	Robert Bosch GmbH	Germany	26,617	52	Navistal International	USA	2,690
3	Alsin Seiki Co.	Japan	20,686	53	GKN Driveline	UK	2,658
4	Continental AG	Germany	18,744	54	Flex-N-Gate Corp.	USA	2,633
5	Magna International Inc.	Canada	17,367	55	Panasonic Automotive Systems co.	Japan	2,555
6	**LG Chem Ktd.**	**S.Korea**	**13,080**	56	Compagnie de Saint-Gobain	France	2,362
7	Faurecia	France	13,000	57	Goodyear Tire & Rubber Co.	USA	2,300
8	Johnson Controls inc.	USA	12,800	58	Grupo Antolin	Spain	2,276
9	Delphi Holding LLP	USA	11,765	59	Piastic Omnium Co.	France	2,247
10	ZF Friedrichshafen AG	Germany	11,748	60	Showa Corp.	Japan	2,210
11	TRW Automotive Inc.	USA	11,600	61	**Mando Corp.**	**S. Korea**	**2,137**
12	**Hyundai Mobis**	**S.Korea**	**11,209**	62	Harman Intl. Industries Inc.	USA	2,006
13	Valro SA	France	10,400	63	Nemak	Mexico	1,949
14	Toyota Boshoku Corp.	Japan	10,260	64	Cooper-Standard Automotive	USA	1,946
15	Lear Corp	USA	9,700	65	**Hyundai-WIA Corp.**	**S. Korea**	**1,906**
16	Yazaki Corp.	Japan	8,686	66	Mitsub Corp.	Japan	1,893
17	Sumitomo Electric Industries Ltd.	Japan	8,416	67	Draexlmaier Group	Germany	1,891
18	BASF SE	Germany	6,800	68	Bayer MaterialScience	Germany	1,880
19	Hitachi Automotive Systems Ltd.	Japan	6,684	69	Honeywell Transportation Systems	Switzerland	1,775
20	Benteler Automobiltechnik GmbH	Germany	6,560	70	Tyco Electronics Corp	USA	1,762
21	Visteon Corp	USA	6,420	71	TI Automotive Ltd.	UK	1,694
22	CalsonicKansel Corp.	Japan	6,210	72	Peguform GmbH	Germany	1,679
23	JREKT Corp.	Japan	5,974	73	Eberspaecher Holding GmbH	Germany	1,645

	Company	country	sales		Company	country	sales
24	Magneti Marelli S.p.A.	Italy	5,916	74	Tower Automotive	USA	1,634
25	Mahle GmBH	Germany	5,416	75	Royal Philips Electonics	Netherlands	1,617
26	Dana Holding Corp.	USA	5,228	76	CLE Automotive S.A	Spain	1,609
27	Toyoda Gosei Co.	Japan	5,220	77	American Axie & Manufacturing	USA	1,522
28	Autoliv Inc.	Sweden	5,121	78	Asahi Glass Co.	Japan	1,500
29	Cummins Inc.	USA	4,928	79	PPG Industries Inc.	USA	1,500
30	Hella KGaA Hueck & Co.	Germany	4,557	80	Webasto AG	Germany	1,479
31	NHK Spring Co.	Japan	4,608	81	Linamar Corp.	Canada	1,475
32	TS Tech Co.	Japan	4,120	82	Leopoid Kostal GmbH	Germany	1,429
33	Koito Manufacturing Ltd.	Japan	4,074	83	Modine Manufacturing Co.	USA	1,400
34	NSKLtd.	Japan	4,017	84	Georg Fischer Automotive AG	Switzerland	1,370
35	DuPont	USA	4,000	85	Rieter Automotive Mgmt. AG	Switzerland	1,307
36	BorgWarner Inc.	USA	3,962	86	Dura Automotive Systems Inc.	USA	1,288
37	Takata Corp.	Japan	3,828	87	Kautex Textron GmbH	Germany	1,287
38	Schaerrler Group	Germany	3,800	88	F-Tech Inc.	Japan	1,272
39	Behr GmbH	Germany	3,780	89	Nissin Kogyo Co.	Japan	1,263
40	Michelin Group	France	3,651	90	Hayes Lemmerz Intl. Inc.	USA	1,260
41	Tenneco Inc.	USA	3,613	91	Aipine Electronics Inc.	Japan	1,260
42	Brose Fahrzeugteile GmbH	Germany	3,586	92	Mark IV Holding Inc.	USA	1,249
43	Bridgestone/Firestone Inc.	Japan	3,479	93	Clarion Co.	Japan	1,239
44	Tokai Rika Co. Ltd.	Japan	3,270	94	Eaton Corp.	USA	1,229
45	IAC	USA	3,200	95	Inergy Automotive Systems	France	1,184
46	Leoni AG	Germany	3,012	96	Pioneer Corp.	Japan	1,179
47	Gederal-Mogul Corp.	USA	3,004	97	Freescale Semiconductor Inc.	USA	1,161
48	Keihin Corp.	Japan	2,935	98	SKF Automotive Division	Sweden	1,096
49	Stanley Electric Co.	Japan	2,872	99	Exedy Corp.	Japan	1,091
50	Mitsubishi Electric Co.	Japan	2,763	100	3M Automotive	USA	1,082

자료: Automotive News(2009).

참고문헌

강유덕(2009), "한·EU FTA의 협상결과 및 향후전망", 『관세와 무역』, 제41권 6호, pp. 48-54.

김경유(2009), "글로벌 경기침체에 따른 자동차부품산업의 동향과 시사점", 『KIET 산업경제』, pp. 36-44.

김득갑(2007), "한-EU FTA의 주요 쟁점과 협상전략", 『삼성경제연구소: Issue Paper』, pp. 1-115.

김준규(2008), "최근 미국 자동차산업 동향과 시사점", 『Kotra Executive Brief 제4호』, pp. 1-26.

김형주(2007), "한-EU FTA, 무엇을 기대할 수 있나", 『LG주간경제』, 5(2), pp. 34-38.

김형주, 이서원(2008), "한-EU FTA 이후 경제환경 변화와 시사점", 『LG경제연구원』, pp. 1-42.

곽용선, 김현정(2009), "한-EU FTA의 자동차산업에 대한 영향 및 대응방향", 『KARI CEO Reoprt』, 2009-10호.

노순규(2009), "한·EU FTA와 경제전략", 한국기업경영연구원.

대구상공회의소(2008), "대구상공연감".

데이코산업연구소(2009), "수입 자동차부품 시장과 수입업체 현황", 진한엠엔비.

모세준(2009), "세계 주요 자동차부품업체 현황 및 국내 자동차 부품업체의 경쟁력 비교분석", 『하나금융경영연구소논집』, 제225호, pp. 52-64.

박필재(2008), "EU시장에서의 한중일 수출경쟁력 분석", 『무역연구』, pp. 11-37.

변재웅(2009), "한-EU FTA 체결의 산업별 관세효과", 『관세학회지』, 제10권 4호, pp. 263-282.

변재웅(2011), "한국-EU FTA 체결에 따른 대구자동차 부품산업 효과 분석",

『무역학회지』, 제36권 제1호, pp. 349-372.
송원근(2008), "한-EU FTA의 자동차 교역 영향 및 EU 자동차시장 분석", 한국경제연구원.
안유석(2009), "한-EU FTA 10대 수출유망품목", 『Kotra Executive Brief』, 09-016.
외교통상부(2009), "한-EU FTA 협상 현황 및 향후 일정".
윤상현(2009), "경북 자동차부품 관련 연구소의 효율적 운영방안", 『대구경북연구소 연구보고서』, 2009-046.
이명구(2009), "EU의 특혜원산지제도(PanEURO)", 『관세와 무역』, 제41권 5호, pp. 17-25.
이병희, 강기우(2008), "자동차산업의 현황과 과제", 한국은행 조사국 산업분석팀, 『한은조사연구』, 2008-14호, pp. 1-49.
이종규(2009), "한-EU FTA의 주요 타결내용과 시사점", 『삼성경제연구소: Issue Paper』, pp. 1-42.
이종원(2010), "한-EU FTA 이후가 자동차업계에 주는 정책적 시사점", 『유럽연구』, 제28권 1호, pp. 281-303.
이종원, 변재웅(2008), "한-EU FTA 추진 평가에 관한 연구", 『한독사회과학논총』, 제18권 1호, pp. 187-216.
이항구, 김경유(2009), "우리나라 자동차부품산업의 경영성과분석과 새로운 성장전략", 『e-Kiet 산업경제정보』, 제449호, pp. 1-16.
전국경제인연합회(2007), "한-EU FTA 주요 업종별 영향과 대응전략".
조성대(2009), "한·EU FTA 타결에 따른 기대효과와 향후과제", 『한국무역협회: IIT』, pp. 1-31.
지식경제부(2009), "한·EU 기술표준 협력 강화", 보도자료.
최순오(2009), "대구·경북지역 자동차부품기업의 대중국 진출 전략에 관한 연구", 계명대학교 무역학과 석사학위논문.
하나금융연구소(2009a), "한-EU FTA의 산업별 파급효과 분석", 『하나산업정보』, 제9호, pp. 1-47.

하나금융연구소(2009b), "세계 주요 자동차부품업체 현황 및 국내 자동차 부품업체의 경쟁력비교 분석", 『산업연구시리즈』, 제10호, pp. 1-41.

한국은행 대구경북본부(2009), "최근의 대구·경북지역 실물경제 동향".

황나영, 박형중(2009), "한-EU FTA, 관세철폐로 교역증가 기대", 『우리투자증권: 이슈분석』, pp. 1-6.

田中信世(2008), "EUの對韓國経濟關係とFTA交涉", 『季刊 國際貿易と投資: 硏究ノート』, No. 72, pp. 70-84.

Haugh, D., Mourougane, A., Chatal, O.(2010), "The Automotive Industry in and Beyond the Crisis", *OECD Economics Department Working papers*, No. 745, pp. 1-30.

Francoise, N.(2009), "Negotiating a Korea-EU Free Trade Agreement: easier said than done", *Asia Europe Journal*, No. 7 Vol. 1, pp. 23-42.

Matthew, M.(2002), "The EU's Free-Trade Agreements with Developing Countries: A Case of Wishful Thinking", *The World Economy*, No. 25, pp. 1369-1385.

Smith, M. G. *et al*(2008), "Trade Sustainability Impact Assessment of the EU-Korea FTA", *IBM Consulting Group: Brussels*.

대구경북세관(http://www.customs.go.kr/daegu/)

매일경제 2010년 10월 27일.

매일경제 2010년 9월 12일.

한국경제 2010년 10월 27일.

한국무역협회(www.kita.net)

한국자동차공업협회(http://www.kama.or.kr)

Automotive News(2009)(http://www.autonews.com/)

European Automobile Manufacturers' Association(www.acea.be)

제 5 장
FTA에서의 환경보호정책

I. 서 론

지역무역협정(Regional Trade Agreements: 이하 'RTA'라 함)[1]의 수는 지난 몇 년간 급격히 증가하였다. 2001년 12월 개시된 WTO DDA협상이 지지부진하자 WTO회원국들은 자국의 이해관계에 맞는 국가들 간의 양자적, 지역적 무역자유화 협상을 적극적으로 추진하여 왔으며, 현재 WTO회원국들은 하나 이상의 RTA당사국이다. RTA는 당사국간 무역자유화를 추구하는 양자적, 지역적 통상조약으로, 일부 RTA는 WTO의 대상범위를 넘어서 경쟁, 노동, 환경규범을 포함하고 있다. 특히 RTA의 환경규범은 WTO협정과 다자간환경협정 (Multilateral Environment Agreements: 이하 'MEAs'라 함)과의 관계가 WTO DDA협상의제라는 점과 환경과 무역의 관계가 WTO의 연구 대상이 되어 왔다는 점을 고려할 때 여러 가지 시사점을 제공한다고 볼 수 있다. WTO차원에서 무역과 환경과의 관계에 관한 명시적인 결정이 없는 상황에서 WTO회원국들이 양자적, 지역적으로 체결하는 무역협정에 환경규범을 포함시킴으로써 동 사안에 관한 개별 국가 관행을 형성해 나가고 있기 때문이다. 물론 모든 RTA가 환경규범을 포함하고 있지 않지만, 주로 미국, EU 등이 적극적으로 FTA에 환경규범을 포함시키고 있으므로 이들 국가들의 무역규모를 고려했을 때 이들이 주도

1) RTA는 GATT1994 XXIV조에 정의된 관세동맹(Customs union)과 자유무역지대(Free Trade Area)협정을 포함한다.

하는 FTA의 규범적 파급효과는 크다고 볼 수 있다. 따라서 다음에서는 무역협정에서의 환경규범 도입 배경과 FTA에서 환경규범의 주요 내용 그리고 WTO협정과 다자간 환경협정과의 관계를 중심으로 검토하여 FTA에서의 환경보호규정에 대한 법적 평가를 도출한다.

Ⅱ. FTA에서의 환경규범의 도입배경

1. 무역협정에서의 환경적 고려

무역협정에 환경적 고려가 포함되기 시작한 것은 최근의 경향으로, 실제 1992년 서명된 북미자유무역협정(North American Free Trade Agreement: 이하 'NAFTA'라 함)이 선구적인 역할을 하였다. NAFTA는 협정 본문뿐만 아니라 별도의 환경부속협정인 NAAEC(North American Agreement on Environmental Co-operation)를 두어 상세한 환경규정을 포함하고 있다. 그 이전에는 무역협정에 환경적 고려는 완전히 존재하지 않거나 GATT XX조의 모델을 따라서 예외규정으로 한정되었다.[2)]

FTA에 도입된 환경규정의 형태와 내용의 범위는 다양한데, OECD국가들 중 캐나다, EU, 뉴질랜드와 미국이 체결하는 FTA가 가장 포괄적인 환경규정을 포함하고 있다. 특히 미국은 무역과 환경의제를 동일한 선상에 놓고 자국이 체결하는 FTA에 환경규정을 적극적으로 포함시키고 있다. 비OECD국가 중에서는 칠레가 무역협정에 환경규정을 포함하는데 적극적인 편이다.[3)] 그러나 앞서 언급한 바와 같이 무역과 환경을 FTA에 통합시키는 경향은 최근의 경향이며, 의미 있는 환경규정을 포함하는 FTA의 수는

---

2) OECD, Regional Trade Agreements and Environment, COM/ENV/TD(2006)47/FINAL,12 March 2007, p. 25.
3) *Ibid.*, p. 103.

아직까지 적은 편이다. 그 이유는 특히 개도국들이 무역협정에서 환경문제를 다루는데 매우 회의적이기 때문이다. 이들 개도국들의 주장은 무역협정이 환경문제를 다루기에 적절하지 않고, 환경문제로 인하여 무역협상이 연기되거나 또는 보다 높은 수준의 환경의무가 그들에게 부과됨으로써 그러한 환경규정이 보호주의적 목적으로 오용될 수 있다는 것이다.

자유무역이 환경에 미치는 영향과 관련하여, 자유무역의 관점에서는 증가된 무역량이 개도국의 수입을 증대시키고, 따라서 환경보호를 더욱 더 장려할 수 있다고 주장한다. 1인당 높은 생산성은 특정 수입 수준 이상으로 오염수준을 낮춘다는 환경 쿠즈네츠 곡선(environmental Kuznet curve)을 지적한다. 환경적 관점에서는 보다 자유로운 무역이 상당한 오염산업을 소위 오염천국이라고 불리는 환경규정을 가진 개도국으로 이전하도록 인센티브를 제공한다고 주장한다. 이러한 논란은 1990년 초반 NAFTA 찬반론자에 의해서도 제기되었는데, 멕시코의 환경규제법이 멕시코기업으로 하여금 보다 청정기술을 채택하도록 할 것인지 아니면 미국기업에 의한 멕시코에서의 환경덤핑을 장려할 것인지 여부에 관한 것이었다. FTAA(Free Trade Area of America)와 CAFTA(Central American Free Trade Area)의 경우에도 유사한 논란이 재현되었다.[4)]

FTA에 환경규정이 도입되는 이유는 다양한데, 주된 이유 중의 하나는 지속가능한 개발이라는 중요한 목적에 기여하기 위해서다. 또 다른 이유는 무역협정의 당사국간에 경쟁조건을 보장하기 위해서이다. 여기서 기본전제는 FTA의 한 당사국에서의 부실한 환경법 및 환경법의 비효율적인 집행은 그 무역상대국에 비하여 경쟁적 이익을 창출할 수 있다는 것이다. 또 다른 동기는 공유된 환경적 이해관계를 갖는 당사국간에 환경협력을 강화하기 위해서다. 또 일부 국가들은 무역협정에 환경이슈를 포함하는 것이 다자환경협정 보다 훨씬 효율적이고 신속한 방식으로 환경적 목적을 추구할 수

4) Sucharita Ghosh and Steven Yamarik, *"Do regional trade agreements harm the Environment? An analysis in 162 countries of in 1992"*, Applied Ecometircs and International Development, Euro-American Association of Economic Development, vol. 6(2), May-August 2006, p. 142.

있는 기회를 제공하는 것으로 간주하여 환경규정을 포함시키기도 한다.5)

무역과 환경의 상호 지지성을 목적으로 무역조약에 환경규정을 도입시키는 것은 환경법의 집행을 촉진시키고, 환경수준을 향상시키며, 환경협력을 추구할 수 있다는 점, 그리고 환경적 사안에 대한 대중의 참여를 유도할 수 있다는 점에서 긍정적인 측면이 있다. 그 외에도 외부적 자극으로서 국내 환경법규정의 개혁을 추진하거나 가속화 할 수 있다는 점, 환경문제에 대한 지역적 일관성을 확보할 수 있다는 점 등이 긍정적으로 기대된다.

강력한 환경기준이 초래하는 경제적 영향의 성격은 국제적, 국내적 차원에서 여전히 논란이 되고 있다. 일부에서는 강력한 환경규제가 혁신 및 경제성장의 추진 동력이 될 것이라는 주장을 하는 반면 다른 한편에서는 기준관련 환경규정은 그러한 입법을 하는 국가에게 과도한 경제적 부담을 준다고 주장한다. 최근의 조사에 따르면 환경기준의 국내 수입 및 국제 수지 측면에서 약간의 부정적인 영향이 나타나는 것으로 조사되었으나 전반적인 결론은 경험적 연구에 비추어 환경정책이 국제무역에 미치는 부정적인 영향에 대한 가정을 지지할 설득력 있는 증거가 없다는 것이다.6)

FTA에 포함되는 환경규정의 형태와 범위는 국가들마다 상이한데, 이는 국가들이 채택하는 FTA의 환경정책에 따라 다를 것이다. 다음에서는 다른 국가의 FTA 모델이 되고 있는 EU와 미국의 FTA 환경정책을 중심으로 검토함으로써 이들 국가에서 FTA에서 환경적 고려의 배경을 살펴본다.

2. EU의 FTA환경정책

2006년 1월에 수정된 EU의 지속가능한 개발전략 (EU Sustainable Development Strategy)7)은 7가지 주요 과제를 포함하고 있는데, 그 중 하나는 EU의 역내정책 및 대외정책이 세계적인 지속가능한 개발과 국제

5) OECD, *supra* note 2, pp. 24-25.

6) OECD, *supra* note 2, p. 31.

7) Council of the European Union, *Renewed EU Sustainable Development Strategy*, Brussels, 26, June 2006.

적 약속에 일치하도록 보장하기 위하여 전 세계적으로 지속가능한 개발을 적극적으로 장려하는 것이다. 그러한 목적을 달성하기 위한 조치로서 유럽위원회와 회원국들이 국제무역 및 투자가 진정한 국제적 지속가능한 개발을 달성하기 위한 도구로 활용되도록 노력함으로써 세계화가 지속가능한 개발을 위하여 운영될 수 있도록 하는 노력을 증진시켜야 한다고 규정하고 있다. 그러한 점에서 EU는 교역 당사국과 환경적 사회적 기준을 개선시키기 위하여 함께 노력하여야 하며, 그러한 목적을 위하여 지역적 또는 양자적 수준의 무역 또는 협력협정의 잠재성을 충분히 이용하여야 한다.

2011년 7월 1일 발효된 한-EU FTA[8]의 경우 제13장 무역과 지속가능한 발전에서 환경보호와 관련된 구체적인 의무를 규정하고 있는데, 동 협정 13.1조(배경과 목적)는 양 당사국은 양 당사국의 환경기준을 조화시키는 것이 당사국들의 의도가 아니며, FTA를 통하여 지속가능한 발전을 증진하는 방식으로 양 당사국의 무역관계 및 협력을 강화하는 것이 의도임을 분명히 밝히고 있다. 또한 13.3조(규제권리와 보호수준)는 자국의 환경보호수준을 설정하고, 이에 따라 자국의 관련법과 정책을 수정할 수 있는 각 당사국의 권리를 인정하면서, 각 당사국은 그러한 법과 정책이 국제적으로 인정된 기준 또는 협정에 합치되게 높은 환경보호 수준을 규정하고 장려하도록 보장하기 위해 노력하며, 그러한 법과 정책을 지속적으로 개선시키기 위해 노력한다고 규정하고 있다.

EU가 EFTA회원국과 체결한 FTA 뿐만 아니라 다른 나라와 체결한 FTA의 경우, 예컨대 유로-지중해 협정(Euro - Med Agreements)[9], 남아프리카와 체결한 FTA는 유럽공동체창설조약(Treaty Establishing the

---

8) 대한민국과 유럽연합 및 그 회원국 간의 자유무역협정(Free Trade Agreement between the Republic of Korea, of the One Part and the European Union and Its Member States, of the Other Part: 이하 '한-EU FTA'라 함) (2010년 10월 6일 서명, 2011년 7월 1일 잠정발효).

9) 유로-지중해협정(Euro-Med Agreements)는 EU가 터키, 이스라엘, 모로코, 팔레스타인, 튀니지, 알제리, 이집트, 요르단, 레바논, 시리아와 체결한 FTA를 말한다.

European Community: 이하 'EC조약'이라 함) 30조[10](現 EU가능조약[11] 36조)를 반영하고 있는데, 동 규정에 따르면 "28조(수입품의 수량제한 금지)[12]와 29조(수출품의 수량제한 금지)[13] 규정은 공중도덕, 공공정책, 또는 공중안전; 인간, 동물 또는 식물의 생명 및 건강 보호; 예술적, 역사적 또는 고고학적 가치를 갖는 국보의 보호; 또는 산업 및 상업적 재산의 보호를 이유로 수입, 수출 또는 상품수송의 금지 또는 제한을 배제하여서는 안 된다. 그러나 그러한 금지 또는 제한은 당사국간의 무역에 대한 자의적인 차별 또는 위장된 제한을 구성하지 않는다." EU가 체결한 FTA는 일반적으로 구체적인 환경관련 규정을 포함하기 보다는 GATT1994 XX조(일반적 예외)의 규정과 유사하게 FTA에 따른 무역의무의 일반적 예외로서 환경보호를 인정하는 규정을 두고 있다. GATT1994 XX조와 다른 것은 예외가 "특정 사유에 대하여 정당화 된다" (justified on(specific) grounds)고 표현 되어 있으며, GATT1994 XX조와 달리 천연자원의 보

---

10) Consolidated Version of the Treaty Establishing the European Community, *Official Journal(OJ)* C32 E/52, 29 December 2006(http://eur-lex.europa.eu/en/treaties/index.htm, 2007년 2월 검색). EC조약 30조의 원문은 다음과 같다:

"The provisions of Article 28 and 29 shall not preclude prohibitions or restrictions on imports, exports, or goods in transit justified on grounds of public morality, public policy, or public security; the protection of health and life of humans, animals or plants; the protection of national treasure possessing artistic, historic, or archaeological value; or the protection of industrial and commercial property. Such prohibitions or restrictions shall not, however, constitute a means of arbitrary discrimination or a disguised restriction on trade between Member States."

11) 2009년 12월 19일 발효된 유럽연합조약과 유럽공동체창설조약을 개정하는 리스본조약(Treaty of Lisbon)에 따라 유럽공동체설립조약(Treaty establishing the European Community)은 EU기능조약(Treaty on the Functioning of the European Union)으로 그 명칭이 변경되고, 내용도 개정되었다. EU기능조약은 EU의 기능을 조직하고, 관할권 행사 분야, 관할권의 한계 및 관할권 행사방식을 규정하고 있다. 이로리, "리스본조약 발효 이후 EU의 변화와 통상적 시사점 - 조약 및 EU기관 측면의 변화를 중심으로", 법무부, 통상법률 제 호(2010년 9월) 참조.

12) EC조약 28조(現 EU기능조약 34조)의 원문은 다음과 같다:

"Quantitative restrictions on imports and all measures having equivalent effect shall be prohibited between Member States".

13) EC조약 29조(現 EU기능조약 35조)의 원문은 다음과 같다:

"Quantitative restrictions on exports, and all measures having equivalent effect, shall be prohibited between Member States".

존과 관련된 구체적인 예외를 포함하고 있지 않다는 것이다. 그러나 건강과 관련된 예외와 공공정책 등에 관한 언급을 추가적으로 포함하고 있다.

3. 미국의 FTA환경정책

미국의 경우, EU와는 달리 FTA에 구체적인 환경규정을 포함시키거나 FTA와는 별도의 환경부속협정을 체결하는 경향이 있는데, 그러한 경향은 미 의회에서 부여한 무역촉진권한(Trade Promotion Authority: TPA)과 관련이 있다. 2002년 미 무역법(Trade Act of 2002) XXI장에 규정된 TPA는 양자 및 다자무역협정의 협상목적을 제시하고 있는데, (환경과 관련한) 전반적인 무역협상의 목적으로 (i) 세계자원의 이용을 최적화 하면서, 무역과 환경정책이 상호 보완되도록 보장하고, 환경의 보호 및 보존을 추구하며, 관련 국제적 수단을 강화할 것 [14]; (ii) 협정 당사국이 무역을 촉진하기 위하여 국내 환경 및 노동법에 보장되는 보호를 약화시키거나 감소시키지 않도록 보장할 수 있는 규정을 무역협정에 추구할 것[15]이 제시되었다.

주요 무역협상의 목적으로는 (i) 조사, 기소, 규제 및 준수 사안에 대한 각 당사국의 재량권 행사를 인정하면서, 무역협정 당사국이 지속적인 또는 반복적인 작위 또는 부작위를 통하여 당사국간 무역에 영향을 주는 방식으로 자국의 환경법을 효과적으로 집행하도록 보장하고, 환경법 집행을 위한 자원 배분에 우선순위를 둘 것[16]; (ii) 지속 가능한 개발의 촉진을 통한 환경보호를 위하여 무역 상대국의 능력을 강화시킬 것[17]; (iii) 지속 가능한 개발을 부당하게 위협하는 정부관행 또는 정책을 감소시키거나 철폐시킬 것[18]; (iv) 관세 및 비관세 장벽의 철폐를 통하여 미국의 환경 기술,

14) *The Trade Act of 2002*, Section 2102(a)(5).
15) *The Trade Act of 2002*, Section 2102(a)(7).
16) *The Trade Act of 2002*, Section 2102(b)(11)(A)-(B)..
17) *The Trade Act of 2002*, Section 2102(b)(11)(D).
18) *The Trade Act of 2002*, Section 2102(b)(11)(E).

상품 및 서비스의 시장접근을 모색할 것[19]; (v) 무역협정 당사국의 환경, 건강 또는 안전정책 및 관행이 미 수출품에 대하여 자의적이거나 정당화 될 수 없는 차별을 하거나 무역에 대한 위장된 장벽으로서 사용되지 않도록 보장할 것[20]이 규정되었다.

특정 우선사안의 촉진 및 관련된 보고요건으로 (i) 건전한 과학에 근거하여 환경 및 인간 건강의 보호를 위한 기준을 개발하고 이행하는 무역상대국의 능력을 강화시키기 위하여 무역협정 당사국간에 협의제도(consultative mechanism)의 설치를 모색할 것[21]; (ii) 행정명령13141(Executive Order 13141) 및 관련지침에 따라 장래의 무역 및 투자협정의 환경평가(environmental review)를 수행하고 그러한 평가의 결과에 대해 하원 세입위원회(Committee on Ways and Means of the House of Representatives) 및 상원 재정위원회(Committee on Finance of the Senate)에 보고할 것[22]; (iii) 정당한 건강 또는 안전, 국가안보, 소비자 이해관계 및 관련법과 규정 등을 포함하여 기타 적법한 미국의 국내 목적을 고려할 것; (iv) 다자환경협정의 고려를 계속하여 장려하고, 무역조치를 포함하는 협정과 GATT1994 XX조에 따른 기존의 예외와의 일치에 관하여 협정 당사국들이 지속적으로 협의할 것[23]이 포함되었다. TPA의 채택의 조건으로서 미국의 민주당은 향후 미국이 체결할 무역협정에 노동과 환경에 관한 규정이 포함될 것을 요구하였는데, 이러한 민주당의 요구를 수용하는데 상당한 진통이 있어서, 클린턴 행정부에서 개시된 미-싱가폴FTA와 미-칠레FTA의 경우 부시 행정부에서 TPA가 채택될 때까지 환경과 노동 및 투자분야에 관한 협상이 더디게 진행되었다.

TPA하의 협상목적에 따라 미국이 협상한 FTA에 구체적인 환경규정이 포함되었는데, 미-싱가폴 FTA(Chapter 18), 미-칠레 FTA(Chapter

---

19) *The Trade Act of 2002*, Section 2102(b)(11)(F).
20) *The Trade Act of 2002*. Section 2102(b)(11)(G).
21) *The Trade Act of 2002*, Section 2102(c)(3).
22) *The Trade Act of 2002*, Section 2102(c)(4).
23) *The Trade Act of 2002*, Section 2102(c)(10).

19) 및 미-호주 FTA(Chapter 19)의 환경관련 규정을 살펴보면 거의 유사하게 구성되어 있음을 알 수 있다. 주요 내용으로는 보다 높은 수준의 환경보호를 제고할 의무, 환경법의 집행, 절차적 보장 및 공중의 인식, 환경이사회(Environment Affairs Council), 환경협력메커니즘(Environment Cooperation Mechanism), 협의절차, 환경명부(Environment Roster) 등이 있다.

Ⅲ. FTA 환경규범의 주요 내용

양자적, 지역적 무역협정에 환경관련 규정이 도입되기 시작한 것은 1990년대 이후 최근의 경향이며, 실제 의미 있는 환경규정을 포함하는 FTA의 수도 적은 편이다. 앞서 검토한 바와 같이 FTA에 환경규정이 포함되는 형식을 보면 GATT1994 XX조(일반적 예외)를 그대로 포함시키거나 GATT1994 XX조와 유사하게 협정상의 일반적 무역의무의 예외규정으로서 환경보호를 포함시키는 형태부터 FTA협정 본문에 포괄적인 환경규정을 포함하는 별도의 환경에 관한 장(Chapter)을 두거나 또는 환경부속협정(environmental side agreement)을 체결하는 경우에 이르기까지 다양하다. 일부 경우에는 협정 본문에 환경문제를 다루고 환경협정과 관련된 보다 구체적인 사안은 부속협정에서 다루기도 한다.

주요 국가의 관행을 보면, EU를 포함한 대부분의 국가는 구속력 있는 구체적인 환경규정들을 FTA에 포함시키기 보다는 GATT1994 XX조(일반적 예외)와 유사하게 무역협정에 따른 의무에 예외사유로서 환경보호를 인정하고 있는데 반해, 미국이 체결한 FTA의 경우 GATT1994 XX조를 포함하여 보다 구체적인 환경규범을 포함하고 있다. NAFTA회원국인 캐나다가 체결한 FTA의 경우도 유사한 환경규정을 포함하고 있다. 다음에서는 환경규정을 포함하고 있는 FTA의 주요 환경적 의무를 중심으로 그 내용을 검토한다.

1. 높은 수준의 환경보호 제공의무

미국이 체결한 FTA는 각 당사국이 국내 환경보호의 수준, 환경개발정책 및 우선순위를 확립하고 이에 따라 자국 환경법을 채택 또는 변경할 수 있는 권리를 인정한다. 당사국의 법이 보다 높은 수준의 환경보호를 제공할 것을 보장할 의무와 그러한 법을 계속하여 향상시키기 위해 노력할 의무도 규정하고 있다. 보다 높은 수준의 환경보호와 보호수준의 향상의무는 구체적인 보호수준과 그러한 의무 이행에 대한 판단기준 및 위반 시 강제수단을 협정에 명시하지 않고 있으므로 일반적이고, 추상적인 사실상의 선언적 규정으로 볼 수 있을 것이다. 따라서 그 이행은 당사국의 재량에 맡겨져 있다고 볼 수 있다. 다만, 협정 발효 후 기존의 환경보호수준을 낮추는 것을 금지하고 있는 것으로 해석될 수 있다.[24)]

2. 환경협력제도

FTA에서 전형적으로 발견되는 환경요소는 환경협력제도(environmental co-operation mechanism)다. 환경협력제도의 내용은 환경협력에 관한 포괄적인 약속에서부터 당사국에게 특별한 관심영역에서의 협력에 이르기까지 다양하다. 다양한 지역무역협정의 협력분야는 상당히 다양하고, 실제 무역당사자들이 비교 가능한 발전 수준을 가지고 있는지 또는 공통의 국경을 가지고 있는지와 같은 다양한 요인에 따라 다르다. 환경협력은 서로 다른 개발수준을 가진 국가간에 체결되는 FTA에 주로 나타나는데, NAFTA의 포괄적인 환경협력규정과 제도는 지리적 인접성이 FTA상의 환경협력의 범위를 결정하는 주된 요소임을 보여준다.[25)] 캐나다는 칠레, 코스타리카와

---

24) 이재형, FTA환경규정상 당사국의 의무에 관한 연구, 고려법학 제49호, 고려대학교 법학연구원, 2007, 481면.

25) OECD, *supra* note 2, pp. 50-51.

의 FTA체결에 있어서 NAFTA의 환경협력 모델을 따르고 있다.

환경협력은 환경관리를 향상시키기 위한 상호지원 노력을 의미하는데, 그 중에서도 기존의 환경정책을 조정하고, 전문기술을 공유하며, 공유된 환경문제에 대한 공동의 접근을 포함한다. 환경협력규정이 주로 남북 간에 체결되는 무역협정에 포함되는 경향에 비추어 그 주된 목적은 기술지원 및 능력배양이다. FTA가 명시적으로 각 당사국이 국내 환경보호의 수준, 환경개발정책 및 우선순위를 결정하고, 자국의 환경법을 채택하거나 변경할 수 있는 권리를 가지고 있음을 명시적으로 규정하고 있지만 FTA의 환경규정은 주로 환경법, 정책, 및 제도를 개선하는 것을 주된 목적으로 하고 있다. 기술지원은 이러한 점진적인 개선에 필수적이다.

선진국과 개도국간의 무역협정에서의 환경협력은 무역규정으로 인하여 발생되는 잠재적인 부정적 환경영향을 경감시키거나 다루기 위한 필요성에서 제기된다. 기술지원 및 능력배양의 환경협력은 일방적인 것이 아니라 상호적인 것으로 개도국 역시 협력제도를 환경적 현안문제에 대한 자신의 이해를 강화하는 수단으로 활용할 수 있으며, 당사국이 생태계를 공유하고 있다면, 관리되지 않은 성장으로 인하여 초래되는 환경적 역류(blowback)의 위험을 다루는데 활용할 수 있다. 이러한 논리는 국경관계를 초월하여, 기후변화, 오존층 파괴 및 생물다양성 손실과 같은 정책분야에서 교역 당사국에 의하여 초래되는 지구적인 환경적 피해의 효과를 포함하는 것으로 확대될 수 있다.[26)]

미국이 체결한 일부 FTA에서 당사국들은 장래의 협력노력을 위한 별도의 환경협력협정(Environmental Cooperation Agreement)을 협상하는데 동의하였다. 미-싱가폴 FTA는 협력적 환경활동을 위한 환경협력각서(Memorandum of Intent on Cooperation in Environmental Matters), 미-칠레 FTA는 장래의 협력적 환경활동의 우선순위를 설정하기 위한 미-칠레 환경협력협정(U.S-Chile Environmental Cooperation Agreement)의 신속한 협

26) *Ibid,*, p. 53.

상을 개시하는데 동의하였다. 미-호주 FTA는 환경을 보호하고, 양자적 무역 및 투자 관계 강화와 연계하여 지속 가능한 개발을 촉진하기 위한 능력 강화의 중요성을 인정하고, 그러한 목적에서 진행되는 공동의 양자적, 지역적 및 다자적 환경활동의 중요성을 인식하여 그러한 활동을 추가적으로 지원하기 위한 방안을 개발할 미-호주 환경협력공동선언(U.S.-Australia Joint Statement on Environmental Cooperation)을 협상하는데 동의하였다.

EU의 경우 지중해국가들과 체결한 연합협정은 명시적으로 지중해 지역에 평화, 안정 및 안보를 가져오는 것을 목적으로 하고 있으며, 그러한 맥락에서 경제발전과 환경보호를 조화시키는 것의 중요성을 인정한다. 따라서 동 연합협정에서 EU의 능력배양의 초점은 상당히 광범위 하며, 환경관리가 그러한 분야 중 하나에 해당된다. 미국의 경우 US-모로코협정과 관련된 능력배양은 중동지역파트너쉽 이니셔티브에 의한 자금지원과 오염방지, 청정생산 및 환경법원칙 및 집행 분야의 지역교육프로그램의 기초를 포함한다.[27)]

미국이 중앙아메리카국가들과 체결한 FTA(미-CAFTA-DR)의 경우, 환경협력협정은 환경법, 규정, 기준 및 정책을 개발, 이행, 관리 및 집행하기 위한 제도적, 법적 골격 및 능력을 강화하는 것을 포함하는 환경관리제도의 강화를 목적으로 하고 있다.[28)] 미-칠레 환경협력협정은 정보수집 및 교환, 학계 및 전문가 교류, 회의 조직 및 기타 기술지원 제공에 초점을 맞추고 있는데 이러한 모든 내용은 환경집행을 개선시키고 보장하는 것을 목적으로 한다.[29)]

FTA당사국은 FTA가 구체적인 환경적 약속을 포함하고 있는 경우, 협정상의 환경약속을 이행하기 위한 기관을 설치하는데, NAFTA의 경우 환경협력을 위한 북미위원회(North American Commission for Environmental Cooperation: 이하 'CEC'라 함)가 설치되어 NAAEC를 관장한다. 미국과

27) *Ibid.*, p. 54.
28) *Ibid,*. p. 51.
29) *Ibid*

캐나다가 후속적으로 체결한 FTA도 유사한 기관의 설치를 예정하였는데, 캐나다-칠레 FTA나 미국-칠레 FTA의 경우, 적어도 2년 마다 한 번씩 회합을 하기 위한 목적으로 위원회를 창설하였다. 미국-모로코 FTA의 경우 환경협력에 관한 공동선언을 통하여 환경협력실무그룹(Working Group on Environmental Cooperation)을 설치하여 환경적 사안에 관한 효과적인 협력을 확대하고 강화하기 위하여 적어도 1년에 한 번씩 회담을 가질 것을 약속하였다.[30)]

3. 환경기준 및 환경법의 실효적 집행의무

환경기준과 무역과의 관계에 관한 다양한 시각이 존재한다. 첫째는 국가가 자국의 환경보호수준을 결정할 권한을 유지한다는 것은 일반적으로 인정되고 있다. 일부 FTA는 당사국들이 환경기준을 높이거나 높은 환경기준을 유지하는 것을 약속하기도 하는데[31)], 예컨대, NAAEC의 경우 당사국들은 자국의 법 및 규정이 가장 높은 수준의 환경보호를 제공하고 그러한 법 및 정책을 계속적으로 향상시키기 위하여 노력하여야 한다고 규정한다. 캐나다가 체결하는 FTA도 그러한 모델을 따르고 있다. 한-EU FTA의 경우도 당사국이 자국의 환경보호수준을 설정하고, 이에 따라 자국의 관련 법과 정책을 채택하거나 수정할 수 있는 당사자의 권리를 인정하면서, 그러한 법과 정책이 국제적으로 인정된 기준 또는 협정에 합치되게 높은 환경보호 수준을 규정하고 장려하도록 보장하기 위해 노력하며, 그러한 법과 정책을 지속적으로 개선시키기 위해 노력해야 할 의무를 규정하고 있다.[32)] 환경기준과 관련한 또 다른 우려는 환경법을 잠재적으로 집행하지 않거나 또는 경쟁적 이익을 부당하게 얻기 위하여 환경기준을 낮추는 것이다. NAFTA체결 이후 미국이 체결하는 모든 FTA는 환경법집행의무를 포함하

---

30) *Ibid.*, p. 59.
31) 캐나다-코스타리카 FTA 및 캐나다-칠레 FTA.
32) 한-EU FTA 13.3조(규제권리와 보호수준)

고 있다. “당사국은 당사국간의 무역에 영향을 미치는 방식으로 지속적으로 유발되는 일련의 작위 또는 부작위를 통하여 자국의 환경법을 실효적으로 집행하지 않아서는 안 된다”고 규정하고 있다.[33] 국가들 간 환경기준의 차이점은 경쟁적 이점의 결과를 초래하고, 이러한 점에서 환경기준을 약화시키기 위한 잠재적 가능성 문제를 다루기 위하여 미국이 최근에 체결한 FTA를 포함한 다수의 FTA들이 국내 환경법에서 제공되는 보호를 약화 또는 감소시킴으로써 무역 또는 투자를 장려하는 것이 부적절하다고 규정하고, 따라서 각 당사국은 다른 당사국과의 무역을 촉진하기 위하여 또는 자국 영토에서의 투자의 설립, 획득, 확장 또는 보유를 촉진하기 위하여, 자국 법에 제공되어 있는 보호를 약화시키거나 감소시키는 방식으로 그러한 법으로부터 면제를 받거나 또는 달리 예외를 인정하여서는 안 되며, 그러한 제안을 해서도 안 된다고 규정하고 있다.[34] NAFTA 후에 미국이 체결한 FTA는 각 당사국이 조사, 기소, 규제 및 준수문제와 관련한 재량을 행사할 권리와 집행을 위한 자원의 배분에 관한 결정권을 당사국이 보유함을 인정함으로써 환경법집행에 관련된 과제들을 고려하고 있다.[35] 재량을 행사할 수 있는 권리가 남용되었을 경우 환경법을 효과적으로 집행해야 할 의무이행을 좌절시킬 수 있는데, 그 이유는 한 국가가 단순히 그 국가의 우선순위와 제한된 자원을 이유로 환경의무의 이행을 회피할 수 있기 때문이다. 그러한 문제를 다루기 위하여, 이들 FTA는 당사국이 작위 또는 부작위가 그러한 재량권의 합리적인 행사를 반영하고 있거나 자원 배분에 관한 성실한 결정의 결과로 초래된 경우 당사국이 환경법을 효과적으로 집행할 의무를 준수하고 있는 것이라고 명확하게 언급하고 있다.[36]

---

33) 미-호주 FTA(19.2 [1][a]조); 미-칠레FTA(19.2[1][a]조); 미-CAFTA(17.2[1][a]조); 미-모로코(17.2.[1][a]조); 미-싱가폴(18.2[1][a]), 미-바레인(16.2[1][a]조); 미-요르단 FTA(5.3[1][a]); 미-오만 FTA(17.2[1][a]조).

34) 미-호주 FTA(19.2.2조); 미-바레인(16.2.2조); 미-CAFTA-DR(17.2.2조); 미-칠레(19.2.2조); 미-모로코(17.2.2조); 미-싱가폴(18.2.2조), 미-요르단 FTA(5.1조, 무역에만 적용).

35) 미-호주 FTA 19.2[1][b]조; 미-칠레 FTA 19.2[1][b]조; 미-CAFTA 17.2[1][b]조; 미-모로코 FTA 17.2[1][b]조; 미-싱가폴 FTA 18.2[1][b]조.

36) OECD, *supra* note 2, p. 72.

마지막으로 일부 FTA는 지역통합을 심화시키기 위한 의도로 표준화절차 및 지역 환경기준의 개발을 강조한다. 환경기준의 조화를 목적으로 하는 규정은 전형적으로 지역통합을 강화하는 것을 목적으로 하는 FTA에 나타난다. FTA에서 당사국간의 환경법 또는 정책을 실제로 조화시키거나 그러한 효과를 부여하는 구체적인 규정을 두는 경우는 매우 드문 편이다. NAAEC 10(7)조 당사국들이 국경 간 환경영향평가제도안에 대한 연구를 약속하였고, 1997년 이사회는 1998년까지 법적으로 구속력 있는 문서를 개발하는데 합의하였다.[37]

MERCOSUR 환경골격협정은 당사국의 다른 환경적, 사회적, 경제적 상황을 고려하여 환경규정의 조화를 위하여 당사국이 노력할 것은 규정하였으나 실제로 성취된 것은 거의 없다[38].

4. 절차적 보장 및 분쟁해결

(1) 절차적 보장

환경법의 집행과 관련된 구속력 있는 의무를 포함하는 FTA는 그러한 의무의 집행을 보장하는 제도를 포함하고 있다. 절차적 보장 (procedural guarantees)은 각 당사국이 환경법 의무 위반에 대하여 기본적인 구제수단을 제공하고, 환경집행절차에 적절한 적법 절차 및 공중의 접근을 제공할 약속을 포함한다. 각 당사국은 자국의 환경법 위반에 대한 제재 또는 구제를 위한 사법적, 준 사법적 또는 행정절차가 이용 가능하도록 보장해야 할 의무를 갖는다. 각 당사국은 적절하고, 실효적인 구제 또는 제재를 제공하여야 한다.

---

37) Council Resolution 05-07, "Decision Regarding the Proposal by the Secretariat of the Commission for Environmental Cooperation to Prepare an Article 13 Report on Case Studies on Transboundary Environmental Impact Assessment", (C/C.01/RES/07/FINAL), August 31, 2005, OECD, *supra* note 2, p. 75 재인용.

38) OECD, *supra* note 2, p. 72.

무역협정상의 환경적 의무에 대한 법적, 사법적 환경골격을 강화하는 것은 많은 국가에게 상당한 부담을 부과할 수 있고, 개도국인 경우에는 더 큰 부담일 수 있다. 왜냐하면 그것은 충분한 인적, 재정적, 기술적 자원을 요구하기 때문이다. 그러나 강력한 사법적 골격은 좋은 관리의 기본적 요소이며, 환경법의 실효적인 집행의 핵심이다.[39]

FTA의 절차적 보장의 목적은 실제적 환경기준의 위반이 사법적, 준 사법적 또는 행정적 절차에서 제재되거나 또는 구제될 수 있도록 보장하는 것이다. 미국이 캐나다, 멕시코와 체결한 NAFTA의 환경협력협정과 호주, 칠레, 모로코, 싱가폴과 체결한 FTA는 환경보호의 최소 절차기준을 규정하고 있는데, 그러한 규정에 따르면, 각 당사국은 환경법의 침해에 대하여 제재를 가하거나 구제하기 위하여 자국법에 따라 적절한 사법적, 준사법적 또는 행정절차를 이용 가능 하도록 보장하여야 한다.[40]

예컨대, 미국과 캐나다가 협상한 FTA는 "공정하고, 개방적이며 공평한 절차와 같은 기본적인 절차적 수단을 요구함으로써 법의 지배의 초석을 고안하였다. 그러한 수단은 이용 가능한 구제(remedies)와 구제에 대한 접근과 관련이 있다. 예컨대, NAAEC와 CCAEC는 구제에 대한 민간의 접근은 당사국의 법에 따라 다음의 권리를 포함하도록 하고 있다. 피해에 대하여 당사국의 관할권 하에 있는 타인에게 소송을 제기할 권리, 벌금(monetary penalties), 금지명령(injunction) 또는 환경법 및 규정의 위반의 결과를 경감시키기 위한 명령과 같은 제재 또는 구제를 추구할 권리, 당사국의 환경법 및 규정을 집행하기 위하여, 환경을 보호하기 위하여 또는 환경적 유해를 피하기 위하여 관할 기관에 적절한 조치를 취하도록 요청할 수 있는 권리, 또는 당사국의 관할권 하에 있는 사인이 당사국의 법 및 규정에 반하여 행한 행위 또는 부정행위의 결과로 손실, 손해 또는 피해로 고통을 받거나 받을 수 있는 경우 금지명령을 추구할 권리를 포함

39) OECD, *supra* note 2, p. 78.
40) NAAEC 6-7조; 미-호주 FTA 19.3(1)-(3)조; 미-칠레 FTA 19.8조; 미-모로코 FTA 17.4조; 미-싱가폴 FTA 18.3조.

한다.[41]

미-싱가폴 FTA, 미-칠레 FTA는 당사국이 자국 법에 따라 구제에 대한 실효적인 접근권을 개인에게 부여할 의무를 규정하는데, 그러한 권리로는 다음과 같은 권리가 포함될 수 있다 : (i)당사국의 관할권 하에서 피해에 대하여 다른 사람을 제소할 권리; (ii) 금전벌(monetary penalty), 긴급 폐쇄(emergency closure) 또는 환경법 위반의 결과를 경감시키는 명령과 같은 제재 또는 구제권; 환경을 보호하고 환경적 위험을 피하기 위하여 당사국의 환경법을 집행할 적절한 조치를 취할 것을 관할당국에 요청할 권리; 개인이 당사국의 관할권의 대상이 되는 어떤 개인의 당사국의 환경법에 반하는 행동의 결과로 손해, 손실, 피해를 입거나 입을 수 있는 경우 금지명령을 요청할 수 있는 권리.[42]

집행제도는 기본적으로 국가 간 제도와 대중의 청원(public submission) 제도가 있다. 국제환경법적 시각에서는 국가의 국제법 의무의 준수가 아닌 순수하게 국내법의 이행에 초점을 맞춘다는 점에서 매우 선구적인 제도라고 할 수 있다. 그러한 제도는 일반적으로 협정의 교역당사국의 환경 규제 제도를 강화하고, 최소한도로 환경법이 실효적으로 집행되는 것을 보장함으로써 경쟁 산업의 경쟁조건을 맞추는 것을 목적으로 한다.[43]

(2) 분쟁해결

미-싱가폴 FTA, 미-칠레 FTA, 미-호주FTA는 모두 환경법의 실효적 집행의무를 동 협정의 분쟁해결절차를 통하여 강제하고 있다. 이들 FTA의 혁신적인 측면은 실효적인 집행의무의 위반을 구제하지 못한 당사국에 대하여 연례벌금(annual monetary assessments)을 부과하는 것이다. 징수된 벌금은 펀드에 적립되고, 환경법 집행을 강화하기 위한 노력을 포함

41) NAAEC 6.3조; 캐나다-칠레 환경협력협정(Canada-Chile Agreement on Environmental Cooperation) 6.3조.

42) 미-싱가폴 FTA 18.3.4조; 미-칠레 FTA 19.8.4조.

43) OECD, *supra* note 2, p. 78.

하여 적절한 환경 이니셔티브를 위해 이용된다. 준수를 위한 추가적인 인센티브를 제공하기 위하여 벌금이 지불되지 못한 경우 백업 메커니즘을 위한 규정이 있다. 이러한 백업 메커니즘은 벌금을 징수하기 위한 관세혜택의 중단을 포함한다.

1) 협의절차

특히 미국과 캐나다가 체결하는 FTA는 FTA의 환경규정에 따라 제기되는 모든 사안에 대하여 환경문제를 규정한 별도에 장(Chapter)에 따른 환경협의(environmental consultations)를 먼저 거치도록 하고 있다. FTA의 환경법의 실효적 집행의무 외의 다른 환경관련 규정은 협정의 분쟁해결절차의 대상이 되지 않는다. 이들 협의절차의 내용은 거의 유사하고, 당사국간 협의절차를 통하여 해결하지 못하는 경우 미-싱가폴 FTA 및 미-호주 FTA의 경우 환경소위원회가, 미-칠레 FTA에서는 환경이사회가 소집될 수 있다.

미-칠레 FTA의 경우를 보면, 환경규정에 따라 제기되는 모든 사안에 대하여 일방 당사국은 다른 당사국에게 서면으로 협의를 요청할 수 있다. 다른 당사국은 신속하게 협의에 응해야 하며, 협의를 요청하는 당사국은 다른 일방이 대응할 수 있도록 요청서에 구체적이고 충분한 정보를 제공하여야 한다. 문제된 사안에 대하여 상호 만족스러운 해결에 도달하려는 노력을 하여야 하며, 문제된 사안을 충분히 검토하기 위하여 적절하다고 간주되는 사람 또는 기관의 자문 또는 지원을 구할 수 있다.

당사국이 협의를 통하여 문제를 해결하지 못하면, 일방 당사국이 동 사안을 검토하기 위한 이사회의 소집을 서면으로 다른 당사국에게 요청할 수 있다. (환경)이사회는 신속하게 소집되어야 하며, 적절한 경우 외부 전문가의 조언을 통하여 그리고 주선(good offices), 조정(conciliation) 또는 중개(mediation)와 같은 절차에 의지하여 문제를 해결하도록 노력하여야 한다. 어느 당사국도 환경법의 실효적 집행의무 규정을 제외한 다른 환경

관련 규정에 따라 제기되는 사안에 대하여 FTA의 일반적 분쟁해결절차(FTA 22장의 분쟁해결절차)에 의지할 수 없다. 어느 당사국도 환경법의 실효적 집행의무 규정에 따라 제기되는 사안에 대하여 먼저 협력적 협의절차에 따른 사안의 해결을 추구하지 않고 FTA 22장의 분쟁해결절차에 의지할 수 없다.

만약 사안이 일방 당사국의 환경법 실효적 집행의무 준수 여부에 관한 것이고, 동 사안의 협의 요청 후 60일 내에 당사국간 협의에서 해결하지 못한 경우, 제소 당사국은 이들 FTA의 분쟁해결절차에 관한 제22장(Chapter 22)의 협의를 요청하거나, 주선, 조정 및 중개위원회 규정(22.5조)에 따른 위원회 회의를 요청할 수 있고, 동 FTA의 분쟁해결규정에 규정된 대로 그 이후 그 장의 다른 규정에 의지할 수 있다.

2) 패널절차

환경법의 실효적 집행 의무와 관련하여 분쟁이 제기된 경우, 중재패널이 설치되고, 동 패널의 최종보고서에서 일방 당사국이 환경법의 실효적 집행의무를 이행하지 않은 것으로 결정되는 경우, 제소 당사국은 그 이후 언제라도 다른 당사국에 대하여 연례 벌금을 부과할 패널의 소집을 요청할 수 있다. 패널은 벌금의 사정금액을 결정하는 데 있어 다음의 사항을 고려하여야 한다 : 당사국의 관련법의 실효적 집행의무 불이행의 양자무역에 대한 효과; 당사국의 관련법의 실효적 집행의무 불이행의 정도 및 지속기간; 당사국의 관련법의 실효적 집행의무 불이행 사유; 자원제한을 고려하여 그 당사국에게 합리적으로 기대될 수 있는 집행수준, 패널의 최종 보고서 이후 비 집행의 교정을 위한 당사국의 노력; 그리고 모든 기타 사유. 패널에 의해 결정된 사정액은 연간 미 달러로 1,500만 불을 초과해서는 안 된다.

미-칠레FTA는 환경법의 미집행에 관한 분쟁을 해결하도록 요청받은 기관의 능력을 강화하고, 전문가의 특별한 역할 및 과학검토이사회를 계획하였다. 동 협정은 환경분쟁의 해결에 있어 설치되는 패널을 위하여 당사국들이 이용할 수 있는 환경법 전문가 명부를 창설하였다. 각 당사국은 환경법의 실효적 집행의무규정에 따라 제기된 분쟁의 패널에 활동할 의지와 능력이 있는 최대 12명의 환경명부를 유지할 의무를 갖는다. 당사국들이 달리 합의하지 않는 한 동 명부의 4명은 비당사국 국적을 가진 개인이어야 한다. 동 환경명부의 구성원은 당사국의 상호 합의에 의해 임명되고 재임될 수 있다. 일단 명부가 작성되면 최소 3년간 유효하여야 하며, 실제로 그 이후에도 당사국이 새로운 명부를 구성할 때까지 유효하다.

3) 대중의 참여

대중의 참여원칙(public participation principle)은 1992년 환경과 개발에 관한 리오선언(1992 Rio Declaration on the Environment and Development) 원칙 10에서 제시된 환경원칙이다. 동 원칙에 따르면, 환경적 사안은 관련 차원에서 모든 관련 시민들의 참여로 가장 잘 다루어질 수 있다. 국내 차원에서 각 개인이 공공기관이 보유하고 있는, 그들의 공동체 내의 유해물질 및 활동에 관한 정보를 포함하는 환경관련 정보에 대한 적절한 접근을 할 수 있어야 하고, 의사결정절차에 참여할 수 있는 기회를 가져야 한다. 국가는 정보를 널리 이용 가능하게 함으로써 대중의 인식과 참여를 촉진하고, 강화하여야 한다. 교정 및 구제를 포함하여 사법 및 행정절차에 대한 효과적인 접근이 제공되어야 한다. FTA의 환경규정은 이러한 환경원칙을 반영하여 대중의 참여를 규정하고 있다.

특히, 분쟁해결절차에서의 대중의 참여는 무역과 환경을 연결하는데 있어 중요한 역할을 하는데 그 이유는 환경전문가로부터의 정보제공을 허용하고, 분쟁이 환경적 측면과 관련이 있는 경우 관심사안에 대하여 의견을 낼 수 있는 기회를 제공한다. 국가 간 분쟁에 있어서 대중의 참여는 FTA에 따라 다양한데, 먼저 분쟁당사국을 위한 중재절차(arbitration procedures)를 규정한 NAFTA 제20장(Chapter 20)은 모든 패널 공청회, 심리, 서면 입장 및 최초의 패널보고서는 기밀이어야 함을 규정하고 있다. 캐나다-칠레FTA의 분쟁해결규정도 모든 패널공청회는 비공개라고 언급하고 있다. 그러나 NAFTA협정의 이행을 관장하는 NAFTA FTC(Free Trade Commission)는 2004년 7월 NAFTA협정에 대한 대중의 관심을 인정하고, 관리들에게 제20장에 따라 설치된 중재패널의 공개공청회를 규율하는 규범을 만들 것을 지시하였다.[44]

»» Ⅳ. 다자간환경협정과 무역협정과의 관계

지난 20여년 간 국제환경협정의 수가 빠르게 증가추세를 보여 왔으며, 현재 약 200여개의 다자간환경협약(Multilateral Environment Agreements: 이하 'MEAs'라 함)이 존재하는 것으로 알려져 있다. 이 중에서도 약 20여개의 MEAs가 무역관련 규정을 포함하고 있다. 무역관련 조치를 규정하고 있는 대표적인 MEAs는 오존층파괴물질에관한몬트리올의정서(Montreal Protocol on Substances that Deplete the Ozon Layer), 유해폐기물의국가간이동및그처리에관한바젤협약(Basel Convention on the Control of Transboundary Movements of Hazardous Wastes and Their Disposal), 멸종위기에처한동식물의국제거래에관한협약(Convention on International Trade in Endangered Species), 생물다양성협약(Convention on Bio-diversity) 및 바이오안전성의정서(CaFTAgena Protocol on Biosafety),기후변화협약(United Nations Framework Convention on Climate Change) 및 교토의정서(Kyoto Protocol) 등이 있다. 매우 적은 수이기는 하지만 이러한 MEAs는 환경과 무역 간의 상호작용에 있어서 상당한 중요성을 갖는다.[45] MEAs상에 협정 목적을 달성하기 위한 조치로서

44) Joint Statement, NAFTA Commission Meeting, San Antonio, July 2004, www.dfait-maeci.gc.ca/tna-nac/wto_dispute-en.asp, OECD, *supra* note 2, p. 81.

45) UNEP, Environment and Trade: A Handbook (2000), p. 11.

무역관련 의무들이 환경조약에 도입됨에 따라 이들 MEAs상의 무역의무와 WTO협정에 따른 무역의무 간의 충돌 가능성이 제기되어 왔다. 현재까지 그러한 무역의무의 충돌로 분쟁이 제기된 사례는 없으나 그 가능성에 대한 연구와 실제 그러한 문제를 어떻게 해결할 것인가의 문제가 WTO에서 논의되어 왔으며, 일부 FTA에서도 MEAs와의 관계를 언급하고 있다. 다음에서는 동 사안에 관한 WTO와 FTA에서의 논의내용을 중심으로 검토한다.

1. 다자간 무역협정: WTO DDA협상

'무역과 환경의 관계에 관한 논의는 GATT 체제에서부터 있어 왔으며[46], 1994년 3월 마라케쉬 각료회의에서 채택된 '무역과 환경에 관한 각료결정' 에 따라 무역환경위원회(Committee on Trade and Environment)가 WTO에 설치되어 무역과 환경에 관한 의제들이 연구되어 왔다. 동 위원회의 10가지 의제 중 하나가 다자간환경협약(MEAs)에서의 환경목적의 무역조치와 WTO규범과의 관계인데, 동 의제는 2001년 11월 카타르 도하에서 개최된 WTO 제4차 각료회의에서 출범이 결정된 도하개발의제(Doha Development Agenda: 이하 'DDA'라 함)에서 환경협상의 의제로 설정되었다.

DDA의 협상의제는 기존 WTO규범과 MEAs의 구체적 무역의무와의 관계로, 그러한 협상의 목적은 무역과 환경의 상호 지지성 강화이다. 따라서 도하각료선언은 WTO체제에 환경보호의 법익을 편입시키려는 회원국들의 발전된 의지를 확인한다고 볼 수 있다. WTO 도하각료선언 31항(i)의 위임사항에 따르면, 회원국들은 기존 WTO규정과 MEAs의 구체적 무역 의무(specific trade obligations)간의 관계에 대한 협상에 합의하였다. 그

46) 1971년 GATT 사무총장은 회원국에 대하여 환경정책이 국제무역에 미치는 잠재적 영향을 검토하도록 요청하는 동시에 이 문제를 보다 철저하게 논의하기 위하여 GATT 내에 위원회를 설치할 것을 제안하여, 1971년 11월 GATT는 환경조치·국제무역(Environment Measures and International Trade: EMIT) 작업반이 설치되었다. 윤창인, "WTO 무역과 환경 논의동향", 대외경제정책연구원 정책토론회 자료, 2002년, 1면.

리고 동 협상의 범위를 해당 MEAs의 당사국간에 기존 WTO규정의 적용 가능성으로 한정하였고, 해당 MEAs 당사국이 아닌 WTO회원국의 WTO 규범상의 권리를 손상하여서는 안 된다는 단서조항을 두었다. 즉, 동 협상은 구체적으로 MEAs당사국인 WTO회원국 사이에서의 WTO규범의 적용 가능성에 국한되며, MEAs당사국이 아닌 WTO회원국의 WTO상의 권리를 손상하지 않도록 요구하여 협상의 범위가 매우 제한되었다. 실제 발생할 수 있는 충돌문제는 해당 MEAs의 당사국이면서 WTO회원국인 국가와 해당 MEAs의 비당사국인 WTO회원국간에 발생할 소지가 더 클 수 있으나 이 부분은 협상범위에서 제외되었다.

동 협상은 2005년 1월 1일까지 완료되는 것으로 예정되었으나 협상시한을 넘기게 되었고, 2005년 12월 18일 제6차 홍콩각료회의에서 채택된 각료이사회선언47)에 따라서 2006년 12월 31일로 새로운 협상시한이 설정되었다. 그러나 일반이사회는 2006년 7월 27-28일 회의에서 도하협상을 정지시키는 Pascal Lamy의 권고를 지지함에 따라 도하협상은 현재 정지중이며, 비공식적 협상이 진행되고 있다.48)

2. 지역적 무역협정

FTA에서의 다자간환경협정에 관한 언급은 두 가지로 분류할 수 있는데, 첫째는 FTA 당사국간에 환경협정상의 의무를 이행하는데 있어 협력을 약속하는 경우와 둘째는 MEAs와의 관계에 관한 언급이다. 첫 번째 경우는 미-칠레FTA, MERCOSUR, 일본-멕시코 FTA, 한-EU FTA의 경우를 들 수 있다. 미-칠레FTA는 전문에서 양 국가가 당사국인 다자간 환경협정을 통한 것을 포함하여 환경을 보존, 보호하고 개선하기 위하여 결의함을 언급하고 있다. 캐나다와 칠레, 코스타리카의 환경협력협정은 각각 협력을

47) WTO, Ministerial Declaration(Adopted on 18 December 2005), WT/MIN(05)/DEC, 22 December 2005, *para*. 1.

48) WTO, Understanding the WTO: The Doha Agenda http://www.wto.org/english/thetwo_e/whatis_e/tif, (2006년 12월 4일 검색)

통하여 국제환경조약을 지지하고, 의지하는 바람을 명시적으로 언급하고 있다. MERCOSUR와 일본-멕시코 FTA는 MEAs의 이행에 대한 협력규정을 두고 있다. 예컨대, MERCOSUR의 환경골격협정은 당사국의 국제환경목적의 이행을 위한 지역적 협력의 중요성을 강조하고 있다.[49] 일본-멕시코FTA에서 환경 분야의 협력은 교토의정서상의 청정개발제도(Clean Development Mechanism)와 관련된 활동을 강화하기 위한 능력 및 제도 구축 그리고 동 제도와 관련된 프로젝트의 이행을 촉진하기 위한 적절한 방식의 개발에 맞춰져 있다. 2011년 7월 1일 잠정 발효된 한-EU FTA의 경우 제13.5조(다자간환경협정)는 양 당사국이 세계적 또는 지역적 환경문제에 대한 국제사회의 대응으로서 국제환경 거버넌스와 협정이 갖는 가치를 인정하고, 상호 관심 있는 무역관련 환경문제에 관한 협상에 대해 적절한 경우 협의하고, 협력하기로 약속하였으며, 양 당사국이 자신의 법과 관행에서 그들이 당사국인 환경협정을 효과적으로 이행하겠다는 약속을 재확인 하였다.

매우 소수의 FTA만이 MEAs관련 조치를 FTA상의 무역규정 및 의무로부터 면제시키는 구체적인 예외규정을 두고 있다. NAFTA 104조는 다자 및 양자환경협정에 규정된 특정 무역의무와 NAFTA규정이 일치하지 않는 경우를 언급하고 있는데, 그러한 환경의무는 관련 당사국이 그러한 의무를 준수하는데 똑같이 효과적이고 합리적으로 이용 가능한 수단 중에서 선택하였고, 그 불일치가 최소한인 경우에 우선한다. 104조에서 언급한 환경 및 보존협정은 멸종위기에 처한 동식물의 국제무역에 관한 협정[50], 오존층

---

49) "The Parties will co-operate in the implementation of international environmental agreements to which they are parties. This co-operation can include, where necessary, the adoption of common policies for the protection of the environment, the conservation of natural resources, promotion of sustainable development, joint communications on subjects of common interests and exchanges of information about national positions in international fora."

50) Convention on International Trade in Endangered Species(CITES), the Montreal Protocol on Substances that Deplete the Ozon Layer, and the Basel Convention on the Control of Transboundary Movement of Hazardous Wastes.

파괴물질에 관한 몬트리올의정서, 유해 폐기물의 국제적 국경 간 이동 및 처리에 관한 바젤협약 그리고 부속서 104.1에 언급된 협정들이다. 당사국들이 앞서 언급된 협정의 개정협정과 기타 다른 환경 또는 보존협정을 포함시키기 위하여 부속서 104.1을 변경시키기 위하여 서면으로 동의할 수 있음을 언급하고 있다. 이와 유사한 내용이 캐나다-칠레FTA[51], 멕시코와 칠레간의 FTA에 포함되었다.[52]

미국의 경우 NAFTA를 제외한 양자간 FTA에서 NAFTA와 다른 방식을 취하고 있는데, 예컨대 미-바레인 FTA의 경우 양당사국이 당사국인 다자간 환경협정이 환경을 지구적으로 국내적으로 보호하는데 중요한 역할을 하며, 그러한 협정들의 국내적 차원의 이행이 동 협정들의 환경적 목적 달성에 중요하다는 것을 인정한다는 규정을 두어 다자간 환경협정의 이행약속만을 명시하고 있다. 이와 유사한 표현이 미국이 모로코, 호주와 체결한 협정에도 규정되어 있다. 미- CAFTA-DR FTA[53]의 경우, FTA당사국이 모두 당사국으로 가입한 다자간환경협정이 환경을 지구적으로 그리고 국내적으로 보호하는데 중요한 역할을 하고, 그러한 협정의 이행이 이들 협정의 환경적 목적을 달성하는데 중요하다는 것을 인정하며, 당사국들이 그들이 모두 당사국인 다자간환경협정과 무역협정간의 상호 지지성을 강화하기 위한 수단을 계속하여 모색할 의무를 부여하고, 적절한 경우, 당사국이 다자간환경협정에 관한 WTO에서의 진행 중인 협상에 관하여 협의할 수 있다고 규정하고 있다.[54]

---

51) 캐나다-칠레FTA A-04조; 멕시코-칠레FTA 1-06조.
52) OECD, *supra* note 2, p. 93.
53) US-CAFTA-DR은 미국과 중앙아메리카FTA간에 체결된 FTA로 당사국은 코스타리카, 도미니카 공화국, 엘살바도르, 과테말라, 온두라스, 나카라과, 미국이다.
54) US-CAFTA-DR 17.12조.

V. 결 론

앞서 검토한 바와 같이 무역협정인 FTA에 환경적 고려가 반영되기 시작한 것은 1990년대 이후부터이며, 그러한 환경적 고려가 반영된 동기는 지속가능한 개발을 보장하고, 무역협정의 당사국간에 경쟁조건을 보장하기 위한 목적으로 그리고 공유된 환경적 이해관계를 갖는 당사국간의 환경협력을 도모하기 위한 목적 등 다양하다.

그 동기에 따라 FTA에 반영되는 환경규정의 형식과 실체적 내용도 다양하다. EU의 경우 지속가능한 개발전략에 따라 FTA에 일반적이고 구체적인 환경규정을 두기 보다는 GATT 1994 XX조(일반적 예외)와 유사한 형태의 FTA협정의무의 일반적 예외로서 환경보호를 인정하는 규정을 두고 있고, 미국의 경우 2002년 미 무역법에 따른 무역촉진권한에 따라 GATT1994 XX조를 포함하여 보다 구체적인 환경규정들을 FTA에 포함시키고 있다.

많은 FTA에서 전형적으로 발견되는 환경적 요소는 환경협력 및 환경협의제도이며, 그 밖에 높은 수준의 환경보호 제공의무, 환경기준 및 환경법의 실효적 집행의무, 절차적 보장 및 분쟁해결 등이 있다. 이들 환경규정들은 이들 규정을 포함하고 있는 FTA나 다자무역협정인 WTO협정과 직접적인 충돌을 야기하지는 않는다.

FTA에 MEAs에 관한 명시적인 언급을 하는 경우는 FTA당사국간에 MEAs상의 의무이행에 협력을 약속하는 경우와 FTA와 MEAs의 관계를 명시적으로 언급하는 경우를 둘 수 있는데, 후자의 경우는 NAFTA를 비롯한 매우 소수의 FTA만이 MEAs와 FTAs의 충돌 시 한정적인 MEAs를 FTA의 무역규정 및 의무로부터 면제시키는 기준을 제시하고 있다. 이를 보면 WTO회원국들이 다자적 차원 즉, WTO차원에서 다자간환경협정과의 관계를 명시적으로 확립하는데 아직 준비가 되어 있지 않은 반면, 일부 국가들이 양자적 무역협정인 FTA를 통하여 다자간환경협정의 이행협력과 두 협정간의 충돌문제를 해소하려는 시도에는 상대적으로 열려 있음을 알 수 있다. 따라서 WTO DDA협상에서의 MEAs의 특정무역의무와 WTO협정과의 관계에 관한 다자간 협상이 지지부진한 가운데 FTA의 환경규정은 다자간무역협정의 효과적인 목적 달성과 이행을 확보하는 수단으로서 그리고 양자적으로 또는 지역적으로 협상을 통하여 무역과 환경간의 이론적으로 가능한 충돌 가능성을 제거하거나 낮춤으로써 무역과 환경의 상호 지지성을 강화하는 방식으로 운영될 수 있을 것이다.

참고문헌

이로리(2008.6), "지역무역협정에서의 환경보호", 법무부, 『통상법률』, 통권 제81호

이재형(2007), "FTA환경규정상 당사국의 의무에 관한 연구", 고려대학교 법학연구원, 『고려법학』, 제49호

윤창인(2002), "WTO 무역과 환경 논의동향", 대외경제정책연구원 정책토론회 자료, 2002년

Council of the European Union, "Renewed EU Sustainable Development Strategy", *Brussels*, 26, June2006

OECD(2007), *Regional Trade Agreements and Environment*, COM/ENV/TD(2006)47/FINAL, (12 March 2007)

Sucharita Ghosh and Steven Yamarik(2006), "Do regional trade agreements harm the Environment? An analysis in 162 countries of in 1992", Applied Ecometircs and International Development, *Euro-American Association of Economic Development*, vol. 6(2)

UNEP(2000), *Environment and Trade*: A Handbook

WTO, Ministerial Declaration(Adopted on 18 December 2005),

WT/MIN(05)/DEC(22 December 2005)
WTO, Understanding the WTO: The Doha Agenda http://www.wto.org/english/thetwo_e/whatis_e/tif, (2006년 12월 4일 검색)

제 6 장
EU의 지리적표시 보호와 한-EU FTA

I. 서 론

지리적표시(geographical indications)는 지적재산권의 한 유형으로, 상품의 품질, 명성 또는 그 밖의 특징이 본질적으로 지리적 원산지에서 기인하는 경우 상품이 회원국의 영토 또는 회원국의 지역이나 지방에서 생산되었다는 것을 나타내는 표시를 의미한다.[1] 예를 들어 'Parma Ham', 'Roquefort Cheese', 'Darjeeling' 또는 'Champagne' 등이 세계적으로 알려진 지리적표시이고, 우리나라에서 보호받는 지리적표시의 예로 '보성녹차', '고창 복분자', '포천 막걸리' 등을 들 수 있다. WTO TRIPS협정에 따라 WTO회원국은 지리적표시에 대한 보호에 대한 법적 의무를 갖는다. 다

---

1) TRIPs협정 22.1조. 동 정의에 따르면 보호되는 지리적 표시는 세 가지 요건을 갖춰야 한다. 첫째, 표시(indication)는 반드시 상품을 나타내는 것이어야 한다. 지리적표시가 반드시 직접적인 지명(geographical name)일 필요는 없으며, 표시가 단어/문구의 형식이거나 또는 상징적인 심볼(symbol) 또는 엠블렘(emblem)의 형식일 수 있다. 둘째, 상품은 반드시 지정된 지리적 원산지에 본질적으로 기인하는 품질, 명성 또는 기타 특징을 갖고 있어야 한다. 여기서 중요한 점은 이러한 각 요건이 그 자체로서 지리적표시 보호가 인정되는 조건이라는 것이다. 즉, 이들 세 가지 요소가 동시에 요구되는 것은 아니다. 셋째, 지정된 지리적 지역은 '표시와 상품의 관련성'을 통하여 일정한 방식으로 나타나는 것이 필요하다. 이러한 관련성은 상품의 특성이 지정된 지리적 지역을 통하여 확립되었음을 식별하는데 있어서 일정한 수준의 동질성 (homogeneity)을 요구한다. 그러나 TRIPs협정은 상품의 품질, 명성 또는 특징이 본질적으로 지리적 원산지에서 기인하는 것을 판단하는 구체적인 방법 또는 기준을 규정하고 있지는 않다. 따라서 이들 요건의 구체적인 적용은 회원국들에게 맡겨져 있다. Dwijen Rangnekar, Geographical Indications: A Review of Proposals at the TRIPS Council, UNCTAD/ICTSD Capacity Building Project on Intellectual Property Rights and Sustainable Development(June 2002), p. 16.

만, TRIPS협정의 관련 의무를 이행하는 방식은 회원국의 재량에 맡겨져 있다. WTO회원국이 제공하는 지리적표시 보호제도의 유형으로는 지리적표시 보호에 관한 특별보호제도, 단체표장 또는 인증/증명표장에 관련된 상표법에 의한 보호와 불공정 경쟁 및 소비자보호와 관련된 법을 포함하는 사업관행에 관한 일반적인 법에 의한 보호가 있다. 이러한 세 가지 보호제도가 공존하는 경우도 있으며, 그러한 경우 각 법의 적용이 반드시 상호 배타적인 것은 아니다.

지리적표시는 점차 가속화되는 세계화 속에서 지역의 정체성을 보존하게 해 주며, 상품의 전반적인 경제적 가치를 제고하는 데 도움을 준다. 또한 보다 높은 품질의 상품을 생산하는데 대한 인센티브를 제공한다. FTA 등으로 무역자유화가 확대되는 시점에 한국의 농산품 및 가공품은 저렴한 외국의 농산품과 경쟁해야 하는 상황에 직면하여 있는데 지리적표시제도는 국내 농산품의 보호는 물론 지적재산권으로써 생산자의 권익을 보호하고 품질을 향상시켜 소비자를 보호할 수 있는 제도로 활용될 수 있다. 많이 알려진 지리적표시 상품들은 주로 농산품이 많지만 비 농산품인 지리적표시 상품도 다양한 법적 수단을 통해 보호되고 있다.

EU는 지리적표시의 긴 역사를 가지고 있고, 특히 농산품 및 식료품에 대한 지리적표시 보호가 상표법상의 지리적표시 보호와는 별개로 그 자체로도 높은 수준의 보호를 제공하고 있으며, 이에 대한 생산자와 소비자의 신뢰를 구축하고 있다. 2011년 잠정 발효된 한국과 EU의 FTA에 따라 양국은 동 협정 부속서 10-가(Annex 10-A) 및 10-나(Annex 10-B)에 기재된 농산품 및 식료품 그리고 포도주, 방향포도주 및 증류주의 지리적표시를 각 당사국의 영역에서 보호해야 한다. 물론, 동 목록에 기재되지 않은 지리적표시의 개별출원도 각 당사국 법령에 따라 가능하다. 다음에서는 한국의 지리적표시를 EU 내에서 보호하기 위한 법적 제도를 검토할 목적으로 EU의 농산품 및 식료품의 지리적표시 보호제도와 한국과 EU의 FTA의 지리적표시 보호정책을 중심으로 분석한다.

Ⅱ. EU 역내의 지리적표시 보호제도

EU는 농산품 및 식료품, 포도주(wine), 증류주(spirit)의 지리적표시의 보호를 위한 특별한 제도를 두고 있다. 지리적표시의 보호는 EU의 농업정책의 핵심이며, EU회원국과 제3국의 다양한 상품을 그 보호 대상으로 하고 있다. EU차원에서 지리적표시의 특별보호는 포도주의 경우 1970년, 증류주의 경우 1989년 그리고 농산품 및 식료품의 경우 1992년으로 거슬러 올라간다.

비 농산품인 지리적표시 상품에 대한 EU차원의 보호와 관련하여, 생산자들은 특정 조건에 따라 지리적명칭을 보호하는 공동체 상표(Community Trade Mark: CTM)제도에 의존할 수 있는데, 공동체 상표제도가 농산품을 제외하는 것은 아니므로 농산품의 지리적 명칭도 CTM.의 요건을 충족하면 그에 따른 보호를 받을 수 있다.[2] 다음에서는 EU의 지리적표시 등록제도와 공동체상표제도를 중심으로 그 보호내용을 살펴본다.

1. 지리적표시 등록제도

(1) 법적 근거

EU는 농산품의 지리적표시를 보호하기 위한 특별보호제도로서 등록제도를 두고 있다. 지리적표시 등록제도는 포도주, 증류주, 농산품 및 식료품으로 세분화 되어 있는데, 포도주의 경우 2008년 4월 29일 채택된 '이사회규칙 479/2008'[3], 증류주의 경우 2008년 1월 15일 채택된 '이사회규칙

---

2) 유럽위원회 DG for Trade 연구용역 보고서, Study on the protection of geographical indications for products other than wines, spirits, agricultural products or foodstuffs(November 2009), (http://trade.ec.europa.eu/doclib/docs/2009/december/tradoc_145630.pdf), p. 5.

3) Council Regulation (EC) No 479/2008 of 29 April 2008 on the common organization of market in wine, amending Regulations No 1493/1999, (EC) No 1782/2003, (EC) No 1290/2005, (EC) No 3/2008 and repealing Regulations (EEC) No 2792/86 and (EC) No 1493/1999. OJ L148/1 (6.6.2008)

110/2008'[4] 그리고 농산품 및 식료품의 경우 2006년 3월 20일 채택된 '이사회규칙 510/2006'[5]에 의해 보호되고 있다. 위 상기 이사회규칙에 따라 EU 및 제3국산 해당 상품(포도주, 증류주, 농산품 및 식료품)들이 EU 27개 회원국 내에서 광범위한 보호를 향유할 수 있다.

이사회규칙 510/2006은 특히 기존 이사회규칙 2081/92의 제3국산 상품의 GI등록과 관련된 규정의 개정을 가져 왔다. 기존 이사회규칙의 내용 중 제3국산 상품에 대한 동등성 및 상호성과 관련된 규정이 외국의 GI상품의 등록에 대한 동등한 접근을 보장하기 위해 삭제되었고, 제3국산 상품의 등록과 관련하여 다음사항에 대한 간소화된 절차규정이 도입되었다: (i) 제3국의 생산자 (단체 또는 자연인 또는 법인)를 위한 등록절차; (ii) 제3당사자를 위한 국내 이의제기 절차; (iii)제3국 등록절차에서의 검사요건.

유럽위원회(European Commission)는 원산지국에서 먼저 검증되고, 통과된 지리적표시 등록신청서를 검토하기 위해 10개월의 기간을 갖고, 등록신청이 이사회규칙 510/ 2006의 조건에 부합하는 경우, 해당 지리적표시의 명세서를 EU관보에 게재한다. 제3당사자는 관보에 게재된 날로부터 6개월 내에 제안된 등록에 대하여 이의를 제기할 수 있다. 유럽위원회가 관련 지리적표시의 등록을 동일한 관보에 공표하면 지리적표시의 등록이 공식화 된다.[6]

다음에서는 이사회규칙 510/2006에 근거하여 농산품 및 식료품의 지리적표시 등록제도를 검토한다. 이사회규칙 510/2006의 보호대상은 원산지명칭(designations of origin)과 지리적표시를 포함한다. 동 이사회규칙의 보호대상인 원산지명칭은 그 지역에서 생산된 농산물 또는 식료품을 나타

---

4) Regulation(EC) No 110/2008 of the European Parliament and the Council of 15 January 2008 on the definition, description, presentation, labelling and the protection of geographical indications of spirit drinks and repealing Council Regulation(EEC) No 1576.89, OJ L39/16 (13.2.2008)

5) Council Regulation(EC) No 510/2006 of 30 March 2006 on the protection of geographical indications of origin for agricultural products and foodstuffs, OJ L93/12(31.3.2006). 1992년에 채택되었던 기존의 이사회규칙 2081/92[1]는 2006년 3월 30일 발효된 동 이사회규칙 510/2006으로 대체되었다. 기존의 이사회규칙 2081/92에 따라 등록된 지리적표시는 동 이사회규칙에 의해 계속적으로 보호되며, 등록된다.

6) 이사회규칙 510/2006 6조, 7조, 11조 참조.

내기 위해 사용되는 지방, 특정 장소, 국가의 명칭을 의미한다. 상품의 품질 또는 특징이 본질적으로 특별한 지리적 환경 및 고유한 자연적, 인적 요소에 기인하고, 생산, 가공, 준비 단계가 모두 지정된 지역 내에서 이루어져야 한다.[7)] 이에 비해 지리적표시는 그 지역에서 생산된 농산물 또는 식료품을 나타내기 위해 사용되는 지방, 특정 장소 또는 예외적인 경우 국가의 명칭을 의미한다. 상품이 특별한 품질, 명성 또는 기타 지리적 원산지에서 기인할 수 있는 특징을 갖고, 생산 및/또는 가공 및/또는 준비 단계가 지정된 지역 내에서 이루어져야한다[8)]. 동 규칙에 따라 보호되는 원산지명칭과 지리적표시를 각각 PDO(Protected Designation of Origin: PDO)와 PGI (Protected Geographical Indications: PGI)라고 한다.

EU 차원에서 보호되는 지리적표시인 PGI로 인정받기 위해서는 두 가지 조건을 충족하여야 한다. 먼저, 상품이 상품의 명칭에 포함된 지역에서 생산되어야 한다. PDO와는 달리 생산, 가공 또는 준비 중 한 단계 또는 그 이상 정해진 지역 내에서 발생하는 것으로 충분하다. 둘째, 상품과 상품에 포함된 명칭의 지역 간에 어떠한 관련성이 있어야 한다. 농산품 및 식료품의 특정 품질, 명성 또는 기타 특성이 지리적 원산지에 귀속되면 충분하다. 상품의 명성이 지리적 원산지에 근거하는 경우에도 지리적표시가 보호될 수 있다. 이러한 경우에 상품의 실제적 특징은 지리적표시 등록의 결정적인 요소는 아니다. 상품의 명성이 등록신청 시 특히 그 원산지에 근거한 개별적인 명성을 향유하는 것으로 충분하다.[9)] 관용어는 원칙상 PGI 또는 PDO로 등록될 수 없다. 관용어는 비록 상품이 원래 생산되었거나 판매된 장소 또는 지역과 관련이 있다할 지라도 상품의 일반명사가 된 상품의 이름을 의미한다.[10)]

---

7) 이사회규칙 510/2006 2(a)조.

8) 이사회규칙 510/2006 2(b)조.

9) European Commission, Protection of Geographical Indications Designations of Origin and Certificates of Specific Character for Agricultural Products and Foodctutts, Guide to Community Regulations(2nd Edition) (August 2004), p. 7.

10) 이사회규칙 510/2006, 3.1조.

(2) 관할기관

EU 차원에서 보호되는 지리적표시의 등록은 먼저 회원국의 국내절차를 거쳐 EU 차원에서 이루어진다. 따라서 개별 회원국은 국내 신청인의 신청서를 접수하는 관할기관을 지정하여야 한다. 각 회원국이 제출한 지리적표시 등록 신청서는 유럽위원회에서 검토한다. 검토과정에서 규제위원회(Regulatory Committee)와 과학위원회(Scientific Committee)가 지리적표시 등록신청의 심사에 참여한다. 규제위원회[11] 는 회원국 대표로 구성되며, 투표권을 갖지 않는 유럽위원회 대표가 주재한다. 유럽위원회는 이사회규칙 2082/91의 범위의 개정을 규제위원회에 의견을 구하기 위해 제출할 수 있으며, 이의제기에 대한 어떠한 합의도 도출되지 않은 경우에 유럽위원회는 동 사안에 대하여 규제위원회와 반드시 협의를 하여야 한다. 또한 접수된 각각의 등록신청에 대하여 규제위원회에 의견을 구할 수 있다.[12]

과학위원회는 법적 또는 농업적 전문성과 특히 지적재산권에 대한 지식을 겸비한 전문가로 구성되어 있으며, 유럽위원회에 대하여 법적 구속력 없는 자문을 제공한다. 동 위원회는 유럽위원회의 요청에 의해 이사회규칙 2081/92와 2082/92에 따라 제출된 지리적표시 등록신청에 대한 모든 기술적 문제를 다룬다. 예컨대, 명칭의 관용적 성격, PGI 및 PDO를 정의하는 데 있어서 고려되어야 할 요소, 상업적 거래에서 공정한 경쟁과 관련된 기준의 적용 및 PGI 또는 PDO와 상표 또는 동음이의어 사이의 충돌 시 소비자를 오인시킬 위험성 문제 등을 검토한다.[13]

(3) 등록절차

1) 회원국 국내 절차[14]

---

11) 농산품및식료품의원산지명칭및지리적표시위원회(Committee on designations of origin and geographical indications for agricultural products and foodstuffs).

12) *Supra* note 9, p. 20.

13) *Id.*

14) *Id.*, p. 10.

가. 1차 관할기관: 회원국[15)]

농업종사자, 생산자, 가공자 및/또는 소비자로 구성된 단체의 등록신청서의 제출에 의해 절차가 개시된다. 신청서는 상품 명세서와 함께 회원국 내의 관할기관에 제출된다. 회원국 국내 관할기관이 신청서를 검토하며, 등록요건이 충족되고 PGI 또는 PDO로서 명칭을 등록하는 것이 적절하다고 판단되면 동 신청서를 유럽위원회에 송부한다. 만일 동 신청이 적절하지 않다고 판단하는 경우에는 신청자에게 기각 결정을 통보한다. 따라서, 회원국이 유럽위원회에 신청서를 송부하기 전에 각 신청서가 모든 요건을 갖추었는지 면밀하게 심사하는 것이 중요하다. 유럽위원회에 송부되는 신청서는 요구되는 모든 서류를 포함하여 완전하게 요건을 갖추어야 한다.

신청서가 유럽위원회에 송부되면, 회원국은 동 신청서를 송부한 날로부터 이사회규칙 2082/91(현재 이사회규칙 510/2006)에 따른 등록결정이 날 때까지 동 명칭에 대하여 잠정적인 국내보호를 허용할 수 있다. 생산자 단체가 등록신청을 한 명칭이 국경지역 또는 타국에 위치한 지역과 관련된 전통적인 명칭인 경우 동 국내기관은 동 신청서를 유럽위원회에 송부하기 전에 관련 국가의 관련 기관과 협의를 하여야 한다.

나. 등록신청

지리적표시 등록제도는 임의적이며 공개적이다. 따라서 그 지역에 소재하고 상품명세서(product specification)에 명시된 생산요건을 충족하는 생산자는 누구든지 등록된 명칭을 사용할 권한이 있다. 일반적으로 등록신청은 조합이나 단체에 의해 이루어진다. 단체란 농업종사자, 생산자, 가공자의 단체를 말한다. 그밖에 소비자 등 이해관계 있는 자들도 단체의 일원이 될 수 있다.

예외적으로 유럽위원회 규칙 2037/93에 따라 일인 또는 한 기업체만이 그 지역에서 등록될 명칭을 포함하는 상품을 생산하는 경우 생산자 단독으

15) Supra *note* 9, p. 15.

로 등록신청을 할 수 있다. 이 경우 특정 가공방식을 사용하는 자가 달리 존재하지 않고, 지정된 지역이 명백하게 인접지역과는 구분되며, 상품이 다른 상품들과 차별되어야 한다. 상품명세서의 내용은 한 생산자가 독점권을 행사하는 내용이 되지 않도록 검토되어야 하며, 명확하게 정의되고 공개되어야 한다.

다. 신청서

신청서는 명칭을 PGI 또는 PDO 중 어느 것으로 등록할 것인지 명시하여야 하며, 다음과 같은 요소를 포함하여야한다[16)]:

- 이사회규칙 2081/92 4조에 나열된 요건을 포함하는 상품명세서
- 회원국이 출원을 타당하다고 판단할 수 있는 근거자료[17)]
- 출원서 요약본[18)]

명세서는 등록신청을 하는 생산자들에게 매우 중요한 것으로 이는 차후에 준수해야 할 생산요건을 확립하는 것이다. 생산자는 스스로 자신들의 규율을 정하고 이 규율에 대한 책임을 진다. 명세서는 그 지역에서 새로운 생산자가 지정된 상품의 생산 활동을 시작하고자 할 때 임의로 참조할 수 있도록 필요한 모든 정보를 포함하고 있어야 한다. 신규 생산자는 그들이 가능한 국내법을 준수하고 그들의 상품이 명칭에 대한 감독기관에 제출될 것을 보장하여야 한다. 또한 명세서는 신청서를 뒷받침하는 주된 증거가 된다. 명세서는 등록요건을 충족하였음을 나타내야 하며, 그 외에는 생산자가 자유롭게 명세서의 내용을 구성할 수 있다. 일단 결정되면 그 내용은

---

16) *Supra* note 9, p.11.

17) 예컨대, 명칭의 명성을 입증 하는 통계자료 또는 문헌, 지역의 특별한 자연적 요소를 보여주는 지도 등이 이에 해당한다. 기타 사진, 메뉴, 비법(recipe), 송장(invoice) 등 설명에 도움이 되는 실례를 제시할 수 있다.

18) 요약본은 공동체에서의 절차를 개시할 목적과 EU 관보에 EU의 모든 공식 언어로 게재할 두 가지 목적에서 요구된다.

구속력이 있으며 감독/조사에 참조하게 된다. 그러나 이후에 과학기술의 발달, 지리적 구획의 재정비 등을 고려하여 명세서를 변경할 수 있다. 이러한 변경은 공동체 절차에 따라 유럽위원회에 신청하여야 한다. 따라서 명세서는 등록을 획득하고 생산요건에 대한 규칙을 부과하는데 있어 결정적인 요소이다.

라. 명세서의 주된 요소[19)]

명세서의 주된 요소는 명칭, 기술사항, 지리적 영역, 원산지의 증명, 생산방법, 관련성, 감독기관, 표지부착 (labelling)이 있다.

① 명칭

지방의 명칭, 특정 지역, 아주 예외적인 경우에는 국가의 명칭, PDO의 경우에는 특정 지방 또는 지정된 지역에서 유래하는 농산품이나 식료품을 나타내는 전통적 명칭도 등록 대상이 될 수 있다. 그러나 다음과 같은 경우에 명칭은 등록될 수 없다:

i) 식물 변종 또는 동물 품종의 명칭과 상충되어 상품의 원산지에 관해 대중을 오도할 우려가 있는 경우;
ii) 상표의 명성과 주지성 및 사용기간으로 미루어 볼 때, 명칭의 등록이 상품의 동일성(본질)에 관하여 소비자를 오도하는 경우

i)의 예로서 프랑스 치즈 명칭 “Abondance”를 들 수 있다. 이는 원산지명칭으로 등록되었지만 본래 소의 품종을 일컫는 말이다. 하지만 치즈와 품종 사이에 혼동가능성이 없는 것으로 보아 등록이 허용된 것이다. 포르투갈어 “Carnalentejana”는 육류에 사용되는 전통적 명칭인 동시에 품종에도 사용되는 명칭이다. 그러나 “Alentejana” 품종이 해당 지역에서만 독

19) *Id.*, pp. 11-14.

점적으로 생산되어 왔기 때문에, 이는 소비자를 혼동시키지 않는 것으로 보았다. 이 경우에는 우선적으로 해당 회원국에서 인정되는 것이어야 한다. 올리브를 나타내는 그리스어 명칭 "Konservolia Stylidas"도 혼동 가능성이 없는 것으로 판단되었다. 이는 변종의 명칭인 Konservolia와 지리적 명칭인 Stylida 가 결합되어 이루어진 것이기 때문이다.

ii)의 예로는 "Bayerisches Bier"를 들 수 있다. 독일의 관할기관이 이 명칭을 PGI로 등록하고자 하는 출원 사실을 통보하자, 네덜란드와 덴마크 기관에서 유럽위원회에게 그 명칭을 포함하는 상표가 맥주에 사용되고 있다는 사실을 통지하였다.(네덜란드 상표 "Bavaria", 덴마크 상표 "Høker Bajer") 그러나 이용 가능한 정보에 비추어 "Bayerisches Bier"의 등록은 상품의 정체성(identity)에 관하여 소비자를 오인시키지 않는 것으로 간주되어 이 명칭은 등록되었다. 이와같이 상표와 지리적표시가 시장에서 공존할 수 있는 경우도 있다.

② 기술 사항

사용된 원료(raw materials)와 가능하면 그 원리(principle)도 포함되어야 한다. 즉, 상품 또는 식료품의 다음과 같은 내용이 기술되어야 한다:

i) 물리적 특성(모양, 색깔, 무게 등);
ii) 화학적 특성(최소지방 함량, 최대 수분 함량 등);
iii) 미생물학적 특성(존재하는 미생물의 유형 등);
iv) 생물학적 특성(속(屬), 류(類), 품종 등); 및/또는
v) 감각적 특성(색, 맛, 풍미, 향 등) 성질 등

상품에 대한 이러한 명세사항은 상품의 원산지로부터 기인하는 특징을 통하여, 같은 품목 내의 다른 상품과 객관적으로 구분될 수 있는 기준을 제시한다. 따라서 정확하고 꼼꼼하게 기술하는 것이 중요하다. 정확한 기술은 생산자가 상품의 결정된 특징을 보다 잘 준수할 수 있도록 하는 본질적

인 요소일 뿐만 아니라 감독의 지침이 된다.

또한 상품이 시장에 어떻게 출시될 것인지를 표시하는 것도 중요하다. 예를 들면 보호되는 명칭이 제품의 신선도나 완전성을 보증할 수도 있다. 만일 명칭이 가공, 토막 썰기, 얇게 썰기, 다지기, 포장하기 등 상품의 사후 처리 단계를 일컫는 것일 수도 있다면, 다른 필수요건과 함께 이 부분도 명시되어야 한다.

③ 지리적 영역

지리적 영역은 생산 또는 가공이 이루어지는 지역을 말한다. 일반적으로 지역의 설정은 최종적으로 상품에 특별한 특징을 부여하는 자연적 또는 인적 요소에 의해 정의된다. 행정구역에 따라 정의되는 경우도 있다. 이 요건을 판단하기 위해서는 지도 등의 근거자료가 첨부되어야 한다.

④ 원산지의 증명

농산품/식료품이 그 지역에서 유래된 것이라는 증거를 제시하여야 한다. 이는 상품의 생산지부터 최종 목적지까지의 경로를 따르는 상품의 추적가능성(traceability)과 관련이 있는데 명세서는 추적가능성을 보장하기 위해 취해진 조치들을 포함하여야 한다. 예컨대, 장부보관(register-keeping)과 구체적인 통제 등이 있는데, 예시적인 문서로 제조의 모든 단계를 나타내 주는 절차도(flow-chart)나 통제 포인트(control points)가 제시될 수 있다.

⑤ 생산 방법

생산방법은 해당 상품의 생산지역 내에 모든 생산자가 명세서에 제시된 정보에 근거하여 상품을 생산할 수 있을 정도로 설명이 되어야 한다. 생산방법으로 다음과 같은 정보가 포함되어야한다:

i) 농산품/식료품의 획득 방법;
ii) 만일 있다면, 지역의 고유한 생산방법;

iii) 포장에 관한 정보[20]

⑥ 관련성

관련성에 대한 설명은 상품명세서에서 가장 중요한 부분이다. 관련성은 왜 상품이 다른 지역이 아닌 그 지역과 관련이 있는지에 대해 설명하여야 한다. 예컨대, 최종상품이 생산된 지역의 특성에 얼마나 많은 영향을 받았는지 등이 설명되어야 한다. PDO와 PGI 모두, 지리적 영역이 특정 생산에 있어 전문화되어 있다는 것만으로 그러한 관련성을 정당화시키기에 충분하지 않다. 모든 경우에 있어 지리적 환경의 영향이나 그밖에 상품의 품질과 관련된 지역적 조건이 강조되어야 한다.

PGI의 경우에 지리적 관련성은 최소한 생산 및/또는 가공 및/또는 준비 중 한 단계가 지정된 지역에서 이루어져야 한다. PGI 등록의 출원 시, 등록이 상품의 특정 품질이나 특성에 관련된 것인지 혹은 명성에 관련된 것인지 명시할 필요가 있다. 오로지 명성에 의거하여 출원하는 경우에는 명백하고 구체적인 증거들이 신청서에 포함되어야 한다. 예컨대, 문헌, 소비자 설문조사가 그 증거가 된다. 대부분의 경우 경제적인 데이터는 이 요건을 입증하는 데 무관한 것으로 간주된다. 다만 보충적으로 사용되는 경우는 있다. 예를 들면, 유사상품에 비해 해당 상품의 가격이 높은 경우에는 명성을 나타낸다고 볼 수 있다.

⑦ 감독기관

명칭이 등록되기 위해서는 효과적인 감독시스템을 제시하여야 한다. 감독은 지정된 감독관청이나 승인된 민간기관이 수행할 수 있다. 각각의 등록되는 PDO/PGI에 대하여 감독기관(inspection body)이 지정되어 있어야 한다.

---

20) 품질 보장, 식별 가능성 및 통제를 위해 제한된 지역에서 포장이 이루어질 것을 결정하는 경우에 포장에 관한 정보도 포함되어야 한다.

⑧ 표지부착

PDO /PGI 상품이 성분으로 사용되는 경우의 표지부착요건도 포함된다. 표지부착이 등록된 명칭의 보호 목적에 필요하고 적절하게 사용되었는지가 검토되어야 한다. 만일 PDO/PGI 관련 유사상품이 동시에 최종상품의 구성에 사용되는 경우에는 보호되는 명칭이 최종상품의 표지부착에 사용되지 않도록 생산자단체가 요건을 규정할 수 있다. 그러나 최종상품이 PDO/PGI가 사용되는 지역과 동일한 지역에서 생산될 것을 요구할 수는 없다. 그럼에도 불구하고 '식료품의표지부착소개및광고에관한회원국의법률조화에관한지침'[21]에 따라 등록된 명칭이 성분 목록 중에 인용될 가능성은 있다.

PDO/PGI 공동체 로고는 등록된 상품에만 사용될 수 있다. 다시 말하면 PDO/PGI를 성분으로서만 포함하는 경우 또는 다른 PDO/PGI가 혼합된 경우에는 동 공동체 로고를 상품에 사용할 수 없다.

마. 회원국 내에서의 이의 절차[22]

신청서를 유럽위원회에 송부하기 전에 회원국의 관할기관은 신청서를 검토하여야 한다. 적법하게 관련이 있는 자연인 또는 법인은 누구든지 회원국의 국내에서 지리적표시 등록신청에 대한 이의제기의 기회를 가질 수 있다. 회원국 내에서 제기되는 모든 이의신청은 위원회에 제출하기 전에 처리되어야 한다. 회원국으로부터의 이의제기는 공동체 심사절차에서는 더 이상 고려되지 않으므로 이 과정은 매우 중요하다.

2) 공동체 절차

가. 유럽위원회의 심사

유럽위원회는 EU회원국에서 송부된 등록신청서를 심사한다. 공식적인

---

21) Directive 2000/13/EC of the European Parliament and of the Council on the approximation of the laws of the Member States relating to the labelling, presentation and advertising of foodstuffs.

22) *Id.*, p. 16.

조사를 통하여 6개월 이내에 동 신청서가 모든 요건에 부합한다는 것과 그 명칭이 보호대상이 된다는 것을 확인하여야 한다. 신청서의 내용이 명확하지 않고 증거가 불충분한 경우에 유럽위원회는 회원국에게 정보의 보완을 요구할 수 있다. 이 경우 6개월의 시효는 중단되고, 회원국의 답변을 수령한 때부터 다시 시작된다.

나. 1차 공표

신청서가 등록요건에 부합된다고 판단되면, 유럽위원회는 요약본을 EU 관보인 OJ (Official Journal)에 게재한다. 게재일로부터 6개월 내에 유럽위원회에 이의가 제기될 수 있다.

다. 이의절차

이의가 신청되면 이의절차가 개시된다. 이의를 제기하는 회원국은 유럽위원회에 문서로서 이의제기를 하여야 한다. WTO 회원국과 승인된 제3국들도 신청서에 대한 이의를 제기할 수 있다. 다음과 같은 경우에 이의제기가 인정 된다:

i) 상품이 요구되는 조건에 부합하지 않는 경우;
ii) 명칭이 관용어로서 등록이 배제되는 경우;
iii) 명칭의 등록이 동일한 명칭, 상표(mark)의 존속을 위태롭게 하거나 또는 게재일로부터 최소한 5년 이상 시장에 합법적으로 존재하는 상품의 존속을 위태롭게 하는 경우

유럽위원회가 이의신청을 접수하면, 우선 인정 가능성을 검토한다. 이의가 인정되지 않으면 동 이의신청은 기각되고, 등록절차는 정상적으로 진행된다. 이의제기 시한인 6개월이 지나면 명칭은 등록되어 보호된다.

이의가 인정되는 경우에 유럽위원회는 동 사안을 해당국가에 보내어 소위 '우호적인 절차'(amicable procedure)에 따라 3개월 내에 회원국 간

상호 만족스러운 해결방안을 모색하도록 요청한다. 만일 회원국이 상호간 합의에 도달하지 못하면 유럽위원회는 규제위원회와 협의하여 결정을 내린다. 동 이의절차는 명칭이 부당하게 보호되지 못하도록 하는 것이다. 이 절차는 모든 이해관계당사자에게 발언을 허락함으로써 균형 있는 판단을 보장하도록 도와준다.

라. 2차 공표

관보 게재 후 6개월 내에 이의제기가 없거나 이의제기의 절차 결과 명칭의 등록이 결정된 경우에 그 명칭은 유럽위원회에 의해 PGI로 등록된다. 등록된 명칭의 목록은 유럽위원회 공식 웹 사이트의 식품품질관리정책(food quality policy) 섹션에서 찾아볼 수 있다.

마. 신청의 기각

명칭이 보호에 적합하지 못하다고 판단되면, 유럽위원회는 규제위원회절차에 따라 동 신청을 기각할 수 있고 명칭의 등록은 배제된다. 규제위원회 내에서 어떠한 합의에 도달하지 못한 경우 유럽위원회는 동 사안을 EU이사회에 회부할 수 있는데, 유럽위원회가 제안을 변경하지 않는 경우 긍정적인 등록결정은 만장일치에 의해서만 채택될 수 있다.

사. 등록의 취소

이사회규칙 510/2006에 12조에 의해 다음과 같은 경우에는 명칭의 등록이 취소될 수 있다.

i) 단체 또는 자연인 또는 관련 법인의 요청에 의해 국내 관할기관이 그 요청을 유럽위원회에 송부하는 경우;
ii) 보호 명칭의 대상인 농산품 및 식료품에 관한 명세서의 요건준수가 더 이상 보장될 수 없는 합당한 사유가 있는 경우

(4) 등록의 법적 효과

이사회규칙 510/2006에 따른 모든 요건에 부합되는 명칭은 PDO/PGI 명부(Register of protected designations of origin and protected geographical indications)에 등록된다. 등록은 생산자의 권리 측면에서 그리고 등록된 명칭의 유형과 범위 측면에서 중요한 법적 효과를 지닌다. 지리적표시의 등록은 지적재산권으로서 상품에 대하여 등록된 명칭을 사용할 배타적 권리를 제공한다. 동 권리의 특징 중 하나는 권리가 신청을 한 생산자들뿐만 아니라 명세서에 규정된 생산조건을 준수하는 그 지역의 모든 다른 생산자들에게도 귀속된다는 것이다. 관련 지역 내에서 생산요건을 준수하는 모든 생산자는 다른 사람이 등록된 명칭을 사용하는 것을 금지할 수 있다. 이와 같이 등록은 명칭을 사용할 수 있는 배타적인 권리를 부여한다. 지리적표시를 등록한 생산자만이 'PGI' 표시와 함께 등록된 이름으로 자신들의 상품을 판매 또는 광고할 수 있다. 추가적으로 회원국은 생산자들이 자국에 상응하는 국내표시를 사용할 수 있도록 허용한다. 프랑스는 명칭이 등록된 상품 또는 등록신청이 유럽위원회에 송부된 경우에 한하여 "Apellation d'origin contrôlée (AOC)"로 표기하는 것을 허용하고 있다. 예외적인 경우에 명칭을 사용할 배타적 권리는 동음이의어 명칭이 다른 지역 원산지 상품이라고 믿도록 대중을 오인하지 않는다는 조건으로 등록될 수 있다.

지리적표시의 배타적 사용권은 시장에서 생산자들의 상품을 경쟁상품으로부터 식별하도록 해 주며, 소비자들에게 신뢰할 수 있는 정보를 제공하도록 보장한다. 배타적 권리의 집행은 회원국에서 수행되므로 회원국은 그러한 권리집행의 보장이 직권으로 또는 PGI 권리 보유자의 고소에 근거하여 시행되는지 여부를 결정할 수 있다. 국제무역에서의 PGI 위반에 대한 보호는 이사회규칙 1383/2003 따라 2004년 1월 1일부터 세관에 의해 제공된다. 동 규칙에 따라 세관은 고소 및 직권에 근거하여 조치를 취할 권한을 명시적으로 부여받았다. 지리적표시의 배타적 권리로서의 기본특징은 관련 생산자가 다른 생산자들이 명칭을 사용하지 못하도록 하는 것이다. 이사회규칙 2081/92 13조는 '사용'(use)의 정확한 의미 및 권리자에게 이용 가능한 권한을 규정한다. 금지의 대상은 보호되는 지리적표시를 어떤 식으로든 언급하여 동 명칭의 명성을 부당하게 착취하는 모든 행위를 포함한다. 동 규칙에 따르면 금지되는 행위는 다음과 같다[23]:

(i) 등록에 포함되지 않은 상품에 대하여 명칭의 직접 또는 간접적인 모든 상업적 이용[24];

(ii) 오용(misuse), 모방(imitation) 또는 원용(evocation). 상품의 진정한

---

23) 이사회규칙 No. 510/2006 13조의 원문은 다음과 같다:
"1. Registered names shall be protected against:
(a) any direct or indirect commercial use of a name registered in respect of products not covered by the registration in so far as those products are comparable to the products registered under that name or insofar as using the name exploits the reputation of the protected name;
(b) any misuse, imitation or evocation, even if the true origin of the product is indicated or if the protected name is translated or accompanied by an expression such as 'style', 'type', 'method', 'as produced in', 'imitation or similar';
(c) any other false or misleading indication as to the provenance, origin, nature or essential qualities of the product, on the inner or outer packaging, advertising material or documents relating to the product concerned, and the packing of the product in a container liable to convey a false impression as to its origin;
(d) any other practice liable to mislead the public as to the true origin of the product.
Where a registered name contains within it the name of an agricultural product or foodstuff which is considered generic, the use of that generic name on the appropriate agricultural product or foodstuff shall not be considered to be contrary to (a) or (b)in the first subparagraph.
2. However, Member States may maintain national measures authorizing the use of the expressions referred to in paragraph 1 (b) for a period of not more than five years after the date of publication of this Regulation, provided that:
- the products have been marketed legally using such expressions for at least five years before the date of publication of this Regulation,
- the labelling clearly indicates the true origin of the product.
However, this exception may not lead to the marketing of products freely on the territory of a Member State where such expressions are prohibited.
3. Protected names may not become generic."

24) 동 상품이 그 명칭 하에서 등록된 상품과 비교 가능한 경우 동 상품이 등록된 상품과 비교 가능하지 않다면 동 명칭의 사용금지는 보호되는 명칭의 명성을 착취하는 경우에만 적용된다.

원산지가 표시되거나 보호되는 명칭이 '스타일'(style), '타입' (type), '방법'(method), '-에서 제조된 것과 같은'(as produced in), '모방'(imitation) 또는 '유사한'(similar)의 표현으로 번역되거나 또는 그러한 용어를 수반하는 경우;

(iii) 관련 상품에 대한 내부 또는 외부 포장, 광고자료 또는 서류에 상품의 근원(provenance), 원산지(origin), 성질(nature) 또는 본질적인 품질에 관한 기타 모든 허위 또는 오인을 유발하는 표시 및 원산지에 관한 허위인상을 줄 소지가 있는 용기(container)에 있는 상품의 포장;

(iv) 상품의 진정한 원산지에 관하여 대중을 오인할 가능성이 있는 기타 모든 행위

(5) 등록된 PGI에 대한 감독

이사회규칙 2081/92는 지리적표시의 적절한 사용이 보장되도록 하기 위하여 감독제도(inspection system)의 의무적 확립을 규정하고 있다. 등록된 각 PDO/PGI에 대하여 감독기관이 지정되어야 하고, 그러한 감독책임은 전적으로 국내기관에 위임된다. 감독기관의 비용은 보호되는 명칭을 사용하는 생산자가 부담한다. 회원국은 감독기관을 결정한 후 인정된 당국 또는 기관의 최신목록을 유럽위원회에 송부하여야 한다.

등록된 PGI는 공동체 PGI로고와 함께 등록된 지리적 명칭에 대한 배타적인 사용권을 갖는다. 공동체 PGI로고의 사용은 의무적인 것은 아니고, 사용권자가 재량적으로 사용할 수 있다. 등록되어 보호되는 지리적표시는 PGI 로고가 아니라 등록된 지리적 명칭이기 때문이다.

(6) 권리구제제도

EU회원국들은 사법 및 행정절차를 통하여 관련 EU법을 적용할 의무를 갖는다. 이사회규칙 822/87 72a조에 따라 회원국들은 TRIPs협정 23조 및 24조에 규정된 바와 같이 지리적표시에서 표시한 원산지와 관련 없는 상품에 지리적표시가 사용되는 것을 방지하기 위해 필요한 모든 조치를 취

해야 한다. 이는 상품의 진정한 원산지가 표기된 경우 및 지리적표시가 번역을 통해 "~종류, 유형, 스타일, 유사한" 등의 표현과 함께 사용되는 경우에도 적용 된다. 따라서 회원국은 원산지와 관련이 없는 와인 또는 증류주의 지리적표시 사용을 방지하기 위하여 이해당사자에게 필요한 법적 수단을 마련할 책임이 있다. 회원국의 법제는 필요한 법적 절차, 관할기관, 항소절차, 제재 및 벌칙을 규율한다. 관련 주요 내용은 다음과 같다[25]:

1) 이해당사자

이해당사자는 지리적표시의 부당사용으로 인하여 손해를 입거나 입을 우려가 있는 자를 말한다. 지리적표시를 사용할 권리가 있는 생산자 등이 이에 속한다. 누구든지(소비자, 수입업자, 소매상, 생산자, 수출업자) 행정기관이나 옴부즈맨에 고발할 수 있다.

2) 시정조치

시정은 민사소송을 통해서 한다. 원고는 시정주장에 대해 직접적 이해관계가 있음을 입증해야 한다. 지리적표시의 부당사용이 형사처벌의 대상인 경우에 (벨기에, 독일, 프랑스, 이탈리아, 포르투갈, 스페인) 이해당사자가 경찰 또는 검찰에 요청하여 형사절차를 개시하도록 할 수 있다. 오스트리아, 벨기에, 덴마크, 프랑스, 포르투갈, 영국에서는 이해당사자가 농무부, 경제부, 지방위원회의 행정관청에 소장을 접수시킬 수 있다. 핀란드와 스웨덴은 시장관할권을 제시하였다[26].

3) 소송절차

민사법원에서 판사는 당사자가 제시한 증거에 의존하여 판단한다. 형사상 수사는 검찰에 의해 수사권이 주어진 경찰 또는 다른 행정기관이 직권

---

25) WTO, IP/C/W/117/Add.10, *para.* 47.
26) 1차 심사는 옴부즈맨, 항소기관은 시장법원(Market Court).

조사를 한다. 고소가 행정기관이나 옴부즈맨에 제기된 경우에는 고소장이 접수된 곳이 수사권자가 된다. 수사권자는 침해행위의 중지명령을 내릴 수 있다. 명령에 따르지 않는 경우에 행정기관은 사건을 검찰에 이송할 수 있고, 옴부즈맨은 시장법원에 사건을 이송하거나(핀란드) 스웨덴에서는 스톡홀름시법원에 이송할 수 있다. 최종 판단은 판결에 의한다. 민사/형사 사건에서 1심 법원의 결정은 항소할 수 있고, 이 경우 독일에서는 손해의 정도에 따라 항소가 제한된다. 행정집행의 경우에는 행정법원에 항소할 수 있다. 핀란드에서 시장법원의 결정은 피고만 항소할 수 있다. 행정관청과 옴부즈맨은 침해 중지명령 및 소비자에게 적절한 정보를 제공할 것을 명령할 권한이 있으며, 이 명령은 검찰과 법원을 통하여 강제될 수 있다. 민사법원의 판결은 피고에게 침해 중지와 손해배상을 명령할 수 있다. 형사법원의 판결은 직권으로 집행되며 스페인과 독일에서는 징역형을 선고할 수 있다.

수사가 끝난 후 유럽위원회는 침해행위가 일어난 회원국에게 문제를 제기할 수 있다. 만일 유럽위원회가 회원국이 EU 조약상의 의무를 준수하지 않았다고 판단하면, 해당국가에게 유럽위원회의 의견을 전달할 수 있다. 위 회원국이 유럽위원회가 정한 기간 내에 의견을 반영하지 않으면 유럽사법법원(European Court of Justice)에 판단을 요청할 수 있다[27]. 유럽사법법원이 회원국이 조약상 의무 불이행을 판단하는 경우와 유럽위원회가 회원국이 유럽사법법원의 판결을 준수하기 위한 조치를 취하지 않았다고 판단한 경우에 유럽위원회는 그 사안을 재차 유럽사법법원에 제소하여 벌금형을 부과할 수 있다.

(7) 상표와의 관계

이사회규칙 510/2006 14조 (취소)는 지리적 명칭을 포함하는 상표와 보호되는 지리적표시가 충돌하는 경우에 어떻게 해결할 것인지를 다음과 같이 제시하고 있다:

---

27) EC조약 169조(現 EU기능조약 42조).

- 동 이사회규칙에 따라 지리적표시가 등록된 경우, 유럽위원회에 등록신청 접수일 이후에 동종상품군에 대하여 등록된 지리적표시의 보호의 내용에 상응하는 상표 등록신청은 거절되어야 한다. 이러한 경우 등록된 지리적 명칭이 우선한다.
- 일정한 경우에 지리적표시에 충돌하는 상표와 지리적표시가 공존할 수 있다. 상표가 원산지국에서의 보호일 또는 PDO/PGI등록신청을 유럽위원회에 송부한 날 이전에 등록 되었거나 선의의 사용에 의해 상표가 확립된 경우 또는 적용 가능한 공동체법에서 동 상표의 무효화 또는 철회의 근거가 없는 경우이다.
- EU제도에서 대체로 충돌하는 상표의 등록은 지리적 명칭의 등록을 금지하지 못한다. 그러나 만약 상표의 명성 및 주지성 그리고 사용된 기간에 비추어 지리적 명칭의 등록이 상품의 진정한 정체성에 관하여 소비자를 오인시킬 가능성이 있는 경우 지리적표시의 등록신청이 거절된다.

동 이사회규칙은 상표와 지리적 명칭 간에 제기되는 충돌문제를 다루는데 있어서 양 지적재산권의 권리의 균형을 모색한다. EU의 경우 공동체상표에 관한 이사회규칙 40/94는 지리적 명칭이 상표로 등록될 가능성을 배제하고 있지 않다. 이것을 명시적으로 언급하고 있는 것은 아니지만 등록요건이 충족되면, 즉, 지리적표시 상품을 식별할 수 있고, 대중을 기만하지 않는 요건에 부합하는 경우 상표로 등록될 수 있다. 동 규칙 7(1)(c)조는 거래관계에서 종류, 품질, 수량, 의도된 목적, … 지리적 원산지 또는 … 기타 특징을 나타내기 위하여 사용될 수 있는 표지 또는 표시로 배타적으로 구성되는 마크의 거절의 절대사유를 명시함으로써 그러한 가능성을 제한하고 있다.[28] 지리적표시는 단체상표로 등록될 수 있는데 동 규칙

28) OECD, Appellation of Origin and Geographical Indications in OECD Member Countries: Economic and Legal Implications, COM/AGR/APM/TD/WP (2000)/15/FINAL, *para.* 90.

64(2)조는 7(1)(c)조의 예외로서 거래에서 상품 또는 서비스의 지리적 원산지를 나타내기 위해 사용될 수 있는 표시 또는 표시는 공동체 단체상표를 구성할 수 있다고 규정하고 있다. 그러나 그러한 상표는 지리적 명칭을 사용할 권한이 있는 제3자에게 원용될 수 없다.

2. 공동체상표제도

(1) 법적 근거

비농산품의 경우 지리적표시 보호를 위한 특별한 제도를 두고 있지 않다. 그러나 비 농산품의 생산자들도 EU차원에서 자신들의 지리적 명칭을 공동체 상표(Community trade mark: 이하 'CTM'이라 함) 등록신청을 통하여 보호할 수 있다. CTM제도는 2009년 2월 26일 채택된 이사회규칙 207/2009[29]와 다양한 위원회규칙들에 근거를 두고 있다. 공동체 상표 보호는 동 이사회규칙 207/2009에 규정된 요건을 충족하는 경우 제공되며, CTM 제도는 전 EU를 대상으로 하고 있기 때문에, 등록된 공동체 마크는 27개 전 회원국 영토에서 유효하다. CTM제도는 OHIM(Office for Harmonization of the Internal Market)이 관장한다.

일반적으로 상표제도는 식별표지를 보호하는 제도로, 대부분의 지리적표시 상품의 경우와 같은 서술적인 상표를 등록하는 것은 금지된다. 따라서 단순히 어떤 지리적 명칭으로 구성되는 상표의 등록은 예외에 해당한다. 그런데, 이사회규칙 207/2009 66조에 따르면, 거래 과정에서 상품 또는 서비스의 지리적 원산지를 나타내기 위해서 사용되는 표지(sign) 또는 표시(indications)는 공동체 단체표장(Community collective marks)을 구성할 수 있다.

29) Council Regulation (EC) No 207/2009 of 26 February 2009 on the Community trade mark, OJ L78/1 (24. 3. 2009).

(2) 지리적표시 등록제도와 CTM제도의 차이

EU차원에서 생산자들은 CTM 절차를 통하여 단체표장의 등록을 신청할 수 있다. 단체표장과 관련한 이사회규칙 207/2009의 요건은 TRIPS협정 22.1조에 규정된 지리적표시의 요건과 다르다. 공동체 단체표장은 그 표장의 소유자인 단체의 구성원들의 상품 또는 서비스를 식별하기 위해 적용되고, 식별 가능 한 경우 공동체상표가 된다. 공법의 규율을 받는 법인과 마찬가지로 그들은 규율하는 법의 조건에 따라 그들이 소유하는 명칭에 있어서 모든 종류의 권리와 의무를 가질 수 있고, 계약을 체결하거나 기타 법률 행위를 수행할 수 있다. 제소하거나 피소될 수도 있는 능력을 향유하는 제조자, 생산자, 서비스 공급자 또는 무역업자(traders) 단체(association)는 공동체 단체표장을 신청할 수 있다.[30] 단체표장은 제 3자가 산업적 또는 상업적 사안에서 정직한 관행에 따라 그러한 표지 또는 표시를 이용한다면, 소유자에게 제3자가 거래 과정에서 그러한 표지 또는 표시를 이용하는 것을 금지할 권리를 부여하지 않는다. 특히, 그러한 마크가 어떤 지리적 명칭을 사용할 권한이 있는 제3자에 대해서는 원용되지 않을 수도 있다.[31] 공동체 단체표장은 그 구성원에게 보호되는 명칭을 사용할 수 있게

30) 이사회규칙 207/2009, 66조 1항의 원문은 다음과 같다: "1. A Community collective mark shall be a Community trade mark which is described as such when the mark is applied for and is capable of distinguishing the goods or services of the members of the association which is the proprietor of the mark from those of other undertakings. Associations of manufacturers, producers, suppliers of services, or traders which, under the terms of the law governing them, have the capacity in their own name to have rights and obligations of all kinds, to make contracts or accomplish other legal acts and to sue and to be sued, as well as legal persons governed by public law, may apply for Community collective marks."

31) 이사회규칙 207/2009, 66조 2항의 원문은 다음과 같다: "2. In derogation from Article 7 (c), signs or indications which may serve, in trade, to designate the geographical origin of the goods or services may constitute Community collective marks within the meaning of paragraph 1. A collective mark shall not entitle the proprietor to prohibit a third party from using in the course of trade such signs or indications, provided he uses them in accordance with honest practice in industrial or commercial matters; in particular, such a mark may not be invoked against a third party who is entitled to use a geographical name."

하는 단체가 소유하며, 단체표장 규칙에 따라 지리적 명칭을 사용할 자격이 있는 자가 공동체단체표장의 보호를 향유한다.

CTM제도에 따른 보호를 향유하는 EU의 대부분의 비농산품들은 회원국 국내에서 상표법에 따라 단체표장 또는 증명표장으로 등록되어 이미 보호를 받고 있지만, 개별 상표로 등록된 상품들은 OHIM에서 개별상표로 등록되는데 어려움을 겪고 있다. 그 이유는 그러한 상표들이 명백하게 서술적이거나 식별성을 갖추지 못한 것으로 인식될 수 있기 때문이다.

EU의 지리적표시 등록제도와 CTM의 차이로 먼저, 적용대상 상품의 범위를 들 수 있다. 지리적표시 등록제도의 대상상품은 포도주, 증류주, 농산품 및 식료품에 한정되지만 CTM의 경우 그러한 상품을 포함한 모든 상품 및 서비스를 포함하고 있다. 둘째, 보호기간에 있어 지리적표시 등록제도에 따라 일단 등록된 지리적표시의 보호는 영구적이지만 CTM의 경우 갱신 가능성을 전제로 10년의 제한된 보호가 제공된다. 셋째, 지리적표시 등록에는 별도의 수수료가 부과되지 않지만, CTM 등록의 경우 소액이지만 수수료 등의 비용이 발생한다.

Ⅲ. 한- EU FTA에서의 지리적표시 보호제도

1. 개 관

EU는 세계 제1의 경제규모를 가진 거대시장으로서, 한국의 제2의 무역파트너다. 2010년 기준 對 EU 연간 총 교역량이 922억불(수출 535억불)에 달하는데 이러한 교역량은 對 미국 교역량 총 902억불(수출 498억불)을 초과하는 것이다.[32] 무역의존도가 높은 한국으로서 EU와 FTA를

32) 외교통상부, 한-EU FTA 홈페이지 참조(http://www.fta.go.kr/eu/layout_sub01/sub01_01.asp, 2011년 12월 1일 검색)

체결하는 것은 무역경쟁국인 미국, 일본, 중국에 비해 EU시장 내에서 유리한 입지를 확보할 수 있다는 큰 장점이 있다. 2007년 5월 6일 한국과 EU와의 FTA 협상이 공식선언 된 이래 8차례의 협상을 통하여 2009년 7월 13일 협상이 공식 타결되었다. 한-EU FTA협정문은 2010년 10월 16일 정식 서명되었고, 2011년 7월 1일 잠정 발효되었다.[33)]

한-EU FTA협상 과정에서 EU는 기존의 관심대상이었던 포도주, 증류주의 지리적표시 보호뿐만 아니라 농산품 및 식료품에 대한 지리적표시 보호를 주장하였다. 한국은 EU의 요구를 수용하여, WTO TRIPS협정 보다 높은 수준의 보호를 이들 상품의 지리적표시에 제공하기로 하였다. 한-EU FTA에서 지리적표시는 제10장(지적재산)의 규율을 받으며, 동 협정의 부속서 10-A(농산물 및 식품에 대한 지리적표시) 및 부속서 10-B(포도주, 방향포도주 및 증류주에 대한 지리적표시)도 본문과 동일한 법적 구속력을 갖는다. 다음에서는 한-EU FTA 지리적표시 보호 관련 내용을 중심으로 살펴본다.

2. 지리적표시의 정의 및 범위

동 협정의 보호를 받는 '지리적표시'는 EU의 이사회규칙(EC) 510/2006호, 이사회규칙(EC) 110/2008호, 이사회규칙(EEC) 1610/1991호, 이사회규칙(EC) 1234/2007호 또는 이러한 규칙을 대체하는 규칙에 언급된 지리적표시, 원산지 명칭, 특정 지역에서 생산된 고품질 포도주 및 지리적표시를 가지는 테이블포도주, 그리고 대한민국의 농산물품질관리법(법률 제9759호, 2009.6.9) 및 주세법(법률 제8852호, 2008.2.29)의 적용 대상이 되는 지리적표시를 의미한다.[34)] 즉, 보호대상이 되는 지리적표시 상품은 농산품 및 식품, 포도주, 방향포도주, 증류주이며, 양국이 보호하기로 합의한 동 협정 부속서 10-A 및 10-B의 지리적표시와 동 협정에 따라 향

33) 대한민국과 유럽연합 및 그 회원국간의 자유무역협정(Free Trade Agreement Between The Republic of Korea, of The One part, And The European Union and Its Member States, of The Other Part).

34) 한-EU FTA 제10장, 제3관 각주 2) 및 10.24조 참조.

후 부속서 10-가(Annex 10-A)및 부속서 10-나(Annex 10-B)에 추가될 지리적표시를 포함한다.

부속서 10-가는 동 협정에 따라 보호되는 EU와 한국의 농산품 및 식품에 대한 지리적 표시 목록을 포함하고 있는데, 보호되는 명칭과 제품 그리고 한글로의 음역을 담고 있다. EU의 경우 EU를 원산지로 하는 농산품 및 식품으로 'Roquefort'(로끄포르/로크포르), 'Emmental de Savoie'(에멘탈 드 사부아/에멩딸 드 싸부아)와 같은 치즈를 비롯하여, 맥주, 치즈, 올리브유, 소시지, 돼지고기 등 60개 품목의 보호되는 명칭이 EU국가별로 제시되어 있다. 한국의 경우, '보성녹차', '고창복분자주', '순창전통고추장', '이천쌀', '고려홍삼', '성주참외' 등 63개 품목의 보호되는 지리적표시의 명칭과 로마자로의 음역이 포함되었다.

부속서 10-나는 포도주, 방향포도주 및 증류주에 대한 지리적 표시 목록을 포함하고 있다. 부속서 10-가와 마찬가지로 보호되는 명칭과 한글로의 음역이 제시되어 있으며, 'Beaujolais'(보졸레), 'Bourgogne'(브루고뉴/버건디), 'Champagne'(샹파뉴/샴페인/샹빠뉴)와 같은 80개의 보호되는 포도주의 명칭과 'Vodka of Finland'(보드카 오브 핀란드), 'Cognac'(꼬냑/코냑), 'Scotch of Whisky'(스카치 위스키)와 같은 22개의 보호되는 증류주의 명칭이 EU국가별로 제시되어 있다. 한국의 경우 증류주인 '진도홍주' 1개 품목이 포함되었다. 현재, EU의 경우 총 162개 상품, 한국의 경우 총 64개 상품의 지리적표시가 동 협정에 따라 보호된다.

3. 보호의 내용

(1) 부속서에 포함된 지리적표시에 대한 자동보호

부속서 10-가 및 부속서 10-나에 포함된 EU와 한국의 지리적표시는 한-EU FTA협정에 따라 각 당사국에서 협정에 규정된 보호수준으로 자동적으로 보호되며[35], 동 협정에 정해진 절차에 따라 부속서에 보호될 지리적

35) 한-EU FTA 10.18조 3항-5항 참조.

표시를 추가할 수 있다. 각 당사국은 보호될 지리적표시를 부속서에 추가해 달라는 다른 일방의 요청을 과도한 지체 없이 처리하기로 합의하고, 지리적표시의 추가에 대한 절차는 동 협정 10.25조에 규정된 절차[36]를 따르기로 합의하였다.[37]

협정 부속서에 포함된 지리적표시에 대해서는 자동적으로 보호가 제공되지만, 그렇다고 하여 동 부속서에 포함되지 않은 지리적표시의 보호가 배제되는 것은 아니다. 즉, 동 협정의 지리적표시 관련 규정이 대한민국 또는 EU의 관련 법령에 따라 지리적표시의 인정 및 보호를 구할 권리를 저해하는 것은 아니므로, 동 부속서에 포함되지 않은 지리적표시라 하더라도 당사국 법령에 따른 개별출원을 하여 당사국 영역 내에서 보호를 받을 수 있다.[38]

(2) 보호의 범위[39]

1) 원산지에 대한 오인 또는 기만행위 및 불공정행위로 부터의 보호

동 협정의 보호를 받는 농산품 및 식품, 포도주, 방향포도주 및 증류주의 지리적표시는 다음의 행위로부터 보호 된다:

• 그 상품의 지리적 원산지에 대하여 공중을 오인하게 하는 방식으로 해

---

36) 10.25조(지리적표시 작업반)에 따른 관련 절차는 다음과 같다:
"1. 지리적표시작업반은 지리적표시에 관한 양 당사자 간 협력 및 대화를 강화할 목적으로 상호 합의한 바에 따라 또는 어느 한 쪽 당사자의 요청이 있는 경우 회합한다. 작업반은 컨센서스로 권고를 하고 결정을 채택할 수 있다.
2. 회의 장소는 양 당사자간 교대로 한다. 작업반은 양 당사자가 상호 결정하는 시간 및 장소에 그리고 화상회의를 포함하는 방식으로 회합하나, 요청 후 90일 이내에는 회합한다.
3. 작업반은 다음을 결정할 수 있다.
가. 적용가능한 경우, 제10.18조 제3항 및 제4항에 언급된 관련 절차를 마친 후에, 지리적표시를 구성하는 것으로 다른 쪽 당사자에 의해서도 결정되고 그 다른 쪽 당사자의 영역에서 보호될 대한민국 또는 유럽연합의 개별적 지리적표시를 추가하기 위해 부속서 10-가 및 10-나를 수정하는 것..."

37) 한-EU FTA 10.24조.

38) 한-EU FTA 10.26조.

39) 한-EU FTA 10.21조 참조.

당 상품이 진정한 원산지가 아닌 지역을 원산지로 한다고 표시하거나 암시하는 상품의 명명 또는 소개의 수단을 사용하는 것

- 그 상품의 진정한 원산지가 표시되어 있거나 지리적표시가 번역 또는 음역되어 사용되거나 또는 "종류", "유형", "양식", "모조품"이나 이와 유사한 표현이 수반되는 경우에 도, 해당 지리적표시에 나타난 장소를 원산지로 하지 아니하는 유사상품에 상품의 산지를 나타내는 지리적표시를 사용하는 것
- 파리협약 제10조 2의 의미에서 불공정경쟁행위를 구성하는 그 밖의 사용

2) 동음의 지리적표시

양 당사자의 지리적표시가 동음인 경우, 선의로 사용된 경우에 한하여, 각각의 표시에 보호가 부여된다. 지리적표시작업반은 해당 생산자에 대한 공평한 대우를 보장 할 필요성과 소비자가 오인하지 않도록 보장해야 할 필요성을 고려하여 동음의 지리적표시가 서로 구분될 수 있는 실제적인 사용조건을 결정한다. 동 협정을 통해 보호되는 지리적표시가 제3국의 지리적표시와 동음인 경우, 각 당사국은 해당 생산자에 대한 공평한 대우를 보장해야 할 필요성과 소비자가 오인하지 않도록 보장해야 할 필요성을 고려하여 동음의 지리적표시가 서로 구분될 수 있는 실제적인 사용조건을 결정한다.

3) 원산지국에서 보호되는 지리적표시

동 협정의 당사국은 원산지국에서 보호되지 않거나 보호가 중단되거나 또는 그 국가에서 사용되지 않게 된 지리적표시의 보호 의무를 부과하지 않는다.

4) 기존상표의 사용

동 협정에 따른 지리적표시 보호는 지리적표시 보호 또는 인정을 위한

출원일 이전에 어느 한 쪽 당사국의 영역에서 출원, 등록되었거나 또는, 그 가능성이 해당 법령에 의하여 규정된 경우, 사용에 의하여 확립된 상표의 계속적 사용을 저해하지 않는다. 다만, 해당 당사국의 법령에 그 상표의 무효 또는 취소를 위한 근거가 존재하지 아니하여야 한다. 지리적표시의 보호 또는 인정을 위한 출원일은 지리적표시를 보호하거나 인정해 달라는 다른 일방 당사자의 요청을 당사국이 접수한 날이다.

4. 상표와의 관계

보호되는 지리적표시와 관련하여, 10.21조 1항에 언급된 상황[40] 중 하나에 해당하는 상표의 유사상품에 대한 등록은, 상표 등록출원이 해당 영역에서 지리적표시의 보호 또는 인정을 위한 출원일 후에 제출되는 한, 양 당사국에 의해 거절되거나 무효화된다. 지리적표시의 보호 또는 인정을 위한 출원일은 부속서 10-가 및 부속서 1-나에 기재된 지리적표시에 대해서는 한-EU FTA협정의 발효일이며, 동 협정 10.24조에 따라 추가되는 지리적표시의 경우는 지리적표시를 보호하거나 인정해달라는 다른 일방 당사국의 요청을 당사국이 접수한 날이다.[41]

5. 보호의 집행

양 당사국은 당국의 적절한 개입에 의해 동 협정에 규정된[42] 지리적표시 보호를 직권으로 집행하여야 하며, 양 당사국은 이행당사자의 요청이 있는 경우에도 그러한 보호를 집행하여야 한다.[43]

40) 원산지에 대한 오인 또는 기만행위 및 불공정행위로부터의 보호
41) 한-EU FTA 10.23조.
42) 한-EU FTA 10.18조-10.23조.
43) 한-EU FTA 10.22조.

IV. 결 론

WTO TRIPS협정에 따라 WTO회원국은 지적재산권으로서의 지리적표시를 보호 할 의무를 갖는다. 포도주 및 증류주에 대해서는 일반 상품 보다는 높은 수준의 지리적표시 보호의무가 부과된다. 그러나 TRIPS협정은 지리적표시 보호 의무를 이행하는 방식을 구체적으로 규정하고 있지 않으므로, WTO회원국은 지리적표시의 보호방식을 결정할 수 있는 재량을 갖는다. EU와 같이 지리적표시 보호를 위한 특별법에 따라 지리적표시 등록제도를 두기도 하고, 미국처럼 단체표장 또는 인증표장의 형태로 상표법에 따른 보호를 부여하기도 한다. 불공정 경쟁 및 소비자보호와 관련된 법을 포함하는 사업관행에 관한 일반적인 법을 통하여 보호하기도 한다. 이러한 세 가지 유형의 보호방식이 상호 배타적인 것은 아니며 한 국가 내에서 함께 사용되기도 한다. 한국의 경우 농산물품질관리법에 따른 지리적표시등록제도와 상표법상의 지리적표시 단체표장제도를 함께 운영하고 있다.

농산물품질관리법에 따라 보호를 받는 지리적표시 중 한-EU FTA의 부속서에 기재된 지리적표시는 FTA의 발효와 함께 EU내에서 자동적으로 EU를 원산지로 하는 상품의 지리적표시와 동등한 보호를 받게 된다. 동 협정에 포함되지 않은 한국의 지리적표시 등록상품은 EU 내에서 지리적표시 보호를 위한 개별출원을 통하여 보호를 받거나 한-EU FTA 10.24조에 따른 보호될 지리적표시의 추가를 위한 협상을 통하여 보호를 받을 수 있다. 그러한 지리적표시 상품이 EU 내에서 개별출원을 하는 경우, 이사회 규칙 510/2010에 따른 지리적표시 등록제도나 공동체 단체표장제도를 이용할 수 있는데, 농산품 및 식료품의 경우 지리적표시 등록제도에 따른 특별보호가 공동체 단체표장보다 더 높은 수준의 보호를 제공한다고 할 수 있다.

참고문헌

Rangnekar, Dwijen, Geographical Indications: A Review of Proposals at the TRIPS Council, UNCTAD/ICTSD Capacity Building Project on Intellectual Property Rights and Sustainable Development(June 2002)
(http://www.iprsonline.org/resources/trips.htm.)

European Commission, DG for Trade, Study on the protection of geographical indications for products other than wines, spirits, agricultural products or foodstuffs(November 2009)
(http://trade.ec.europa.eu/doclib/docs/2009/december/tradoc_145630.pdf)

Council Regulation (EC) No 479/2008 of 29 April 2008 on the common organization of market in wine, amending Regulations No 1493/1999, (EC) No 1782/2003, (EC) No 1290/2005, (EC) No 3/2008 and repealing Regulations (EEC) No 2792/86 and (EC) No 1493/1999. OJ L148/1 (6.6.2008)

Council Regulation (EC) No 510/2006 of 30 March 2006 on the protection of geographical indications of origin for agricultural products and foodstuffs, OJ L93/12 (31.3.2006)

Council Regulation (EC) No 207/2009 of 26 February 2009 on the Community trade mark, OJ L78/1 (24. 3. 2009)

Directive 2000/13/EC of the European Parliament and of the Council on the approximation of the laws of the Member States relating to the labelling, presentation and advertising of foodstuffs

OECD, Appellation of Origin and Geographical Indications in OECD Member Countries: Economic and Legal Implications,

COM/AGR/APM/TD/WP (2000)/15/FINAL

Regulation (EC) No 110/2008 of the European Parliament and the Council of 15 January 2008 on the definition, description, presentation, labelling and the protection of geographical indications of sprit drinks and repealing Council Regulation (EEC) No 1576.89, OJ L39/16 (13.2.2008)

부 록

1. 농산품 및 식료품의 지리적표시 보호에 관한 이사회규칙 510/2006

(출처 : EUR-Lex)

L 93/12 EN Official Journal of the European Union 31.3.2006

COUNCIL REGULATION (EC) No 510/2006

of 20 March 2006

on the protection of geographical indications and designations of origin for agricultural products and foodstuffs

THE COUNCIL OF THE EUROPEAN UNION,

Having regard to the Treaty establishing the European Community, and in particular Article 37 thereof,

Having regard to the proposal from the Commission,

Having regard to the opinion of the European Parliament (1),

Whereas:

(1) The production, manufacture and distribution of agricultural products and foodstuffs play an important role in the Community economy.

(2) The diversification of agricultural production should be encouraged so as to achieve a better balance between supply and demand on the markets. The promotion of products having certain characteristics can be of considerable benefit to the rural economy, particularly in less-favoured or remote areas, by improving the incomes of farmers and by retaining the rural population in these areas.

(3) A constantly increasing number of consumers attach greater importance to the quality of foodstuffs in their diet rather than to quantity. This quest for specific products generates a demand for agricultural products or foodstuffs with an identifiable geographical origin.

(4) In view of the wide variety of products marketed and the abundance of product information provided, the consumer should, in order to be able to make the best choices, be given clear and succinct information regarding the product origin.

(5) The labelling of agricultural products and foodstuffs is subject to the general rules laid down in Directive 2000/13/EC of the European Parliament and of the Council of 20 March 2000 on the approximation of the laws of the Member States relating to the labelling, presentation and advertising of foodstuffs (2). In view of their specific nature, additional special provisions should be adopted for agricultural products and foodstuffs from a defined geographical area requiring producers to use the appropriate Community symbols or indications on packaging. The use of such symbols or indications should be made obligatory in the case of Community designations, on the one hand, to make this category of products and the guarantees attached to them better known to consumers and, on the other, to permit easier identification of these products on the market so as to facilitate checks. A reasonable length of time should be allowed for operators to adjust to this obligation.

(6) Provision should be made for a Community approach to designations of origin and geographical indications. A framework of Community rules on a system of protection permits the development of geographical indications and designations of origin since, by providing a more uniform approach, such a framework ensures fair competition between the producers of products bearing such indications and enhances the credibility of the products in the consumer's eyes.

(7) The rules provided for should apply without interfering with existing Community legislation on wines and spirit drinks.

(8) The scope of this Regulation should be limited to certain agricultural products and foodstuffs for which a link exists between product or foodstuff characteristics and geographical origin. However, its scope could be enlarged to encompass other agricultural products or foodstuffs.

(9) In the light of existing practices, two different types of geographical description should be defined, namely protected geographical indications and protected designations of origin.

(10) An agricultural product or foodstuff bearing such a description should meet certain conditions set out in a specification.

(1) Not yet published in the Official Journal.

(2) OJ L 109, 6.5.2000, p. 29. Directive as last amended by Directive 2003/89/EC (OJ L 308, 25.11.2003, p. 15).

1) To qualify for protection in the Member States, geographical indications and designations of origin should be registered at Community level. Entry in a register should also provide information to those involved in the trade and to consumers. To ensure that Community-registered names meet the conditions laid down by this Regulation, applications should be examined by the national authorities of the Member State concerned, subject to compliance with minimum common provisions, including a national objection procedure. The Commission should subsequently be involved in a scrutiny procedure to ensure that applications satisfy the conditions laid down by this Regulation and that the approach is uniform across the Member States.

2) The Agreement on Trade-Related Aspects of Intellectual Property Rights (TRIPS Agreement 1994, contained in Annex 1C to the Agreement establishing the World Trade Organisation) contains detailed provisions on the availability, acquisition, scope, maintenance and enforcement of intellectual property rights.

3) The protection afforded by this Regulation, subject to registration, should be open to the geographical indications of third countries where these are protected in their country of origin.

4) The registration procedure should enable any natural or legal person having a legitimate interest in a Member State or a third country to exercise their rights by notifying their objections.

5) There should be procedures to permit amendment of specifications on request of groups having a legitimate interest, after registration, in the light of technological progress and cancellation of the geographical indication or designation of origin for an agricultural product or foodstuff, in particular if that product or foodstuff ceases to conform to the specification on the basis of which the geographical indication or designation of origin was granted.

6) The designations of origin and geographical indications protected on Community territory should be subject to a monitoring system of official controls, based on a system of checks in line with Regulation (EC) No 882/2004 of the European Parliament and of the Council of 29 April 2004 on official controls performed to ensure the verification of compliance with feed and food law, animal health and animal welfare rules ([3]), including a system of checks to ensure compliance with the specification of the agricultural products and foodstuffs concerned.

(17) Member States should be authorised to charge a fee to cover the costs incurred.

(18) The measures necessary for the implementation of this Regulation should be adopted in accordance with Council Decision 1999/468/EC of 28 June 1999 laying down the procedures for the exercise of implementing powers conferred on the Commission ([4]).

(19) The names already registered under Council Regulation (EEC) No 2081/92 of 14 July 1992 on the protection of geographical indications and designations of origin for agricultural products and foodstuffs ([5]) on the date of entry into force of this Regulation should continue to be protected under this Regulation and automatically included in the register. Provision should also be made for transitional measures applicable to registration applications received by the Commission before the entry into force of this Regulation.

(20) In the interests of clarity and transparency, Regulation (EEC) No 2081/92 should be repealed and replaced by this Regulation,

HAS ADOPTED THIS REGULATION:

Article 1

Scope

1. This Regulation lays down the rules on the protection of designations of origin and geographical indications for agricultural products intended for human consumption listed in Annex I to the Treaty and for foodstuffs listed in Annex I to this Regulation and for agricultural products listed in Annex II to this Regulation.

It shall not, however, apply to wine-sector products, except wine vinegars, or to spirit drinks. This paragraph shall be without prejudice to the application of Council Regulation (EC) No 1493/1999 of 17 May 1999 on the common organisation of the market in wine ([6]).

Annexes I and II to this Regulation may be amended in accordance with the procedure referred to in Article 15(2).

2. This Regulation shall apply without prejudice to other specific Community provisions.

) OJ L 165, 30.4.2004, p. 1. Corrected version in OJ L 191, 28.5.2004, p. 1.

([4]) OJ L 184, 17.7.1999, p. 23.

([5]) OJ L 208, 24.7.1992, p. 1. Regulation as last amended by Regulation (EC) No 806/2003 (OJ L 122, 16.5.2003, p. 1).

([6]) OJ L 179, 14.7.1999, p. 1.

3. Directive 98/34/EC of the European Parliament and of the Council of 22 June 1998 laying down a procedure for the provision of information in the field of technical standards and regulations and of rules on Information Society Services (7) shall not apply to the designations of origin and geographical indications covered by this Regulation.

Article 2

Designation of origin and geographical indication

1. For the purpose of this Regulation:

(a) 'designation of origin' means the name of a region, a specific place or, in exceptional cases, a country, used to describe an agricultural product or a foodstuff:

— originating in that region, specific place or country,

— the quality or characteristics of which are essentially or exclusively due to a particular geographical environment with its inherent natural and human factors, and

— the production, processing and preparation of which take place in the defined geographical area;

(b) 'geographical indication' means the name of a region, a specific place or, in exceptional cases, a country, used to describe an agricultural product or a foodstuff:

— originating in that region, specific place or country, and

— which possesses a specific quality, reputation or other characteristics attributable to that geographical origin, and

— the production and/or processing and/or preparation of which take place in the defined geographical area.

2. Traditional geographical or non-geographical names designating an agricultural product or a foodstuff which fulfil the conditions referred to in paragraph 1 shall also be considered as designations of origin or geographical indications.

3. Notwithstanding paragraph 1(a), certain geographical designations shall be treated as designations of origin where the raw materials for the products concerned come from a geographical area larger than, or different from, the processing area, provided that:

(a) the production area of the raw materials is defined;

(b) special conditions for the production of the raw materials exist; and

(c) there are inspection arrangements to ensure that the conditions referred to in point (b) are adhered to.

The designations in question must have been recognised as designations of origin in the country of origin before 1 May 2004.

Article 3

Generic nature, conflicts with names of plant varieties, animal breeds, homonyms and trademarks

1. Names that have become generic may not be registered.

For the purposes of this Regulation, a 'name that has become generic' means the name of an agricultural product or a foodstuff which, although it relates to the place or the region where this product or foodstuff was originally produced or marketed, has become the common name of an agricultural product or a foodstuff in the Community.

To establish whether or not a name has become generic, account shall be taken of all factors, in particular:

(a) the existing situation in the Member States and in areas of consumption;

(b) the relevant national or Community laws.

2. A name may not be registered as a designation of origin or a geographical indication where it conflicts with the name of a plant variety or an animal breed and as a result is likely to mislead the consumer as to the true origin of the product.

3. A name wholly or partially homonymous with that of a name already registered under this Regulation shall be registered with due regard for local and traditional usage and the actual risk of confusion. In particular:

(a) a homonymous name which misleads the consumer into believing that products come from another territory shall not be registered even if the name is accurate as far as the actual territory, region or place of origin of the agricultural products or foodstuffs in question is concerned;

(b) the use of a registered homonymous name shall be subject to there being a sufficient distinction in practice between the homonym registered subsequently and the name already on the register, having regard to the need to treat the producers concerned in an equitable manner and not to mislead the consumer.

(7) OJ L 204, 21.7.1998, p. 37.

4. A designation of origin or geographical indication shall not be registered where, in the light of a trademark's reputation and renown and the length of time it has been used, registration is liable to mislead the consumer as to the true identity of the product.

Article 4

Product specification

1. To be eligible for a protected designation of origin (PDO) or a protected geographical indication (PGI), an agricultural product or foodstuff shall comply with a product specification.

2. The product specification shall include at least:

(a) the name of the agricultural product or foodstuff comprising the designation of origin or the geographical indication;

(b) a description of the agricultural product or foodstuff, including the raw materials, if appropriate, and principal physical, chemical, microbiological or organoleptic characteristics of the product or the foodstuff;

(c) the definition of the geographical area and, where appropriate, details indicating compliance with the requirements of Article 2(3);

(d) evidence that the agricultural product or the foodstuff originates in the defined geographical area referred to in Article 2(1)(a) or (b), as the case may be;

(e) a description of the method of obtaining the agricultural product or foodstuff and, if appropriate, the authentic and unvarying local methods as well as information concerning packaging, if the applicant group within the meaning of Article 5(1) so determines and gives reasons why the packaging must take place in the defined geographical area to safeguard quality or ensure the origin or ensure control;

(f) details bearing out the following:

(i) the link between the quality or characteristics of the agricultural product or foodstuff and the geographical environment referred to in Article 2(1)(a) or, as the case may be,

(ii) the link between a specific quality, the reputation or other characteristic of the agricultural product or foodstuff and the geographical origin referred to in Article 2(1)(b);

(g) the name and address of the authorities or bodies verifying compliance with the provisions of the specification and their specific tasks;

(h) any specific labelling rule for the agricultural product or foodstuff in question;

(i) any requirements laid down by Community or national provisions.

Article 5

Application for registration

1. Only a group shall be entitled to apply for registration.

For the purposes of this Regulation, 'group' means any association, irrespective of its legal form or composition, of producers or processors working with the same agricultural product or foodstuff. Other interested parties may participate in the group. A natural or legal person may be treated as a group in accordance with the detailed rules referred to in Article 16(c).

In the case of a name designating a trans-border geographical area or a traditional name connected to a trans-border geographical area, several groups may lodge a joint application in accordance with the detailed rules referred to in Article 16(d).

2. A group may lodge a registration application only for the agricultural products or foodstuffs which it produces or obtains.

3. The application for registration shall include at least:

(a) the name and address of the applicant group;

(b) the specification provided for in Article 4;

(c) a single document setting out the following:

(i) the main points of the specification: the name, a description of the product, including, where appropriate, specific rules concerning packaging and labelling, and a concise definition of the geographical area,

(ii) a description of the link between the product and the geographical environment or geographical origin referred to in Article 2(1)(a) or (b), as the case may be, including, where appropriate, the specific elements of the product description or production method justifying the link.

4. Where the registration application relates to a geographical area in a given Member State, the application shall be addressed to that Member State.

The Member State shall scrutinise the application by appropriate means to check that it is justified and meets the conditions of this Regulation.

5. As part of the scrutiny referred to in the second subparagraph of paragraph 4, the Member State shall initiate a national objection procedure ensuring adequate publication of the application and providing for a reasonable period within which any natural or legal person having a legitimate interest and established or resident on its territory may lodge an objection to the application.

The Member State shall consider the admissibility of objections received in the light of the criteria referred to in the first subparagraph of Article 7(3).

If the Member State considers that the requirements of this Regulation are met, it shall take a favourable decision and forward to the Commission the documents referred to in paragraph 7 for a final decision. If not, the Member State shall decide to reject the application.

The Member State shall ensure that its favourable decision is made public and that any natural or legal person having a legitimate interest has means of appeal.

The Member State shall ensure that the version of the specification on which its favourable decision is based is published, and assure electronic access to the specification.

6. The Member State may, on a transitional basis only, grant protection under this Regulation at national level to the name, and, where appropriate, an adjustment period, with effect from the date on which the application is lodged with the Commission.

The adjustment period provided for in the first subparagraph may be granted only on condition that the undertakings concerned have legally marketed the products in question, using the names concerned continuously for at least the past five years and have made that point in the national objection procedure referred to in the first subparagraph of paragraph 5.

Such transitional national protection shall cease on the date on which a decision on registration under this Regulation is taken.

The consequences of such transitional national protection, where a name is not registered under this Regulation, shall be the sole responsibility of the Member State concerned.

The measures taken by Member States under the first subparagraph shall produce effects at national level only, and they shall have no effect on intra-Community or international trade.

7. In respect of any favourable decision as referred to in the third subparagraph of paragraph 5, the Member State concerned shall forward to the Commission:

(a) the name and address of the applicant group;

(b) the single document referred to in paragraph 3(c);

(c) a declaration by the Member State that it considers that the application lodged by the group and qualifying for the favourable decision meets the conditions of this Regulation and the provisions adopted for its implementation;

(d) the publication reference of the specification referred to in the fifth subparagraph of paragraph 5.

8. Member States shall introduce the laws, regulations or administrative provisions necessary to comply with paragraphs 4 to 7 not later than 31 March 2007.

9. Where the registration application concerns a geographical area situated in a third country, it shall comprise the elements provided for in paragraph 3 and also proof that the name in question is protected in its country of origin.

The application shall be sent to the Commission, either directly or via the authorities of the third country concerned.

10. The documents referred to in this Article sent to the Commission shall be in one of the official languages of the institutions of the European Union or accompanied by a certified translation in one of those languages.

Article 6

Scrutiny by the Commission

1. The Commission shall scrutinise by appropriate means the application received pursuant to Article 5 to check that it is justified and meets the conditions laid down in this Regulation. This scrutiny should not exceed a period of 12 months.

The Commission shall, each month, make public the list of names for which registration applications have been submitted to it, as well as their date of submission to the Commission.

2. Where, based on the scrutiny carried out pursuant to the first subparagraph of paragraph 1, the Commission considers that the conditions laid down in this Regulation are met, it shall publish in the *Official Journal of the European Union* the single document and the reference to the publication of the specification referred to in the fifth subparagraph of Article 5(5).

Where this is not the case, the Commission shall decide, to reject the application, following the procedure referred to in Article 15(2).

Article 7

Objection/decision on registration

1. Within six months from the date of publication in the *Official Journal of the European Union* provided for in the first subparagraph of Article 6(2), any Member State or third country may object to the registration proposed, by lodging a duly substantiated statement with the Commission.

2. Any natural or legal person having a legitimate interest, established or resident in a Member State other than that applying for the registration or in a third country, may also object to the proposed registration by lodging a duly substantiated statement.

In the case of natural or legal persons established or resident in a Member State, such statement shall be lodged with that Member State within a time-limit permitting an objection in accordance with paragraph 1.

In the case of natural or legal persons established or resident in a third country, such statement shall be lodged with the Commission, either directly or via the authorities of the third country concerned, within the time limit-set in paragraph 1.

3. Statements of objection shall be admissible only if they are received by the Commission within the time-limit set in paragraph 1 and if they:

(a) show non-compliance with the conditions referred to in Article 2; or

(b) show that the registration of the name proposed would be contrary to paragraphs 2, 3 and 4 of Article 3; or

(c) show that the registration of the name proposed would jeopardise the existence of an entirely or partly identical name or of a trademark or the existence of products which have been legally on the market for at least five years preceding the date of the publication provided for in Article 6(2); or

(d) give details from which it can be concluded that the name for which registration is requested is generic within the meaning of Article 3(1).

The Commission shall check the admissibility of objections.

The criteria referred to in points (b), (c) and (d) of the first subparagraph shall be evaluated in relation to the territory of the Community, which in the case of intellectual property rights refers only to the territory or territories where the said rights are protected.

4. If the Commission receives no admissible objection under paragraph 3, it shall register the name.

The registration shall be published in the *Official Journal of the European Union*.

5. If an objection is admissible under paragraph 3, the Commission shall invite the interested parties to engage in appropriate consultations.

If the interested parties reach an agreement within six months, they shall notify the Commission of all the factors which enabled that agreement to be reached, including the applicant's and the objector's opinions. If the details published in accordance with Article 6(2) have not been amended or have been amended in only a minor way, to be defined in accordance with Article 16(h), the Commission shall proceed in accordance with paragraph 4 of this Article. The Commission shall otherwise repeat the scrutiny referred to in Article 6(1).

If no agreement is reached, the Commission shall take a decision in accordance with the procedure referred to in Article 15(2), having regard to fair and traditional usage and the actual likelihood of confusion.

The decision shall be published in the *Official Journal of the European Union*.

6. The Commission shall maintain updated a register of protected designations of origin and protected geographical indications.

7. The documents referred to in this Article sent to the Commission shall be drafted in an official language of the institutions of the European Union or accompanied by a certified translation into one of those languages.

Article 8

Names, indications and symbols

1. A name registered under this Regulation may be used by any operator marketing agricultural product or foodstuffs conforming to the corresponding specification.

2. In the case of the agricultural products and foodstuffs originating in the Community marketed under a name registered in accordance with this Regulation, the indications 'protected designation of origin' and 'protected geographical indication' or the Community symbols associated with them shall appear on the labelling.

3. In the case of agricultural products and foodstuffs originating in third countries marketed under a name registered in accordance with this Regulation the indications referred to in paragraph 2 and the Community symbols associated with them may equally appear on the labelling.

Article 9

Approval of changes to specifications

1. A group satisfying the conditions of Article 5(1) and (2) and having a legitimate interest may apply for approval of an amendment to a specification, in particular to take account of developments in scientific and technical knowledge or to redefine the geographical area referred to in Article 4(2)(c).

Applications shall describe and give reasons for the amendments requested.

2. Where the amendment involves one or more amendments to the single document, the amendment application shall be covered by the procedure laid down in Articles 5, 6 and 7. However, if the proposed amendments are only minor, the Commission shall decide whether to approve the application without following the procedure laid down in Article 6(2) and Article 7 and in the case of approval shall proceed to publication of the elements referred to in Article 6(2).

3. Where the amendment does not involve any change to the single document, the following rules shall apply:

(i) where the geographical area is in a given Member State, that Member State shall express its position on the approval of the amendment and, if it is in favour, shall publish the amended specification and inform the Commission of the amendments approved and the reasons for them;

(ii) where the geographical area is in a third country, the Commission shall determine whether to approve the proposed amendment.

4. Where the amendment concerns a temporary change in the specification resulting from the imposition of obligatory sanitary or phytosanitary measures by the public authorities, the procedures set out in paragraph 3 shall apply.

Article 10

Official controls

1. Member States shall designate the competent authority or authorities responsible for controls in respect of the obligations established by this Regulation in conformity with Regulation (EC) No 882/2004.

2. Member States shall ensure that any operator complying with this Regulation is entitled to be covered by a system of official controls.

3. The Commission shall make public the name and address of the authorities and bodies referred to in paragraph 1 or in Article 11 and update it periodically.

Article 11

Verification of compliance with specifications

1. In respect of geographical indications and designations of origin relating to a geographical area within the Community, verification of compliance with the specifications, before placing the product on the market, shall be ensured by:

— one or more competent authorities referred to in Article 10 and/or

— one or more control bodies within the meaning of Article 2 of Regulation (EC) No 882/2004 operating as a product certification body.

The costs of such verification of compliance with the specifications shall be borne by the operators subject to those controls.

2. In respect of the geographical indications and designations of origin relating to a geographical area in a third country, verification of compliance with the specifications, before placing the product on the market, shall be ensured by:

— one or more public authorities designated by the third country and/or

— one or more product certification bodies.

3. The product certification bodies referred to in paragraphs 1 and 2 shall comply with and, from 1 May 2010 be accredited in accordance with European standard EN 45011 or ISO/IEC Guide 65 (General requirements for bodies operating product certification systems).

4. Where, the authorities referred to in paragraphs 1 and 2, have chosen to verify compliance with the specifications, they shall offer adequate guarantees of objectivity and impartiality, and have at their disposal the qualified staff and resources necessary to carry out their functions.

Article 12

Cancellation

1. Where the Commission, in accordance with the detailed rules referred to in Article 16(k), takes the view that compliance with the conditions of the specification for an agricultural product or foodstuff covered by a protected name is no longer ensured, it shall initiate the procedure referred to in Article 15(2) for the cancellation of the registration, which shall be published in the *Official Journal of the European Union*.

2. Any natural or legal person having a legitimate interest, may request cancellation of the registration, giving reasons for the request.

The procedure provided for in Articles 5, 6 and 7 shall apply *mutatis mutandis*.

Article 13

Protection

1. Registered names shall be protected against:

(a) any direct or indirect commercial use of a registered name in respect of products not covered by the registration in so far as those products are comparable to the products registered under that name or in so far as using the name exploits the reputation of the protected name;

(b) any misuse, imitation or evocation, even if the true origin of the product is indicated or if the protected name is translated or accompanied by an expression such as 'style', 'type', 'method', 'as produced in', 'imitation' or similar;

(c) any other false or misleading indication as to the provenance, origin, nature or essential qualities of the product, on the inner or outer packaging, advertising material or documents relating to the product concerned, and the packing of the product in a container liable to convey a false impression as to its origin;

(d) any other practice liable to mislead the consumer as to the true origin of the product.

Where a registered name contains within it the name of an agricultural product or foodstuff which is considered generic, the use of that generic name on the appropriate agricultural product or foodstuff shall not be considered to be contrary to points (a) or (b) in the first subparagraph.

2. Protected names may not become generic.

3. In the case of names for which registration is applied for under Article 5, provision may be made for a transitional period of up to five years under Article 7(5), solely where a statement of objection has been declared admissible on the grounds that registration of the proposed name would jeopardise the existence of an entirely or partly identical name or the existence of products which have been legally on the market for at least five years preceding the date of the publication provided for in Article 6(2).

A transitional period may also be set for undertakings established in the Member State or third country in which the geographical area is located, provided that the undertakings concerned have legally marketed the products in question, using the names concerned continuously for at least five years preceding the date of the publication referred to in Article 6(2) and have noted that point in the national objection procedure referred to in the first and second subparagraphs of Article 5(5) or the Community objection procedure referred to in Article 7(2). The combined total of the transitional period referred to in this subparagraph and the adjustment period referred to in Article 5(6) may not exceed five years. Where the adjustment period referred to in Article 5(6) exceeds five years, no transitional period shall be granted.

4. Without prejudice to Article 14, the Commission may decide to allow, under the procedure provided for in Article 15(2), the coexistence of a registered name and an unregistered name designating a place in a Member State or in a third country where that name is identical to the registered name, provided that all the following conditions are met:

(a) the identical unregistered name has been in legal use consistently and equitably for at least 25 years before 24 July 1993;

(b) it is shown that the purpose of its use has not at any time been to profit from the reputation of the registered name and that the consumer has not been nor could be misled as to the true origin of the product;

(c) the problem resulting from the identical names was raised before registration of the name.

The registered name and the identical unregistered name concerned may co-exist for a period not exceeding a maximum of 15 years, after which the unregistered name shall cease to be used.

Use of the unregistered geographical name concerned shall be authorised only where the country of origin is clearly and visibly indicated on the label.

Article 14

Relations between trademarks, designations of origin and geographical indications

1. Where a designation of origin or a geographical indication is registered under this Regulation, the application for registration of a trademark corresponding to one of the situations referred to in Article 13 and relating to the same class of product shall be refused if the application for registration of the trademark is submitted after the date of submission of the registration application to the Commission.

Trademarks registered in breach of the first subparagraph shall be invalidated.

2. With due regard to Community law, a trademark the use of which corresponds to one of the situations referred to in Article 13 which has been applied for, registered, or established by use, if that possibility is provided for by the legislation concerned, in good faith within the territory of the Community, before either the date of protection of the designation of origin or geographical indication in the country of origin or before 1 January 1996, may continue to be used notwithstanding the registration of a designation of origin or geographical indication, provided that no grounds for its invalidity or revocation exist as specified by First Council Directive 89/104/EEC of 21 December 1988 to approximate the laws of the Member States relating to trade marks (8) or Council Regulation (EC) No 40/94 of 20 December 1993 on the Community trade mark (9).

Article 15

Committee procedure

1. The Commission shall be assisted by the Standing Committee on Protected Geographical Indications and Protected Designations of Origin.

2. Where reference is made to this paragraph, Articles 5 and 7 of Decision 1999/468/EC shall apply.

The period laid down in Article 5(6) of Decision 1999/468/EC shall be set at three months.

3. The Committee shall adopt its own Rules of Procedure.

Article 16

Implementing rules

In accordance with the procedure referred to in Article 15(2), detailed rules shall be adopted for the implementation of this Regulation. They shall cover in particular:

(a) a list of the raw materials referred to in Article 2(3);

(b) the information that must be included in the product specification referred to in Article 4(2);

(c) the conditions under which a natural or legal person may be treated as a group;

(d) the submission of a registration application for a name designating a trans-border geographical area as referred to in the third subparagraph of Article 5(1);

(e) the content and method of transmission to the Commission of the documents referred to in Articles 5(7) and (9);

(f) objections referred to in Article 7, including rules on appropriate consultations between the interested parties;

(g) the indications and symbols referred to in Article 8;

(h) a definition of minor amendments as referred to in the second subparagraph of Article 7(5) and in Article 9(2), bearing in mind that a minor amendment cannot relate to the essential characteristics of the product or alter the link;

(i) the register of designations of origin and geographical indications provided for in Article 7(6);

(j) the conditions for checking compliance with the product specifications;

(k) the conditions for cancellation of registration.

Article 17

Transitional provisions

1. The names that, on the date of entry into force of this Regulation, are listed in the Annex of Commission Regulation (EC) No 1107/96 (10) and those listed in the Annex of Commission on Regulation (EC) No 2400/96 (11) shall be automatically entered in the register referred to in Article 7(6) of this Regulation. The corresponding specifications shall be deemed to be the specifications referred to in Article 4(1). Any specific transitional provisions associated with such registrations shall continue to apply.

(8) OJ L 40, 11.2.1989, p. 1.
(9) OJ L 11, 14.1.1994, p. 1.

(10) Commission Regulation (EC) No 1107/96 of 12 June 1996 on the registration of geographical indications and designations of origin under the procedure laid down in Article 17 of Council Regulation (EEC) No 2081/92 (OJ L 148, 21.6.1996, p. 1). Regulation as last amended by Regulation (EC) No 704/2005 (OJ L 118, 5.5.2005, p. 14).
(11) Commission Regulation (EC) No 2400/96 of 17 December 1996 on the entry of certain names in the 'Register of protected designation of origin and protected geographical indications' provided for in Council Regulation (EEC) No 2081/92 on the protection of geographical indications and designations of origin for agricultural products and foodstuffs (OJ L 327, 18.12.1996, p. 11). Regulation as last amended by Regulation (EC) No 417/2006 (OJ L 72, 11.3.2006, p. 8).

2. In respect of pending applications, statements and requests received by the Commission before the date of entry into force of this Regulation:

(a) the procedures in Article 5 shall not apply, without prejudice to Article 13(3); and

(b) the summary of the specification drawn up in conformity with Commission Regulation (EC) No 383/2004 ([12]) shall replace the single document referred to in Article 5(3)(c).

3. The Commission may adopt, if necessary, other transitional provisions in accordance with the procedure referred to in Article 15(2).

Article 18

Fees

Member States may charge a fee to cover their costs, including those incurred in scrutinising applications for registration, statements of objection, applications for amendments and requests for cancellations under this Regulation.

Article 19

Repeal

Regulation (EEC) No 2081/92 is hereby repealed.

References made to the repealed Regulation shall be construed as being made to this Regulation and should be read in accordance with the correlation table in Annex III.

Article 20

Entry into force

This Regulation shall enter into force on the day of its publication in the *Official Journal of the European Union*.

However, Article 8(2) shall apply with effect from 1 May 2009, without prejudice to products already placed on the market before that date.

This Regulation shall be binding in its entirety and directly applicable in all Member States.

Done at Brussels, 20 March 2006.

For the Council
The President
J. PRÖLL

([12]) Commission Regulation (EC) No 383/2004 of 1 March 2004 laying down detailed rules for applying Council Regulation (EEC) No 2081/92 as regards the summary of the main points of the product specifications (OJ L 64, 2.3.2004, p. 16).

ANNEX I

Foodstuffs referred to in Article 1(1)

— beers,

— beverages made from plant extracts,

— bread, pastry, cakes, confectionery and other baker's wares,

— natural gums and resins,

— mustard paste,

— pasta.

ANNEX II

Agricultural products referred to in Article 1(1)

— hay,

— essential oils,

— cork,

— cochineal (raw product of animal origin),

— flowers and ornamental plants,

— wool,

— wicker,

— scutched flax.

ANNEX III

CORRELATION TABLE

Regulation (EEC) No 2081/92	This Regulation
Article 1	Article 1
Article 2(1)	—
Article 2(2)	Article 2(1)
Article 2(3)	Article 2(2)
Article 2(4)	Article 2(3), first subparagraph
Article 2(5)	—
Article 2(6)	Article 2(3), second subparagraph
Article 2(7)	—
First, second and third subparagraphs of Article 3(1)	First, second and third subparagraphs of Article 3(1)
Article 3(1), fourth subparagraph	—
Article 3(2)	Article 3(2)
Article 3(3)	—
Article 4	Article 4
Article 5(1), (2) and (3)	Article 5(1), (2) and (3)
Article 5(4)	Article 5(4), first subparagraph
Article 5(5), first subparagraph	Article 5(4), second subparagraph
—	Article 5(5)
Article 5(5), second subparagraph	Article 5(6), first subparagraph
—	Article 5(6), second subparagraph
Article 5(5), third subparagraph	Article 5(6), third subparagraph
Article 5(5), fourth and fifth subparagraphs	Article 5(6), fourth and fifth subparagraphs
Article 5(5) sixth, seventh and eighth subparagraphs	—
—	Article 5(7)
Article 5(6)	Article 5(8)
—	Article 5(9) and (10)
Article 6(1), first subparagraph	Article 6(1), first subparagraph
Article 6(1), second subparagraph	—
Article 6(1), third subparagraph	Article 6(1), second subparagraph
Article 6(2)	Article 6(2), first subparagraph
Article 6(3) and (4)	Article 7(4)
Article 6(5), first subparagraph	Article 6(2), second subparagraph
Article 6(5), second subparagraph	—
Article 6(6), first subparagraph	—
Article 6(6), second subparagraph	Article 3(3)
Article 7(1)	Article 7(1)
Article 7(2)	—
Article 7(3)	Article 7(2), first subparagraph
—	Article 7(2), second and third subparagraph
Article 7(4)	Article 7(3)
Article 7(5)	Article 7(5)
—	Article 7(6) and (7)
—	Article 8(1)

Regulation (EEC) No 2081/92	This Regulation
Article 8	Article 8(2)
—	Article 8(3)
Article 9, first subparagraph	Article 9(1)
Article 9, second and third subparagraphs	Article 9(2)
—	Article 9(3) and (4)
—	Article 10(1)
Article 10(1)	—
Article 10(2)	Article 11(1)
—	Article 11(2)
Article 10(3)	Article 11(3) and (4)
Article 10(4)	—
Article 10(5)	Article 10(3)
Article 10(6)	Article 10(2)
Article 10(7)	Article 11(1), second subparagraph
Article 11(1) to (3)	—
Article 11(4)	Article 12(1)
Article 11a(a)	Article 12(2)
Article 11a(b)	—
Articles 12 to 12d	—
Article 13(1)	Article 13(1)
Article 13(3)	Article 13(2)
Article 13(4)	Article 13(3), first subparagraph
—	Article 13(3), second subparagraph
Article 13(5)	Article 13(4)
Article 14(1) and (2)	Article 14(1) and (2)
Article 14(3)	Article 3(4)
Article 15	Article 15
Article 16	Article 16
—	Articles 17 to 19
Article 18	Article 20
Annex I	Annex I
Annex II	Annex II

2. 한-EU FTA 지리적표시 보호규정 및 부속서 10-가 및 10-나

(출처 : 외교통상부, 한-EU FTA 홈페이지)

제 3 관
지리적 표시[2][3]

2) 이 관의 "지리적 표시"는 다음을 지칭한다.
   가. *2006년 3월 20일자 이사회 규정(EC) 제510/2006호, 2008년 1월 15일자 유럽의회 및 이사회 규정(EC) 제110/2008호, 1991년 6월 10일자 이사회 규정(EEC) 제1601/1991호, 1999년 5월 17일자 이사회 규정(EC) 제1493/1999호*와 *2007년 10월 22일자 이사회 규정(EC) 제1234/2007호* 또는 이러한 규정을 대체하는 규정에 언급된 지리적 표시, 원산지 명칭, 특정지역에서 생산된 고품질 포도주 및 지리적 표시를 가지는 테이블 포도주, 그리고
   나. 대한민국의 *농산물품질관리법*(법률 제9759호, 2009.6.9.)및 *주세법*(법률 제8852호, 2008.2.29.)의 적용대상이 되는 지리적 표시
3) 이 관에 따른 지리적 표시의 보호는 이 협정의 그 밖의 규정을 저해하지 아니한다.

제 10.18 조
농산물 및 식품과 포도주에 대한 지리적 표시의 인정

1. 대한민국에서의 농산물 및 식품에 대한 지리적 표시의 등록, 통제 및 보호에 관련되는 한, *농산물품질관리법*을 그 이행규칙과 함께 검토한 후, 유럽연합은 이 법령이 제6항에 규정된 요소를 충족한다고 결론을 내린다.

2. 유럽연합에서의 농산물 및 식품에 대한 지리적 표시의 등록, 통제 및 보호에 관한 *이사회규정(EC) 제510/2006호*와 그 이행규칙, 그리고 포도주 시장의 공통 체계에 관한 *이사회규정(EC) 제1234/2007호*를 검토한 후, 대한민국은 이 법령이 제6항에 규정된 요소를 충족한다고 결론을 내린다.

3. 제1항에 언급된 법령에 따라 대한민국에 의해 등록된 지리적 표시로서, 부속서 10-가에 등재된 대한민국의 지리적 표시에 해당하는 농산물 및 식품의 명세서 요약서를 검토한 후, 유럽연합은 이 장에 규정된 보호수준에 따라 부속서 10-가에 등재된 대한민국의 지리적 표시를 보호할 것을 약속한다.

4. 제2항에 언급된 법령에 따라 유럽연합에 의해 등록된 지리적 표시로서, 부속서 10-가에 등재된 유럽연합의 지리적 표시에 해당하는 농산물 및 식품 명세서의 요약서를 검토한 후, 대한민국은 이 장에 규정된 보호수준에 따라 부속서 10-가에 등재된 유럽연합의 지리적 표시를 보호할 것을 약속한다.

5. 제3항은 제10.24조에 따라 추가되는 지리적 표시에 대하여 포도주에 대한 지리적 표시에 적용된다.

6. 대한민국과 유럽연합은 제1항 및 제2항에 언급된 지리적 표시의 등록 및 통제를 위한 요소는 다음과 같다는 것에 합의한다.
   가. 각 당사자의 영역 내에서 보호되는 지리적 표시를 등재하는 등록부
   나. 상품의 특정 품질, 명성 또는 그 밖의 특성이 본질적으로 지리적 근원에서

비롯되는 경우, 지리적 표시가 어느 한 쪽 당사자의 영역, 지역 또는 지방을 원산지로 하는 상품임을 적시하는 것임을 검증하는 행정절차

다. 등록된 명칭이 적법한 행정절차에 의해서만 수정될 수 있는 제품 명세서가 규정되어 있는 하나 또는 복수의 특정제품에 해당하여야 한다는 요건

라. 생산에 적용되는 통제규정

마. 등록된 명칭이 해당 명세서에 부합하는 농산물 또는 식품을 시판하는 모든 운영자에 의하여 사용될 수 있음을 규정하는 법적 규정, 그리고

바. 명칭이 지적재산의 형태로서 보호되는지 여부를 불문하고, 그러한 명칭의 선사용자의 정당한 이익이 고려되도록 허용하는 이의절차

제 10.19 조
포도주[4)]·방향포도주[5)] 및 증류주[6)]에 대한 특정 지리적 표시의 인정

1. 대한민국에서는, 부속서 10-나에 등재된 유럽연합의 지리적 표시는 지리적 표시에 관한 유럽연합의 관련법에 따라 이러한 지리적 표시를 사용하는 제품에 대하여 보호된다.

2. 유럽연합에서는, 부속서 10-나에 등재된 대한민국의 지리적 표시는 지리적 표시에 관한 대한민국의 관련법에 따라 이러한 지리적 표시를 사용하는 제품에 대하여 보호된다.

---

4) 이 관에서 의미하는 포도주는 HS 제22.04호에 해당하는 제품으로서 다음의 제품이다.
가. *2007년 10월 22일자 이사회 규정(EC) 제1234/2007호, 2009년 7월 10일자 집행위원회 규정(EC) 제606/2009호, 2009년 7월 14일자 집행위원회 규정(EC) 제607/2009호* 또는 그것을 대체하는 법령을 준수하는 제품, 또는
나. 대한민국의 *농산물품질관리법*(법률 제9759호, 2009.6.9.) 및 *주세법*(법률 제8852호, 2008.2.29.)을 준수하는 제품

5) 이 관에서 의미하는 방향포도주는 HS 제22.05호에 해당하는 제품으로서 다음의 제품이다.
가. *1991년 6월 10일 이사회 규정(EEC) 제1601/1991호* 또는 그것을 대체하는 법령을 준수하는 제품, 또는
나. 대한민국의 *농산물품질관리법*(법률 제9759호, 2009.6.9.) 및 *주세법*(법률 제8852호, 2008.2.29.)을 준수하는 제품

6) 이 관에서 의미하는 증류주는 HS 제22.08호에 해당하는 제품으로서 다음의 제품이다.
가. *2008년 1월 15일 유럽의회 및 이사회 규정(EC) 제110/2008호와 1990년 4월 24일 집행위원회 규정(EEC) 제1014/90호* 또는 그것을 대체하는 법령을 준수하는 제품, 또는
나. 대한민국의 *농산물품질관리법*(법률 제9759호, 2009.6.9.) 및 *주세법*(법률 제8852호, 2008.2.29.)을 준수하는 제품

제 10.20 조
사 용 권

이 관에 따라 보호되는 명칭은 해당 명세서에 부합하는 농산물, 식품, 포도주, 방향포도주 또는 증류주를 시판하는 모든 운영자에 의하여 사용될 수 있다.

제 10.21 조
보호의 범위

1. 제10.18조 및 제10.19조에 언급된 지리적 표시는 다음의 행위로부터 보호된다.

가. 그 상품의 지리적 근원에 대하여 공중을 오인하게 하는 방식으로 해당상품이 진정한 원산지가 아닌 지역을 원산지로 한다고 표시하거나 암시하는 상품의 명명 또는 소개의 수단을 사용하는 것

나. 그 상품의 진정한 원산지가 표시되어 있거나 지리적 표시가 번역 또는 음역되어 사용되거나 또는 "종류", "유형", "양식", "모조품"이나 이와 유사한 표현이 수반되는 경우에도, 해당 지리적 표시에 나타난 장소를 원산지로 하지 아니하는 유사상품[7]에 상품의 산지를 나타내는 지리적 표시를 사용하는 것, 그리고

다. 파리협약 제10조의2의 의미에서 불공정경쟁행위를 구성하는 그 밖의 사용

2. 이 협정은 인이 거래과정에서 자신의 이름이나 영업상 전임자의 이름을 사용할 권리를 결코 저해하지 아니한다. 다만, 그러한 이름이 소비자를 오인하게 하는 방식으로 사용되는 경우는 그러하지 아니하다.

3. 양 당사자의 지리적 표시가 동음인 경우, 선의로 사용된 경우에 한하

7) 모든 상품에 대하여, "유사상품"이라는 용어는 해당 지리적 표시에 나타난 장소를 원산지로 하지 아니하는 포도주에 대하여 포도주의 산지를 나타내는 지리적 표시, 또는 해당 지리적 표시에 나타난 장소를 원산지로 하지 아니하는 증류주에 대하여 증류주의 산지를 나타내는 지리적 표시를 사용하는 것에 관한 무역관련 지적재산권에 관한 협정 제23조제1항에 맞게 해석된다.

여, 각각의 표시에 보호가 부여된다. 지리적 표시 작업반은 해당 생산자에 대한 공평한 대우를 보장해야 할 필요성과 소비자가 오인하지 아니하도록 보장해야 할 필요성을 고려하여 동음의 지리적 표시가 서로 구분될 수 있는 실제적인 사용조건을 결정한다. 이 협정을 통해 보호되는 지리적 표시가 제3국의 지리적 표시와 동음인 경우, 각 당사자는 해당 생산자에 대한 공평한 대우를 보장해야 할 필요성과 소비자가 오인하지 아니하도록 보장해야 할 필요성을 고려하여 동음의 지리적 표시가 서로 구분될 수 있는 실제적인 사용조건을 결정한다.

4. 이 협정의 어떠한 규정도 대한민국 또는 유럽연합이 원산지 국가에서 보호되지 아니하거나 보호가 중단되거나 또는 그 국가에서 사용되지 아니하게 된 지리적 표시를 보호할 의무를 부과하지 아니한다.

5. 이 조에 따른 지리적 표시의 보호는 지리적 표시의 보호 또는 인정을 위한 출원일 이전에 어느 한 쪽 당사자의 영역에서 출원, 등록되었거나 또는, 그 가능성이 해당 법령에 의하여 규정된 경우, 사용에 의하여 확립된 상표의 계속적인 사용을 저해하지 아니한다. 다만, 해당 당사자의 법령에 그 상표의 무효 또는 취소를 위한 근거가 존재하지 아니하여야 한다. 지리적 표시의 보호 또는 인정을 위한 출원일은 제10.23조제2항에 따라 결정된다.

제 10.22 조
보호의 집행

양 당사자는 제10.18조부터 제10.23조까지에 규정된 보호를 당국의 적절한 개입에 의하여 직권으로 집행한다. 양 당사자는 또한 이해당사자의 요청이 있는 경우에도 그러한 보호를 집행한다.

제 10.23 조
상표와의 관계

1. 보호되는 지리적 표시와 관련하여 제10.21조제1항에 언급된 상황 중 하나에 해당하는 상표의 유사상품에 대한 등록은, 상표 등록 출원이 해당 영역에서 지리적 표시의 보호 또는 인정을 위한 출원일 후에 제출되는 한, 양 당사자에 의하여 거절되거나 무효화된다.

2. 제1항의 목적상,

가. 제10.18조 및 제10.19조에 언급된 지리적 표시에 대하여, 보호 또는 인정을 위한 출원일은 이 협정이 발효한 날이다. 그리고

나. 제10.24조에 언급된 지리적 표시에 대하여, 보호 또는 인정을 위한 출원일은 지리적 표시를 보호하거나 인정해 달라는 다른 쪽 당사자의 요청을 당사자가 접수한 날이다.

제 10.24 조
보호를 위한 지리적 표시의 추가[8)]

1. 대한민국과 유럽연합은 보호될 지리적 표시를 제10.25조에 규정된 절차에 따라 부속서 10-가 및 10-나에 추가하기로 합의한다.

2. 대한민국과 유럽연합은 보호될 지리적 표시를 부속서에 추가해 달라는 다른 쪽의 요청을 과도한 지체없이 처리하기로 합의한다.

3. 명칭이 포도의 품종을 포함하여, 식물의 품종 또는 동물의 종의 명칭

---

8) 제10.18조제1항, 제10.18조제2항 및 제10.19조 각주에 언급된 것 외의 어느 한 쪽 당사자의 법을 통하여 무역관련 지적재산권에 관한 협정 제22조제1항의 의미에서의 지리적 표시로서 어느 한 쪽 당사자에 의하여 인정된 원산지 명칭을 이 협정에 추가하려는 제안이 다음과 같이 제기된 경우, 양 당사자는 그 지리적 표시가 이 관에 따라 이 협정에 추가될 수 있는지를 검토하기로 합의한다.

가. 대한민국에 의하여 제10.18조제2항 및 제10.19조 각주에 규정된 유럽연합 법령의 범위에 해당하는 원산지상품에 대하여 제안이 제기된 경우, 또는

나. 유럽연합에 의하여 제10.18조제1항 및 제10.19조 각주에 규정된 대한민국의 법령의 범위에 해당하는 원산지상품에 대하여 제안이 제기된 경우

과 충돌되고 그 결과 제품의 진정한 원산지에 관하여 소비자의 오인을 유발할 수 있는 경우, 그러한 명칭은 지리적 표시로서 등록될 수 없다.

제 10.25 조
지리적 표시 작업반

1. 제15.3조(작업반)제1항에 따라 설치된 지리적 표시 작업반은 지리적 표시에 관한 양 당사자 간 협력 및 대화를 강화할 목적으로 상호 합의한 바에 따라 또는 어느 한 쪽 당사자의 요청이 있는 경우 회합한다. 작업반은 컨센서스로 권고를 하고 결정을 채택할 수 있다.

2. 회의 장소는 양 당사자 간 교대로 한다. 작업반은 양 당사자가 상호 결정하는 시간 및 장소에 그리고 화상회의를 포함한 방식으로 회합하나, 요청 후 90일 이내에는 회합한다.

3. 작업반은 다음을 결정할 수 있다.

가. 적용 가능한 경우 제10.18조제3항 및 제10.18조제4항에 언급된 관련 절차를 마친 후에, 지리적 표시를 구성하는 것으로 다른 쪽 당사자에 의해서도 결정되고 그 다른 쪽 당사자의 영역에서 보호될 대한민국 또는 유럽연합의 개별 지리적 표시를 추가하기 위해 부속서 10-가 및 10-나를 수정하는 것

나. 원산지 당사자9)에서 보호가 중단되거나 적용 가능한 법에 따라 더 이상 다른 쪽 당사자에서 지리적 표시로 간주되기 위한 조건을 만족하지 아니하는 개별 지리적 표시를 삭제하기 위해 가호에 언급된 부속서를 수정10)하는 것, 그리고

다. 이 협정상의 법령에 대한 언급은 이 협정의 발효 후 특정일에 개

9) 지리적 표시의 보호를 중단하는 결정은 그 지리적 표시가 원산지로 하는 당사자의 전속 책임이다.

10) 이는 명칭 및 제품 범주를 포함하여 지리적 표시 그 자체의 수정을 말한다. 제10.18조제3항 및 제10.18조제4항에 언급된 명세서의 수정 또는 제10.18조제6항라호에 언급된 책임 있는 통제기구의 수정은 그 지리적 표시가 원산지로 하는 당사자의 전속 책임이다. 그러한 수정은 정보목적으로 전달될 수 있다.

정되고 대체되어 효력이 있는 그 법령에 대한 언급인 것으로 간주되어야 할 것이라는 것

4. 작업반은 또한 이 관이 적절히 기능하는 것을 보장하며, 그 이행 및 운영에 관련된 모든 사안을 검토할 수 있다. 특히, 다음을 담당한다.

가. 지리적 표시에 관한 입법 및 정책 발전에 관한 정보의 교환

나. 이 협정에 따라 그 보호를 고려하기 위한 목적으로 개별 지리적 표시에 관한 정보의 교환, 그리고

다. 이 협정의 운영을 최적화하기 위한 정보의 교환

5. 작업반은 지리적 표시 분야에서 어떠한 상호 관심사항에 대하여도 논의할 수 있다.

제 10.26 조
지리적 표시 보호를 위한 개별 출원

이 관의 규정은 대한민국 또는 유럽연합의 관련 법령에 따라 지리적 표시의 인정 및 보호를 구할 권리를 저해하지 아니한다.

제 4 관
디 자 인

제 10.27 조
등록된 디자인의 보호

1. 대한민국과 유럽연합은 독립적으로 창작된 것으로서 새롭고 독창적이

부속서 10-가
농산물 및 식품에 대한 지리적 표시

제 1 부 유럽연합을 원산지로 하는 농산물 및 식품[1)2)] (제10.18조제4항에 언급된 바와 같이)

오스트리아

보호되는 명칭	제품	한글로의 음역
Tiroler Speck	햄	티롤러 슈페크
Steirischer Kren	고추냉이	슈타이리셔 크렌

체코공화국

보호되는 명칭	제품	한글로의 음역
České pivo	맥주	체스께 삐보 / 체스케 피보
Budějovické pivo	맥주	부데요비츠께 삐보 / 부데요비츠케 피보
Budějovický měšt'anský var	맥주	부뎨요비츠끼 므네슈딴스키바르 / 부데요비츠키 므네스탄스키바르
Českobudějovické pivo	맥주	체스꼬부데요비츠께 삐보 / 체스코부데요비츠케 피보
Žatecký chmel	홉	쟈떼츠키 흐멜 / 자데츠키 흐멜

프랑스

보호되는 명칭	제품	한글로의 음역
Comté	치즈	꽁떼 / 콩테

1) 이탤릭으로 쓰여진 단어는 지리적 표시(이하 "지리적 표시"라 한다)의 일부가 아니다.
2) 지리적 표시가 다음과 같이 표시된 경우, "Szegedi téliszalámi / Szegedi szalámi", 이는 두 용어가 함께 또는 각자 사용될 수 있음을 의미한다.

보호되는 명칭	제품	한글로의 음역
Reblochon	치즈	르블로숑 / 레블로숑
Roquefort	치즈	로끄포르 / 로크포르
Camembert de Normandie	치즈	까망베르 드 노르망디 / 카망베르 드 노르망디
Brie de Meaux	치즈	브리 드 모
Emmental de Savoie	치즈	에멘탈 드 사부아 / 에멩딸 드 싸부아
Pruneaux d'Agen / Pruneaux d'Agen mi-cuits	조리건포도	프뤼노 다장 / 프뤼노 다쟁 프뤼노 다장 미뀌이/ 프뤼노 다쟁 미뀌이
Huîtres de Marennes-Oléron	굴	위트르 드 마렌느 올레롱 (마렌느 올레롱 굴)
Canards à foie gras du Sud-Ouest (Chalosse, Gascogne, Gers, Landes, Périgord, Quercy)	오리지방간	꺄나르 아 푸아그라 뒤 쉬드우에스트 (샬로스, 가스콘/가스꼰뉴, 제르스, 랑드/렁드, 페리고르/뻬리고르, 케르시/께르시) (프랑스 남서부 푸아그라 오리)
Jambon de Bayonne	햄	쟝봉 드 바이욘 (바이욘 햄)
Huile d'olive de Haute-Provence	올리브유	윌돌리브 드 오뜨 프로방스 (오뜨 프로방스 올리브유)
Huile essentielle de lavande de Haute-Provence	라벤더 에센스유	윌 에쌍시엘 드 라벙드 드 오뜨 프로방스(오뜨 프로방스 라벤더 에센스 오일)

독일

보호되는 명칭	제품	한글로의 음역
Bayerisches Bier	맥주	바이어리쉐스 비어
Münchener Bier	맥주	뮌헤너 비어

그리스

보호되는 명칭	제품	한글로의 음역
Ελιά Καλαμάτας (*transcription into Latin alphabet:* Elia Kalamatas)	올리브	엘리아 깔라마따스
Μαστίχα Χίου (*transcription into Latin alphabet:* Masticha Chiou)	껌	마스티하 히우
Φέτα (*transcription into Latin alphabet:* Feta)	치즈	페따

헝가리

보호되는 명칭	제품	한글로의 음역
Szegedi téliszalámi / Szegedi szalámi	살라미	세게드 텔리살라미 / 세게드 살라미

이탈리아

보호되는 명칭	제품	한글로의 음역
Aceto balsamico Tradizionale di Modena	소스 - 양념	아체토 발사미코 트라디치오날레 디 모데나 (모데나의 전통 발사믹 식초)
Cotechino Modena	돼지고기 소시지	코테키노 모데나 (모데나의 코테키노 <소시지의 일종>)
Zampone Modena	돼지고기	잠포네 모데나 (모데나의 돼지 앞발)
Mortadella Bologna	큰 돼지고기 소시지	모르타델라 볼로냐 (볼로냐의 모르타델라 <소시지의 일종>)
Prosciutto di Parma	햄	프로슈토 디 파르마 (생햄)
Prosciutto di S. Daniele	햄	프로슈토 디 산 다니엘레 (생햄)

보호되는 명칭	제품	한글로의 음역
Prosciutto Toscano	햄	프로슈토 토스카노 (생햄)
Provolone Valpadana	치즈	프로볼로네 발파다나 (치즈의 일종)
Taleggio	치즈	탈레조 (베르가모 산 치즈의 일종)
Asiago	치즈	아시아고
Fontina	치즈	폰티나 (발다오스타 지역의 치즈의 일종)
Gorgonzola	치즈	고르곤졸라 (치즈의 일종)
Grana Padano	치즈	그라나 파다노 (치즈의 일종)
Mozzarella di Bufala Campana	치즈	모차렐라 디 부팔라 캄파나 (물소젖 치즈의 일종)
Parmigiano Reggiano	치즈	파르미자노 레자노 (치즈의 일종)
Pecorino Romano	치즈	페코리노 로마노 (로마의 페코리노 <양젖 치즈의 일종>)

포르투갈

보호되는 명칭	제품	한글로의 음역
Queijo de São Jorge	치즈	께이주 드 썽 조르쥐

스페인

보호되는 명칭	제품	한글로의 음역
Baena	올리브유	바에나
Sierra Mágina	올리브유	씨에라 마히나
Aceite del Baix-Ebre-Montsía / Oli del Baix Ebre-Montsià	올리브유	아쎄이떼 델 바제브라몬시아/ 올리델 바제브라몬시아 (바제브라몬시아 오일)

보호되는 명칭	제품	한글로의 음역
Aceite del Bajo Aragón	올리브유	아쎄이떼 델 바호 아라곤 (바호 아라곤산 기름)
Antequera	올리브유	안테께라
Priego de Córdoba	올리브유	쁘리에고 데 꼬르도바
Sierra de Cádiz	올리브유	씨에라 데 까디스
Sierra de Segura	올리브유	씨에라 데 세구라
Guijuelo	햄	기후엘로
Jamón de Huelva	햄	하몬 데 우엘바 (우엘바산 햄류)
Jamón de Teruel	햄	하몬 데 떼루엘 (떼루엘산 햄류)
Salchichón de Vic / Llonganissa de Vic	소시지	살치촌 데 빅/ 룡가니싸 데 빅 (빅산 살치촌, 육가공품의 일종)
Mahón-Menorca	치즈	마온-메노르까
Queso Manchego	치즈	께소 만체고 (라 만차산 치즈)
Cítricos Valencianos / Cítrics Valencians	감귤류	씨뜨리꼬스 발렌씨아노스 (발렌씨아산 감귤류)
Jijona	누가	히호나
Turrón de Alicante	과자류	뚜론 데 알리깐떼 (알리깐떼산 설탕 과자류)
Azafrán de la Mancha	사프란	아싸프란 데 라 만차 (라 만차산 사프란)

제 2 부 대한민국을 원산지로 하는 농산물 및 식품 (제10.18조제3항에 언급된 바와 같이)

보호되는 명칭	제품	로마자로의 음역
보성녹차(Boseong Green Tea)	녹차	Boseong Nokcha
하동녹차(Hadong Green Tea)	녹차	Hadong Nokcha
고창복분자주(Gochang Black Raspberry Wine)	복분자주	Gochang Bokbunjaju
서산마늘(Seosan Garlic)	마늘	Seosan Maneul
영양고춧가루(Yeongyang Red Pepper Powder)	고춧가루	Yeongyang Gochutgaru
의성마늘 (Uiseong Garlic)	마늘	Uiseong Maneul
괴산고추 (Goesan Red Pepper Dried)	고추	Goesan Gochu
순창전통고추장(Sunchang Traditional Gochujang)	고추장	Sunchang Jeontong Gochujang
괴산고춧가루(Goesan Red Pepper Powder)	고춧가루	Goesan Gochutgaru
성주참외(Seongju Chamoe)	참외	Seongju Chamoe
해남겨울배추(Haenam Winter Baechu)	배추	Haenam Gyeoul Baechu
이천쌀(Icheon Rice)	쌀	Icheon Ssal
철원쌀(Cheorwon Rice)	쌀	Cheorwon Ssal
고흥유자(Goheung Yuja)	유자	Goheung Yuja
홍천찰옥수수(Hongcheon Waxy Corn)	찰옥수수	Hongcheon Charoksusu
강화약쑥(Ganghwa Mugwort)	약쑥	Ganghwa Yakssuk
횡성한우고기(Hoengseong Hanwoo Beef)	소고기	Hoengseong Hanwoogogi
제주돼지고기(Jeju Pork)	돼지고기	Jeju Dwaejigogi

보호되는 명칭	제품	로마자로의 음역
고려홍삼(Korean Red Ginseng)	홍삼	Goryeo Hongsam
고려백삼(Korean White Ginseng)	백삼	Goryeo Baeksam
고려태극삼(Korean Taekuk Ginseng)	태극삼	Goryeo Taekuksam
충주사과(Chungju Apple)	사과	Chungju Sagwa
밀양얼음골사과(Miryang Eoreumgol Apple)	사과	Miryang Eoreumgol Sagwa
정선황기(Jeongseon Hwanggi)	황기	Jeongseon Hwanggi
남해마늘(Namhae Garlic)	마늘	Namhae Maneul
단양마늘(Danyang Garlic)	마늘	Danyang Maneul
창녕양파(Changnyeong Onion)	양파	Changnyeong Yangpa
무안양파(Muan Onion)	양파	Muan Yangpa
여주쌀(Yeoju Rice)	쌀	Yeoju Ssal
무안백련차(Muan White Lotus Tea)	백련차	Muan Baengnyeoncha
청송사과(Cheongsong Apple)	사과	Cheongsong Sagwa
고창복분자(Gochang Black Raspberry)	복분자	Gochang Bokbunja
광양매실(Gwangyang Maesil)	매실	Gwangyang Maesil
정선찰옥수수(Jeongseon Waxy Corn)	찰옥수수	Jeongseon Charoksusu
진부당귀 (Chinbu Dangui)	당귀	Chinbu Dangui
고려수삼(Korean Fresh Ginseng)	수삼	Goryeo Susam
청양고추(Cheongyang Hot Pepper)	고추	Cheongyang Gochu
청양고춧가루(Cheongyang Powdered Hot Pepper)	고춧가루	Cheongyang Gochutgaru

보호되는 명칭	제품	로마자로의 음역
해남고구마(Haenam Sweet Potato)	고구마	Haenam Goguma
영암무화과(Yeongam Fig)	무화과	Yeongam Muhwagwa
여주고구마(Yeoju Sweet Potato)	고구마	Yeoju Goguma
함안수박(Haman Watermelon)	수박	Haman Subak
고려인삼제품 (Korean Ginseng Products)	백삼 또는 태극삼 제품	Goryeo Insamjepum
고려홍삼제품(Korean Red Ginseng Products)	홍삼제품	Goryeo Hongsamjepum
군산찰쌀보리쌀(Gunsan Glutinous Barley)	보리	Gunsan Chalssalborissal
제주녹차(Jeju Green Tea)	녹차	Jeju Nokcha
홍천한우(Hongcheon Hanwoo)	소고기	Hongcheon Hanwoo
양양송이버섯(Yangyang Pine-mushroom)	송이버섯	Yangyang Songibeoseot
장흥표고버섯(Jangheung Oak-mushroom)	표고버섯	Jangheung Pyogobeoseot
산청곶감(Sancheong Persimmon Dried)	곶감	Sancheong Gotgam
정안밤(Jeongan Chestnut)	밤	Jeongan Bam
울릉도삼나물(Ulleungdo Samnamul)	삼나물	Ulleungdo Samnamul
울릉도미역취(Ulleungdo Miyeokchwi)	미역취	Ulleungdo Miyeokchwi
울릉도참고비(Ulleungdo Chamgobi)	참고비	Ulleungdo Chamgobi
울릉도부지갱이(Ulleung do Bujigaengi)	부지갱이	Ulleungdo Bujigaengi
경산대추(Gyeongsan Jujube)	대추	Gyeongsan Daechu
봉화송이(Bonghwa Pine-mushroom)	송이버섯	Bonghwa Songi
청양구기자(Cheongyang Gugija)	구기자	Cheongyang Gugija

보호되는 명칭	제품	로마자로의 음역
상주곶감(Sangju Persimmon Dried)	곶감	Sangju Gotgam
남해창선고사리(Namhae Changsun Fern)	고사리	Namhae Changsun Gosari
영덕송이(Yeongdeok Pine-mushroom)	송이버섯	Yeongdeok Songi
구례산수유(Gurye Corni fructus)	산수유	Gurye Sansuyu
광양백운산 고로쇠 (Gwangyang baekunsan Acer mono sap)	고로쇠수액	Gwangyang baekunsan Gorosoe

부속서 10-나
포도주, 방향포도주 및 증류주에 대한 지리적 표시

제 1 부 유럽연합을 원산지로 하는 포도주, 방향포도주 및 증류주1) (제10.19조제1항에 언급된 바와 같이)

제 1 절 유럽연합을 원산지로 하는 포도주

프랑스

보호되는 명칭	한글로의 음역
Beaujolais	보졸레
Bordeaux	보르도
Bourgogne	부르고뉴 / 버건디
Chablis	샤블리 / 샤블리스
Champagne	샹파뉴 / 샴페인 /샹빠뉴
Graves	그라브
Médoc	메독 /매독
Moselle	모젤
Saint-Emilion	쌩떼밀리옹 / 생테밀리옹
Sauternes	쏘떼른 / 소테른
Haut-Médoc	오메독 / 오매독
Alsace	알자스
Côtes du Rhône	꼬뜨 뒤 론 / 코트 뒤 론
Languedoc	랑그독
Côtes du Roussillon	꼬뜨 뒤 루시옹 / 코트 뒤 루시옹
Châteauneuf-du-Pape	샤또 네프 뒤 빠쁘 / 샤토 네프 뒤 파프

1) 이탤릭으로 쓰여진 부분은 지리적 표시의 일부가 아니다.

보호되는 명칭	한글로의 음역
Côtes de Provence	꼬뜨 드 프로방스 / 코트 드 프로방스
Margaux	마르고 / 마고
Touraine	뚜렌느 / 투렌
Anjou	앙주 / 앙쥬
Val de Loire	발 드 루아르 / 발 드 르와르

독일

보호되는 명칭	한글로의 음역
Mittelrhein	미텔라인
Rheinhessen	라인헤센
Rheingau	라인가우
Mosel	모젤

그리스

보호되는 명칭	한글로의 음역
Ρετσίνα (*transcription into Latin alphabet*: Retsina)	레찌나
Σάμος (*transcription into Latin alphabet*: Samos)	사모스

헝가리

보호되는 명칭	한글로의 음역
Tokaj	토카이

이탈리아

보호되는 명칭	한글로의 음역
Chianti	키안티
Marsala	마르살라
Asti	아스티
Barbaresco	바르바레스코
Bardolino	바르돌리노
Barolo	바롤로
Brachetto d'Acqui	브라케토 다퀴
Brunello di Montalcino	브루넬로 디 몬탈치노
Vino nobile di Montepulciano	비노 노빌레 디 몬테 풀치아노
Bolgheri Sassicaia	볼게리 사씨카이아
Dolcetto d'Alba	돌체토 달바
Franciacorta	프란차코르타
Lambrusco di Sorbara	람브루스코 디 소르바라
Lambrusco Grasparossa di Castelvetro	람브루스코 그라스파로사 디 카스텔베트로
Montepulciano d'Abruzzo	몬테풀치아노 다브루초
Soave	소아베
Campania	캄파니아
Sicilia	시칠리아
Toscana	토스카나
Veneto	베네토
Conegliano Valdobbiadene	코넬리아노 발도삐아데네

포르투갈

보호되는 명칭	한글로의 음역
Madeira	마데이라
Porto *or* Port	뽀르뚜
Douro	도우루
Dão	더웅
Bairrada	바이하다
Vinho Verde	비뉴 베르드
Alentejo	알렌떼쥬

루마니아

보호되는 명칭	한글로의 음역
Dealu Mare	데알루 마레
Murfatlar	무르파트라르

슬로바키아

보호되는 명칭	한글로의 음역
Tokajská *or* Tokajský *or* Tokajské	토카이스카 / 토카이스키 / 토카이스케

스페인

보호되는 명칭	한글로의 음역
Málaga	말라가
Rioja	리오하

보호되는 명칭	한글로의 음역
Jerez – Xérès – Sherry *or* Jerez *or* Xérès *or* Sherry	헤레스 – 헤레스 – 쉐리, 헤레스, 헤레스 또는 쉐리
Manzanilla - Sanlúcar de Barrameda	만싸니야 – 산루까르 데 바라메다
La Mancha	라 만차
Cava	까바
Navarra	나바라
Valencia	발렌씨아
Somontano	소몬따노
Ribera del Duero	리베라 델 두에로
Penedés	뻬네데스
Bierzo	비에르쏘
Ampurdán-Costa Brava	암뿌르단 – 꼬스따 브라바
Priorato *or* Priorat	쁘리오라또 / 쁘리오랕
Rueda	루에다
Rías Baixas	리아스 바이샤스
Jumilla	후미야
Toro	또로
Valdepeñas	발데뻬냐스
Cataluña	까딸루냐
Alicante	알리깐떼

제 2 절 유럽연합을 원산지로 하는 증류주[2)][3)]

오스트리아

보호되는 명칭	한글로의 음역
Jägertee / Jagertee / Jagatee	예거테
Inländerrum	인랜더룸
Korn / Kornbrand[4)]	코언 / 코언브란드

벨기에

보호되는 명칭	한글로의 음역
Korn / Kornbrand[5)]	코언 / 코언브란드

사이프러스

보호되는 명칭	한글로의 음역
Ouzo[6)]	우조

핀란드

보호되는 명칭	한글로의 음역
Vodka of Finland	보드카 오브 핀란드
Finnish berry liqueur / Finnish fruit liqueur	피니쉬 베리 리큐 / 피니쉬 프루트 리큐

2) 이탤릭으로 쓰여진 부분은 지리적 표시의 일부가 아니다.
3) 지리적 표시가 다음과 같이 사용된 경우: "Korn / Kornbrand", 이것은 두 용어가 함께 또는 각자 사용될 수 있음을 의미한다.
4) 오스트리아, 벨기에(독일어를 쓰는 공동체), 독일의 제품
5) 오스트리아, 벨기에(독일어를 쓰는 공동체), 독일의 제품
6) 사이프러스 또는 그리스의 제품

프랑스

보호되는 명칭	한글로의 음역
Cognac	꼬냑 / 코냑
Armagnac	아르마냑
Calvados	깔바도스 / 칼바도스

독일

보호되는 명칭	한글로의 음역
Korn / Kornbrand[7)]	코언 / 코언브란드

그리스

보호되는 명칭	한글로의 음역
Ouzo[8)]	우조

헝가리

보호되는 명칭	한글로의 음역
Törkölypálinka	퇴르쾨이팔린카
Pálinka	팔린카

7) 오스트리아, 벨기에(독일어를 쓰는 공동체), 독일의 제품
8) 사이프러스 또는 그리스의 제품

아일랜드

보호되는 명칭	한글로의 음역
Irish whiskey / Irish whisky	아이리쉬 위스키 (양주의 일종)

이탈리아

보호되는 명칭	한글로의 음역
Grappa	그라파

폴란드

보호되는 명칭	한글로의 음역
Polska Wódka / Polish Vodka	폴스카 부드카 / 폴리쉬 보드카
Wódka ziołowa z Niziny Północnopodlaskiej aromatyzowana ekstraktem z trawy żubrowej / Herbal vodka from the North Podlasie Lowland aromatised with an extract of bison grass	부드카 지오워바 즈 니지느 푸노쯔노 포들라스키에이 아로마티조바나 에크스트라크템 즈 트라브 쥬브로베이 / 허발 보드카 프럼 더 놀스 포들라시에 로우랜드 아로마타이즈드 위드 언 익스트렉트 오브 바이슨 그라스
Polska Wiśniówka / Polish Cherry	폴스카 비쉬니우브카 / 폴리쉬 체리

스페인

보호되는 명칭	한글로의 음역
Brandy de Jerez	브랜디 데 헤레스 (헤레스산 브랜디)
Pacharán	빠차란

스웨덴

보호되는 명칭	한글로의 음역
Swedish Vodka	스웨디쉬 보드카 (스웨덴산 보드카)
Svensk Aquavit / Svensk Akvavit / Swedish Aquavit	스웬스크 아쿠아비트/ 스웬스크 아쿠아비트/스웨디쉬 아쿠아비트 (스웨덴산 아쿠아비트)
Svensk Punsch / Swedish Punch	스웬스크 푼쉐 / 스웨디쉬 펀치

영국

보호되는 명칭	한글로의 음역
Scotch Whisky	스카치 위스키

제 2 부 대한민국을 원산지로 하는 포도주, 방향포도주, 증류주(제10.19조제2항에 언급된 바와 같이)

증류주

보호되는 명칭	로마자로의 음역
진도홍주(Jindo Hongju)	Jindo Hongju

제 7 장
지리적표시와 상표의 충돌에 관한 법적 고찰
: EU사례를 중심으로

I. 서 론

지리적표시(geographical indications)와 상표(trademarks)는 모두 상품을 구별하는 식별표지로, 높은 명성과 상업적 가치를 갖는 지적재산권이라는 공통점을 갖지만 법적으로 구별되는 권리이다. 지리적표시는 상품의 원산지를 식별하는 표시로서 상품의 명성, 품질 또는 기타 특징이 그 원산지와 관련이 있는 경우, 그 상품이 그 지역을 원산지로 한다는 것을 나타내는 표시(indications)[1]인데 비하여, 상표는 한 회사의 상품 및 서비스를 다른 회사의 상품 및 서비스로부터 식별할 수 있는 표지 또는 표지의 결합으로 구성된다. 그러한 표지, 특히 개인의 성명, 문자, 숫자, 상징적 요소 및 색깔의 조합 및 그러한 표지의 결합이 상표로서 등록될 수 있다.[2]

그런데, 한 상품에 대하여 동일표지가 각각 상표와 지리적 표시로 주장되는 경우, 어떠한 권리가 우선하는 가의 문제가 제기될 수 있다. 즉, 어떤 지리적표시와 그러한 지리적표시를 포함하거나 그러한 표시로 구성되는 상표와의 관계에 관한 문제로, 먼저 등록된 지리적표시와 상표와의 관계, 그

1) TRIPS협정 22.1조.
2) TRIPS협정 15.1조.

리고 먼저 등록 또는 사용된 상표와 지리적표시와의 관계에서 권리의 충돌을 생각할 수 있다. 외국의 상표 또는 지리적표시가 관련된 경우, WTO 분쟁사건인 'EC-농산품 및 식료품의 상표 및 지리적표시 보호'(European Communities-Protection of Trademarks and Geographical Indications for Agricultural Products and Foodstuffs: 이하 'EC-상표 및 지리적표시 보호사건'이라 함)[3] 사건의 예와 같이 국가 간의 통상 분쟁의 대상이 될 수 있다. 다음에서는 상표와 지리적표시의 충돌에 관한 법적 해결을 검토하기 위하여 먼저 지적재산권으로서의 지리적표시의 의의와 지리적표시의 법적 보호유형을 살펴보고, 지리적표시의 법적 보호 유형별 지리적표시와 상표의 관계에 대한 접근 그리고 관련 WTO분쟁사건인 'EC-상표 및 지리적표시 보호사건'[4]을 중심으로 두 지적재산권의 충돌문제의 해결방법을 검토한다.

Ⅱ. 지리적표시의 의의

1. 지리적표시의 정의

WTO TRIPS협정 22.1조에 따르면, 지리적표시는 상품의 품질, 명성 또는 그 밖의 특징이 지리적 원산지에 기인하는 경우 상품이 회원국의 영토 또는 회원국의 지역 또는 지방에서 생산되었다는 것을 나타내는 표시를 의미한다. 동 정의에 따르면, 지리적표시는 상품을 나타내는 것이어야 한다. 예컨대, '고창 복분자', '보성 녹차'처럼 상품을 나타내는 것이어야 한

3) 동 분쟁은 EC의 농산품및식료품의지리적표시및원산지보호에관한이사회규칙 2081/92와 관련 이행 및 집행조치에 관하여 미국(DS174)과 호주(DS290)가 각각 2003년 4월에 WTO에 제소한 사건이다.

4) 동 분쟁은 EC의 농산품및식료품의지리적표시및원산지보호에관한이사회규칙 2081/92와 관련 이행 및 집행조치에 관하여 미국(DS174)과 호주(DS290)가 각각 2003년 4월에 WTO에 제소한 사건이다.

다. 그러나 지리적표시가 반드시 직접적인 지리적 명칭일 필요는 없으며, 상징적인 심볼 또는 엠블렘 형식으로 나타낼 수도 있다. 예컨대, 빠리의 에펠탑 모양 또는 뉴욕의 자유의 여신상 엠블렘으로 빠리 또는 뉴욕에서 생산된 상품임을 표시할 수 있다. 둘째, 상품이 반드시 표시된 지리적 원산지에 기인하는 품질, 명성 또는 기타 특징을 갖고 있어야 하는데, 상품과 그 지역과의 관련성에 이들 세 가지 요소가 동시에 요구되는 것은 아니며, 이 중 하나의 요소에 근거한 관련성을 가지고 있으면, 지리적 표시로 인정된다.[5)]

2. 지리적표시의 국제적 보호

지리적표시와 유사한 개념인 '출처표시'와 '원산지명칭'은 1883년산업재산권보호를위한파리협약(이하 '파리협약'이라 함)[6)]에 의해 최초로 국제조약에 의해 보호되었다.[7)] 이후 1891년기만적또는허위의출처표시억제에관한마드리드협정(이하 '마드리드협정'이라 함)[8)]과 1958년원산지명칭보호및원산지

---

5) Dwijen Rangnekar, *Geographical Indications: A Review of Proposals at the TRIPS Council*, UNCTAD/ICTSD Capacity Building Project on Intellectual Property Rights and Sustainable Development(June 2002), p.16, http://www.iprsonline.org/resources/trips.htm.

6) 산업재산권보호를위한파리협약(Paris Convention for the Protection of Industrial Property). 동 협약은 1883년 채택되었고, 1891년 마드리드의정서에 의해 보완되었다. 이후 브뤼셀 (1900년), 워싱톤(1911년), 헤이그(1925년), 런던(1934년), 리스본(1958년) 및 스톡홀름(1967년)에서 수정되고, 1979년 개정되었다.

7) 출처표시(source of indications)와 원산지명칭(appellation of origin)이 있는데, 출처표시는 상품의 출처국 또는 출처지로 표기되는 것으로 상품 등의 원산지가 어떤 특정 국가 또는 지역에서 나왔다는 장소적인 개념이다. 예컨대, '*made in Korea*', '*made in Geneva*'로 표기되는 개념이다. 따라서 출처표시는 상품의 품질, 명성 또는 기타 특징과 지역과의 관련성을 고려하지 않는다. 원산지명칭은 어떤 국가, 지역 또는 지방의 지리적 명칭(geographical name)을 의미하는 것으로 상품의 품질 및 특징이 배타적 또는 본질적으로 자연적, 인적 요소를 포함한 지리적 환경에 기인되는 경우 상품이 그곳에서 생산되었음을 나타내기 위한 것이다. 원산지명칭에관한리스본협정(Lisbon Agreement on Appellation of Origin) 2.1조.

8) 기만적또는허위의출처표시억제에관한마드리드협정(Madrid Agreement for the Repression of False or Deceptive Indications of Source). 동 협정은 1891년 채택되고, 이후 워싱톤(1911년), 헤이그(1925년), 런던(1934년), 리스본(1958년)에 수정되었다. 이후 스톡홀름추가의정서(1967년)에 의해 보완되었다.

명칭의국제등록에관한리스본협정(이하 '리스본협정'이라 함)[9] 이 각각 체결되어 기만적인 또는 허위의 출처표시로부터의 보호와 보다 높은 수준의 원산지명칭보호가 이루어졌다.

마드리드협정은 파리협약에서 이미 제공하고 있는 보호보다 더 많은 보호를 제공하는 것은 아니지만 그럼에도 불구하고 허위의 출처표시에 더하여 기만적인 출처표시로 부터의 보호를 제공함으로써 그 보호범위를 확대하였다는 데 의의가 있다. 리스본협정은 원산지명칭에 대하여 보다 높은 수준의 보호와 국제 등록제도를 통한 다자적 보호를 제공하고 있다는 점에서 의의가 있다. 이들 협정들은 직접적으로 지리적표시를 언급하고 있지는 않지만 출처표시가 광의의 지리적표시이고, 모든 원산지명칭이 지리적표시에 해당되므로 이들 협정을 통하여 지리적표시가 국제적으로 보호되어 왔다고 할 수 있다.

그러나 WTO TRIPS협정은 지리적표시를 직접적으로 다루고 있고, WTO회원국 모두가 그러한 지리적표시의 보호 의무를 갖는다는 점에서 지리적표시를 직접적으로 보호하는 최초의 다자조약[10]이라고 할 수 있다. TRIPS협정의 지리적표시 보호 의무는 모든 지리적표시에 대한 보호, 포도주 및 증류주의 지리적표시에 대한 추가적 보호 그리고 오직 포도주의 지리적표시에만 적용되는 특별보호로 구별되는데, 그 주요 내용은 다음과 같다.

(1) 모든 지리적표시에 대한 보호

먼저 모든 지리적표시의 보호와 관련하여, WTO회원국은 상품의 지정 또는 소개하는데 있어 상품의 지리적 원산지에 관하여 대중을 오인케 하는 방식으로 상품의 진정한 원산지가 아닌 지역을 원산지로 나타내는 모든 수단의 사용; 그리고 파리협약 제10bis 조의 의미 내의 불공정 경쟁

9) 리스본협정은 1958년 10월 30일 채택되었고, 1967년 7월 14일 개정되었고, 19679년 9월 28일 수정되었다.
10) TRIPS협정 Part II, Section 3 (Geographical Indications).

행위[11]를 구성하는 모든 사용행위를 방지할 법적 수단을 이해당사자에게 제공하여야 한다.[12] 그러나 TRIP협정은 지리적표시를 보호할 구체적인 법적 수단을 명시하고 있지 않으므로, WTO회원국은 자국에게 가장 적절한 보호수단을 결정하여 지리적표시를 보호할 수 있다.

둘째, 회원국은 표시된 영토를 원산지로 하지 않는 상품에 대하여 그러한 지리적표시의 사용이 상품의 진정한 원산지에 대하여 대중의 오인을 유발할 성격을 갖는 경우, 자국법이 그렇게 허용하는 경우 직권으로 또는 이해당사자의 요청으로 지리적표시를 포함하는 또는 그러한 표시로 구성되는 상표의 등록을 직권으로 거절 또는 무효화하여야 한다. 상품의 진정한 원산지에 대하여 대중의 오인을 유발하지 않는 지리적표시의 사용은 TRIPS협정의 위반이 되지 않는데, 바로 이 점이 포도주 및 증류주의 지리적표시 보호와 구별되는 점이다.

셋째, 지리적표시 보호는 상품이 원산지로 하는 영토, 지방 또는 장소가 문자적으로는 진실이라 하더라도 그 상품이 다른 영토를 원산지로 한다고 대중에게 허위로 나타내는 지리적표시에 대하여 적용되어야 한다.[13]

---

11) 파리협약 제10bis조는 금지되어야 할 예시목록을 포함하여 불공정 경쟁으로부터의 보호를 규정하고 있다. 이 규정은 원산지명칭을 포함하여 오인을 유발하는 출처표시로부터의 보호 근거를 제공한다. 그러나 파리협약은 동 규정 위반에 대한 특별한 구제조치를 규정하고 있지 않다. 파리협약 제10bis조의 원문은 다음과 같다:

"1. The countries of the Union are bound to assure to nationals of such countries effective protection against unfair competition.

2. Any act of competition contrary to honest practices in industrial or commercial matters constitutes an act of unfair competition.

3. The following in particular shall be prohibited:

(a) all acts of such a nature as to create confusion by any means whatever with the establishment, the goods, or the industrial or commercial activities, of a competitor;

(b) false allegations in the course of trade of such a nature as to discredit the establishment, the goods, or the industrial or commercial activities, of a competitor;

(c) indications or allegations the use of which in the course of trade is liable to mislead the public as to the nature, the manufacturing process, the characteristics, the suitability for their purpose, or the quantity, of the goods".

12) TRIPS협정 22.2조.

(2) 포도주 및 증류주의 지리적표시에 대한 추가적 보호

포도주 및 증류주에 대해서는 모든 지리적표시에 제공되는 보호수준 보다 높은 수준의 보호가 제공된다.[14] 첫째, WTO회원국은 이해당사자에게 지리적표시에 의해 표시된 장소를 원산지로 하지 않는 포도주 및 증류주를 식별하는 지리적표시의 사용을 방지 할 법적 수단을 제공하여야 한다. 포도주 및 증류주의 진정한 원산지가 표시되었거나, 번역되어 사용되거나, 또는 “종류의”(kind), “타입”(type), “스타일”(style), “모방”(imitation) 또는 “유사한”(the like)과 같은 표현을 수반하더라도 지리적표시에 의해 표시된 지역을 원산지로 하지 않는 포도주 또는 증류주를 식별하는 지리적표시의 사용은 금지된다.[15] 이 경우 대중의 오인 가능성 또는 그러한 지리적표시의 사용이 불공정 경쟁행위를 구성하는 지 여부를 증명할 필요가 없다. 포도주 및 증류주의 경우 그러한 보호는 객관적이고, 자동적이므로 TRIPS협정은 일반적인 지리적표시 보다는 높은 수준의 보호를 제공한다고 할 수 있다.

둘째, 표시된 지역을 원산지로 하지 않는 포도주 또는 증류주에 대하여, 그 회원국의 법이 그렇게 허용하는 경우 직권으로 또는 이해당사자의 요청으로, 포도주 또는 증류주를 식별하는 지리적표시를 포함하거나 또는 그러한 표시로 구성된 상표 등록을 거절 또는 무효화하여야 한다.[16]

(3) 포도주에 대한 특별보호

TRIPS협정은 포도주에 대하여 두 가지의 추가적인 특별보호를 제공하고 있다. 먼저, 포도주의 동음이의어(homonymous) 지리적표시와 관련하여, 상품의 원산지인 영토, 지역 또는 장소에 대하여 문자적으로는 사실이지만 그 포도주가 다른 영토를 원산지로 한다고 대중에게 허위로 나타낼 수 있

13) TRIPS협정 22.4조.
14) TRIPS협정 23조.
15) TRIPS협정 23.1조.
16) TRIPS협정 23.2조.

는 경우를 제외하고, 각 표시에 대하여 보호가 부여되어야 한다. 각 회원국은 문제의 동음이의어 지리적표시가 서로 차별화될 수 있는 실제적인 조건을 결정하여야 하며, 관련 생산자의 동등한 대우를 보장할 필요성과 소비자가 오인되지 않아야 한다는 것이 고려되어야 한다.[17]

둘째, 포도주의 지리적표시 보호를 촉진할 목적으로 포도주의 지리적표시의 통보 및 등록을 위한 다자제도 확립과 관련한 협상이 TRIPS이사회에서 수행되어야 한다.[18] 2001년 11월 9일부터 13일까지 카타르 도하에서 개최된 제4차 WTO각료회의에서 채택된 각료선언문 18항에서 동 내용의 TRIPS협정 23.4조에 근거하여 제5차 각료회의까지 포도주 및 증류주의 지리적표시의 통보 및 등록에 관한 다자제도의 확립에 관한 협상을 수행할 것을 규정하고 있다. 그러나 다자등록제도를 통하여 등록된 지리적표시의 법적 효과에 대한 회원국간의 이견이 조율되지 못하여 제5차 각료회의 시한까지 협상이 종결되지 못하였다. 2004년 8월 1일 일반이사회에서 채택된 도하작업프로그램에 따라 동 협상은 제6차 각료회의까지 계속 진행되었으나 2011년 12월 말 현재까지 동 사안에 대한 어떠한 합의도 도출되지 못하였다.

Ⅲ. 지리적표시 보호의 법적 수단

TRIPS협정은 지리적표시 보호의 법적 수단에 대하여 구체적으로 제시하고 있지 않으므로 지리적표시를 보호할 법적 수단의 선택은 WTO회원국에 재량에 맡겨져 있다. WTO사무국 조사(2003년)[19]에 따르면, WTO회원

17) TRIPS협정 23.3조.
18) TRIPS협정 23.4조.
19) WTO, *Review under Article 24.2 of the TRIPS Agreement on the Provisions of the Section of the TRIPS Agreement on Geographical Indications: Summary of the Responses to the Checklist of Questions, Note by the Secretariat*, IP/C/W/253/Rev.1 (24 November 2003).

국이 지리적표시를 보호하기 위하여 제공하는 법적 수단은 크게 세 가지 유형으로 분류할 수 있다. 첫째, 상표법에 따른 보호, 둘째, 지리적표시 보호를 위한 독자적인 법(또는 규정)에 따른 보호, 셋째, 불공정 경쟁 및 소비자보호와 관련된 사업관행에 관한 법에 따른 보호가 있다. 지리적표시의 구체적인 보호방법은 해당 국가의 산업 및 법적 전통에 달려 있다. 지리적표시 보호에 적극적인 유럽, 특히 EU는 농산품 및 식료품에 대해서는 지리적표시 등록제도를 내용으로 하는 독자적인 지리적표시 보호법을 통하여 보호하고 있으나 미국 등은 단체표장 및 인증마크 제도를 통하여 상표법에 따른 지리적표시를 보호한다. 중요한 점은 지리적표시 보호를 위한 법적 수단이 상호 배타적인 것은 아니며, 병행하여 실시될 수 있다는 점이다.[20] 다음에서는 구체적으로 지리적표시 보호의 법적 수단별 내용을 살펴본다.

1. 상표법

상표법에 따른 지리적표시 보호는 첫째, 지리적표시를 상표로 등록하거나 사용하는 경우로부터 보호하거나 둘째, 제3자에 의한 지리적표시의 부당 사용으로부터 보호하는 것이다. 지리적표시를 상표로 등록하거나 사용하는 경우로부터 보호하는 것은 소비자에게 지리적 원산지 또는 상품, 서비스의 정체성에 오인, 혼동을 일으킬 수 있는(지리적표시를 포함하는) 상표의 등록을 거절 또는 무효화함으로써 지리적 표시를 보호하는 방법이다. 제3자에 의한 지리적표시의 부당사용으로부터의 보호는 단체표장(collective marks), 인증마크(certification marks), 증명표장(guarantee marks) 등을 통하여 이루어질 수 있다. 이 경우에 일반적인 상표법상의 절차 및 권리가 적용된다.

일반적으로 단체표장은 사업자 단체에 속하는 특정 표지로서, 그 구성원이 그 표지를 자신의 상품 또는 서비스에 부착할 수 있다. 인증마크 또는 증명표장은 상품 또는 서비스를 관리하거나 그 표준을 결정하는 법적 기관

20) *Ibid.*

의 특정 표지로서, 그 표지의 부착기준에 적합한 상품 또는 서비스는 그러한 표지를 사용할 수 있다. 단체표장, 인증마크 또는 증명표장이 지리적 명칭으로만 또는 본질적으로 지리적 명칭으로 구성된 경우, 상표관청에 중요한 고려사항은 이러한 명칭의 사용을 감독 할 신청자의 권한을 확인하는 것이다.

등록된 단체표장의 소유자는 언급된 지리적 지역 내의 사람들이 상표에 포함된 지리적 명칭을 사용하는 것을 금지할 수 없다. 단체표장 또는 인증마크로 지리적표시를 보호하는 경우, 일반적으로 상표관청에 신청서를 접수하여야 하고, 이러한 단체표장 또는 인증마크의 신청절차를 포함하여 일련의 이의신청, 등록, 취소 또는 무효절차에는 상표에 대한 절차가 그대로 적용된다. 단체표장, 인증마크, 증명표장의 사용에 대하여 동 표장의 소유자가 표장 사용에 대한 관리, 감독권을 가지며, 이러한 표장의 사용자는 표장 등록 시 제출한 표장사용에 관한 규정을 준수하여야 한다. 인증마크 또는 증명표장에 관한 규정은 동 표장이 인증 또는 증명하는 상품 또는 서비스의 공통된 특징을 결정하고, 표장의 사용을 효과적으로 감시하고, 적절한 패널티를 부과할 수 있도록 한다. 일반적으로 단체표장은 실제 사용이 보호의 전제가 된다. 상표로 보호를 받기 위해서는 단체표장, 인증마크 또는 증명표장이 실제 사용이 되어야 하며, 일정 기간 동안 사용되지 않거나 또는 등록 이후 일정 기간 사용되지 않는 경우에 제3자가 동 표장 등록의 철회를 신청할 수 있다. 또한 동 표장들은 갱신의 대상이 된다. 단체표장, 인증마크 또는 증명표장으로 지리적표시를 보호하는 경우, 동 표장에 따른 권리구제는 상표법에서 적용되는 사법적인 강제절차와 구제수단이 가능하다. 주로 민사소송에 의한 사법적 구제가 대부분이지만, 형사적 재제나 행정적 제재가 이루어지는 경우도 있다.

2. 지리적표시 보호법

지리적표시에 대한 특별보호는 지리적표시 보호를 위한 별도의 법에 의하거나 또는 상표법, 마케팅, 표지부착, 세법 등 기존 법에 포함되어 있는 지리적표시의 특별보호규정을 의미한다. 일반적으로 이러한 특별보호제도를 통하여 지리적표시를 보호하는 경우, 지리적표시에 대한 정의를 두고 있으며, 그러한 정의의 유형은 TRIPS협정 22.1조에 따른 정의, 리스본협정의 원산지명칭에 따른 정의, 또는 개별국가 특유의 정의가 있다.

지리적표시에 대한 특별보호제도는 지리적표시에 대한 사전인정(prior recognition)을 요구하는데, 이러한 사전인정절차는 비공식적인 절차에서부터 공식적인 등록제도에 이르기까지 다양하다. 지리적표시 등록제도를 두고 있는 경우는 보호되는 지리적표시의 요건 및 범위를 명확하게 규정하고 있는 반면, 그러한 절차가 없는 경우 지리적표시의 보호여부는 관련법에 포함된 일반적 정의에 기초하여 법원이 내린 판단에 따르게 된다. 지리적표시의 등록제도를 통하여 사전 인정을 할 때의 인정기준으로는 지역적 단위, 원산지요건, 상품의 특징(품질, 명성 등), 상품의 특징과 지리적 원산지의 관련성, 일반 대중의 인식, 관용어화 여부 등이 고려된다. 지리적표시의 인정에 관한 결정을 내리는데 있어서 영향을 받는 모든 이해당사자의 의견 및 이해관계를 고려하기 위하여 협의절차를 도입하거나 공식적인 이의제기절차를 지리적표시의 인정 전 후에 두기도 한다.

일반적으로 지리적표시는 보호되는 지리적표시의 사용기준을 충족시키는 사람 모두에게 사용의 권리가 인정된다. 사용권이 별도의 추가적 절차요건 없이 자동적으로 부여되는 경우도 있으나 일반적으로 지리적표시 등록제도를 채택하고 있는 국가에서는 생산자들이 특정 상품의 생산요건, 생산지역을 결정하고 있고, 등록된 생산자단체가 지리적 표시를 사용할 수 있을 뿐만 아니라 지리적표시의 사용기준을 충족시키는 사람 또는 기관도 이를 사용할 수 있다. 한국의 경우 등록된 지리적표시를 사용하기 위해서는 지리적표시를 등록한 생산자단체에 가입할 것을 요구하고 있다. 등록된 지리적표시에 대한 권리는 개인이 사적으로 소유할 수 없으며, 양도될 수 없다. 또한 상표의 경우와 같은 갱신의 필요성 없어 정해진 기간 없이 지속적으로 보호된다. 또한 상표처럼 그 사용이 지리적표시의 지속적인 보호요건이 되지 않는다. 지리적 표시의 사용요건의 준수여부는 감독의 대상이 되는데, 대부분 공공기관이 감독을 수행한다. 특별보호를 통하여 지리적표시를 보호하는 경우 권리구제는 직권 또는 민사소송을 통하여 이루어지고 행정적, 형사적, 민사적 제재가 부여된다.

3. 사업관행 등에 관한 법

사업관행에 관한 법은 지리적표시를 부당하게 사용하는 사업관행을 금지하는 법에 의한 보호로서 지리적표시를 간접적으로 보호하는 방식이다. 이러한 간접보호는 경쟁법, 소비자보호법, 사칭통용에 관한 법에 의한다. 이러한 법들은 지리적표시에 대하여 특별한 정의를 내리지 않으며, 이들 법들의 관심은 지리적표시를 사용하는 특정 행위가 부정경쟁방지, 소비자보호, 거래명세사항, 식품표준 등에 관한 법의 일반적 기준에 위배되는 지 여부에 관한 것이다. 지리적표시로 보호받기 위한 특별한 사정인정 절차는 없으며, 소비자보호나 부정경쟁 방지를 목적으로 하는 법 규정 등은 기본적으로 과실 없는 일반 대중이 상품이나 서비스의 진정한 원산지를 오인할 가능성이 있을 때 적용된다. 영업관행에 관한 법에 근거한 집행절차는 일반적인 소송절차가 적용되며, 강제집행절차는 직권으로 또는 고발에 근거하여 공공 또는 행정기관이 개시한다.

Ⅳ. 지리적표시와 상표와의 충돌

지리적표시와 상표와의 충돌문제는 지리적표시와 지리적표시를 포함하거나 그러한 표시로 구성되는 상표와의 관계에 관한 문제로 동일상품에 대하여 동일표지가 각각 상표와 지리적표시로 주장되는 경우 어떠한 권리에 우선권을 줄 것인가의 문제이다. 다음에서는 TRIPS협정과 'Ⅲ. 지리적표시 보호의 법적 수단'에서 살펴 본 지리적표시 보호의 법적 수단별로 추구하고 있는 법적 해결방법을 중심으로 살펴본다.

1. WTO TRIPS협정

(1) 허위의 지리적표시를 포함하거나 그러한 표시로 구성된 상표

TRIPS협정 22.3조는 WTO회원국에게 표시된 지역을 원산지로 하지 않는 상품에 대하여, 상표에서의 표시의 사용이 그 국가에서 상품의 진정한 원산지에 대하여 대중을 오인하게 할 성격이 있다면, 그 회원국의 법이 그렇게 하도록 허용하는 경우 직권으로 또는 이해당사자의 요청에 의해 지리적 표시를 포함하거나 또는 지리적표시로 구성된 상표의 등록을 직권으로 거절 또는 무효화 할 의무를 부과하고 있다.

TRIPS협정 23.2조는 그 지역을 원산지로 하지 않는 포도주 또는 증류주에 대하여, 그 회원국의 법이 허용하는 경우 직권으로 또는 이해당사자의 요청으로, 포도주 또는 증류주를 식별하는 지리적표시를 포함하거나 또는 그러한 표시로 구성된 상표 등록은 직권으로 거절 또는 무효화하여야 한다고 규정하고 있다.

(2) 지리적표시 보호개시 前의 상표

TRIPS협정 24.5조는 동 협정의 경과규정의 적용일 전에 또는 원산지국에서 지리적표시가 보호되기 전에 적용되어 왔거나 또는 선의로 등록된 경우, 또는 상표에 대한 권리가 선의의 사용을 통하여 획득된 경우, 지리적표시 보호 의무를 이행하기 위하여 채택된 조치는 그러한 상표가 지리적표시와 동일하거나 또는 유사하다는데 근거하여, 상표등록의 적격성 또는 유효성, 또는 상표의 사용권을 침해해서는 안 된다고 규정하고 있다.

회원국은 3절(Section 3)에 따라 상표의 사용 또는 등록과 관련한 요구가 그 상표가 그 날짜에 공표되었고, 만약 그 날짜가 그 회원국에서 보호되는 표시의 침해적 사용(adverse use)이 일반적으로 알려진 날 보다 빠르다면, 그 지리적표시가 악의로 사용되었거나 등록된 것이 아니라는 것을 조건으로, 그 회원국에서 보호되는 표시의 침해적 사용이 그 회원국에서 일반적으로 알려진 이후 또는 상표등록일 이후 5년 내에 제시되도록 규정할 수 있다.

TRIPS협정은 TRIPS협정의 발효일과 원산지국에서의 지리적표시 보호개시 그리고 지리적표시와 동일하거나 유사한 표지에 대한 선의의 상표권의 획득시점 그리고 각 지리적표시가 보호되는 상표에 대한 사용을 고려하여 지리적표시와 상표와의 충돌을 해결하기 위한 골격을 제시하고 있다. 24조의 다른 예외와 함께 TRIPS협정은 지리적표시와 상표와의 충돌문제에 관한 해결책을 제공하고 있다.

2. 상표법에 따른 해결

일반적인 원칙으로서 개별적인 상표는 서술적(descriptive)이거나 또는 기만적(deceptive)이어서는 안 된다. 따라서 원칙적으로 지리적 용어(geographical terms)는 개별 상표로서 사용될 수 없다. 지리적표시로 구성되거나 지리적표시를 포함하는 상표는 그러한 상표의 사용이 상표가 사용되는 상품의 진정한 원산지에 관하여 오인을 유발할 할 경우 보호될 수 없다. 상표법은 관련 상품의 원산지에 대한 언급을 구성하는 것으로 이해될 수 있는 지리적 용어의 등록을 특별히 배제하고 있다. 이러한 등록 배제는 상표로 사용되는 지리적 용어가 대중에 의해 상품의 원산지와 상표간의 관계를 나타내는 것으로 인식되는지 여부에 대한 평가에 달려있다. 그러나 바나나에 대하여 '*Antartica*'라는 지리적 용어를 상표로서 사용하는 것은 가능한데, 그러한 상표는 상표가 사용되는 상품의 원산지를 나타내는 것으로 이해되지 않기 때문이다. 상표가 원래 서술적임에도 불구하고, 사용을 통하여 식별적인 특성 또는 이차적인 의미를 획득하게 된 경우, 지리적

용어가 상표로 사용될 수 있다[21].

지리적표시가 단체표장, 인증마크 또는 증명표장으로 보호되는 경우, 그러한 보호는 상표법에 의해 이루어진다. 경쟁하는 상표권의 충돌은 적용 가능한 상표법 하에 선착순의 원칙(principle of priority)을 적용하여 해결된다. 관련 상표법에 따라 우선권은 先 신청, 先 사용 또는 특정 상황에 따라 先 주지성에 근거하여 허용된다. 이러한 원칙을 고려하여, 단체표장 또는 인증마크로 보호되는 지리적표시와 개별적인 상표와의 충돌은 특별한 문제를 야기 시키지 않는다.[22]

3. 지리적표시보호법에 따른 해결

독자적인 권리(*sui generis*)로서 지리적표시가 보호되는 지리적표시 등록제도에 따르면, 동일한 지리적 용어가 상표권과 등록된 지리적표시권에 기초하여 경합하여 주장되는 경우 적용되는 규칙을 명시적으로 언급하고 있다. 적용되는 법제도에 따라 다른 해결방법이 가능한데, 주장되는 상표에 대하여 등록된 지리적표시에 우선권을 주거나, 반대로 주장되는 등록된 지리적표시에 대하여 상표에 우선권을 주거나 또는 두 권리의 공존가능성을 제시하는 경우도 있다.

동일한 표지에 주장되는 등록된 지리적표시에 대하여 상표권에 우선권을 주는 여부는 다수의 요인에 의해 좌우된다. 해당 상표가 지리적표시가 보호되기 이전에 등록되었거나 또는 선의로 사용되었는지 여부, 또는 해당 상표가 오랜 기간 사용되었고, 명성과 주지성을 획득하였는지 여부에 따라 달라진다. 이러한 요인을 적용하는데 있어, 상표와 지리적표시의 관계에 관한 결정은 사안별로 이루어진다.[23]

---

21) WIPO, *Document SCT/6/3/REV. on Geographical Indications: Historical Background, Nature of Rights, Existing System for Protected and Obtaining Protection in Other Countries*, Standing Committee on the Law of Trademarks, Industrial Designs and Geographical Indications(Geneva, May 27-31, 2002), p 24.

22) *Ibid.*, p.25.

23) *Ibid.*

V. EU분쟁 사례

1. 사건개관

'EC-농산품 및 식료품의 상표 및 지리적표시 보호'(European Communities-Protection of Trademarks and Geographical Indications for Agricultural Products and Foodstuffs) 사건은 미국과 호주가 EC의 농산품및식료품의지리적표시및원산지보호에관한이사회규칙 2081/92(이하 '이사회규칙' 또는 '규칙'이라고 함)와 관련 이행 및 집행조치에 관하여 EC(현재 'EU')를 각각 WTO에 제소한 분쟁사건이다.[24)]

동 사건은 WTO분쟁사건 중 지리적표시와 관련된 최초의 분쟁사건이라는 점과 특히, 각기 다른 지리적표시 보호의 법적 수단을 채택하고 있는 국가들 간의 분쟁이라는 점에서 주목된 사건이다. 미국과 호주는 상표법에 따라 지리적표시를 보호하고 있고, EC는 농산품 및 식료품에 대한 지리적표시 등록제도를 통하여 보호하고 있다.[25)] 동 분쟁의 실체적 주요 쟁점은 EC에서의 외국의 지리적표시 보호와 관련된 '내국민대우'와 '지리적표시와 기존 상표와의 관계'이다. 다음에서는 동 사건에서의 '지리적표시와 기존 상표

---

24) 동 사건의 분쟁해결개관은 다음과 같다:
- 분쟁당사국: 제소국 -미국(DS174), 호주(DS290); 피소국 - EC; 제3당사국 - 아르헨티나, 브라질, 캐나다, 중국, 태국, 콜롬비아, 과테말라, 인도, 멕시코, 뉴질랜드, 터키
- 분쟁해결경과:
  - 협의요청: 1999년 1월 1일/2003년 4월 3일(미국); 2003년 4월 18일(호주)
  - 패널설치요청: 2003년 8월 18일
  - 패널구성: 2004년 2월 23일
  - 중간보고서 회람: 2004년 11월 16일
  - 최종보고서 회람: 2005년 3월 15일
  - 패널보고서 채택: 2005년 4월 20일
  - EC의 이행의사 통고: 2005년 6월 13일(EC는 2006년 4월 3일까지 WTO 요건에 일치하게 농산품 및 식료품에 대한 지리적표시 보호제도를 개정하겠다고 밝힘.)

25) EU의 농산품 및 식료품은 공동체단체표장(Community Collective Mark)으로 공동체상표법의 적용을 받을 수도 있으나 일반적으로 위의 상품의 지리적표시의 보호는 등록제도를 통하여 보다 높은 수준으로 이루어진다.

와의 관계'에 관한 당사국 주장과 패널을 평결을 중심으로 살펴본다.[26]

2. 지리적표시와 기존 상표와의 관계

(1) 당사국 주장

호주와 미국은 문제의 이사회규칙이 유효한 기존 상표와의 혼동 가능성을 초래하는 지리적표시의 사용을 금지 할 수 있는 등록상표의 소유자의 배타적 권리를 부인하므로 TRIPS협정 16.1조[27]에 일치하지 않는다고 주장하였다.

이에 대하여 EC는 동 주장이 여러 가지 이유에서 근거가 없다고 주장하였는데, 첫째는 동 규칙의 14(3)조가 사실상 기존 상표와의 혼동을 초래할 가능성이 있는 지리적표시의 등록 및 사용을 금지하고 있고, 둘째, TRIPS협정 24.5조는 지리적표시와 기존 상표의 공존을 규정하고 있으며, 셋째, TRIPS협정 24.3조는 EC가 '공존'을 유지하도록 요구하고, 넷째는 어느 경우에라도 동 규칙 14(2)조는 TRIPS협정 17조에 따른 제한된 면제로서 정당화 된다고 주장하였다.[28]

(2) 패널의 평결

패널은 먼저 "공존"(coexistence)이라는 용어를 지리적표시와 상표가 한쪽 또는 양쪽의 사용이 다른 일방에 의해 부여된 권리를 달리 침해하지 않

---

26) WTO, WT/DS174/R (이하 각주에서는 '미국 PR'이라 함), WT/DS290/R (이하 각주에서는 '호주 PR'이라 함), www.wto.org.

27) TRIPS협정 16.1조는 다음과 같다:
"1.The owner of a registered trademark shall have the exclusive right to prevent all third parties not having the owner's consent from using in the course of trade identical or similar signs for goods or services which are identical or similar to those in respect of which the trademark is registered where such use would result in a likelihood of confusion. In case of the use of an identical sign for identical goods or services, a likelihood of confusion shall be presumed. The rights described above shall not prejudice any existing prior rights, nor shall they affect the possibility of Members making rights available on the basis of use."

28) 호주 PR, paras, 7. 516-517, 미국 PR, paras. 7. 512-513 참조.

는 범위 내에서 어느 정도까지는 경합적으로 사용될 수 있는 법적 체계를 언급하는데 사용하였음을 분명히 하였다.[29] 패널은 이사회규칙 14(2)조 및 14(3)조 관련 규정을 검토한 후 동 규정들이 TRIPS협정 16.1조와 일치하는 지 여부를 검토하였으며, 마지막으로 TRIPS협정 24.5조 및 24.3조 그리고 17조에 따른 EC의 주장을 검토하였다.

1) 이사회규칙 14조의 검토

이사회규칙 14조는 공동체법 하에서의 지리적표시와 상표와의 관계를 규율하고 있는데, 그 내용은 다음과 같다:

가. 등록된 지리적표시와 나중 상표

이사회규칙 14(1)조는 먼저 등록된 지리적표시와 나중 상표를 다루고 있으며, 그러한 상표의 사용이 동 규칙 아래서 이미 등록된 지리적표시의 권리를 침해하는 경우 동 상표의 신청을 거절할 것을 규정하고 있다. 이것은 사실상 먼저 등록된 지리적표시가 나중 상표에 우선하는 것을 보장하는 것이다.

나. 기존 상표와 지리적표시

패널은 이사회규칙 14(2)조는 먼저 등록된 상표를 다루고 있으며, 그 상표의 사용이 동 규칙에 따른 지리적표시 등록에 의해 부여되는 권리와 충돌할 지라도 기존 상표의 계속적인 사용을 규정하고 있으므로 13조의 예외규정이라고 언급하였다. 구체적으로, 기존 상표의 계속적 사용에 대하여 지리적표시 등록에 의해 부여된 권리의 행사를 금지하고 있으며, 원칙적으로 공동체법에 따라 지리적표시와 상표가 공존 가능함을 명시적으로 인정하고 있다고 하였다. 그리고 나서 패널은 공동체상표규칙의 관련성을 검토하였

---

29) 호주 PR, para. 7. 518, 미국 PR, para. 7. 514 참조.

는데, 동 규칙의 일부 규정은 상표등록에 의해 부여되는 모든 제3자와 어떤 표지사용에 대한 권리는 등록절차에 따라 등록된 지리적표시를 사용하는 제3자에 대해서는 우선하지 못한다는데 주목하였다. 따라서 패널은 TRIPS협정 16조의 이행에 있어 상표법에 규정된 상표권 소유자의 권리는 원칙적으로 그 상표가 규칙 14(2)조의 대상이 되는 경우, 등록절차에 따라 등록된 지리적표시를 사용하는 사람에 대해서는 행사될 수 없다고 언급하였다.[30]

이사회규칙 14(3)조는 원산지명칭 또는 지리적표시는 상표의 명성, 주지성 및 그 상표가 사용된 기간에 비추어 상품의 진정한 정체성에 대하여 소비자를 오인시킬 수 있는 경우 등록되어서는 안 된다고 규정하고 있다. 패널은 이것이 기존 상표와 관련한 특정 요소에 비추어 상품의 진정한 정체성에 대하여 소비자의 오인을 유발할 가능성이 있는 지리적표시의 등록을 거절할 것을 규정하므로 이 규정이 지리적표시 등록의 하나의 조건이라는 점에 주목하였다. 이것은 사실상 기존 상표가 특정 조건에 따라 나중의 지리적표시 등록신청에 우선할 수 있다는 것을 규정하는 것이라고 하였다.[31]

패널은 EC의 주장대로 공동체법에 따라 적용되는 상표의 등록 가능성 기준과 함께 적용되는 이사회규칙 14(3)조가 기존 상표와의 혼동 가능성을 초래할 지리적표시의 등록 및 사용을 저지할 수 있는 지 여부에 관한 사실적 문제를 검토하였다.[32] 이와 관련하여 패널은 14(3)조에 대한 세 가지 측면을 언급하였는데, 14(3)조는 지리적표시 등록이 상품의 진정한 정체성에 대하여 소비자를 오인시킬 가능성이 있는 경우 지리적표시 등록이 거절될 것을 요구하며, 이것은 다른 모든 경우가 아닌, 단 하나의 사항에 대해서만 오인시킬 가능성이 있는 경우로 제한된다고 하였다. 둘째, 14(3)조는 상표의 유명성, 주지성 및 사용된 기간에 비추어 지리적표시의 등록을 금지하고 있는데, 이것은 14(3)조의 범위가 최소한 명성, 주지성 또는 사용이 되지 않은 상표를 배제하는 상표로 제한된다는 것이다. 셋째,

---

30) 호주 PR, paras. 7. 524-531, 미국 PR, paras. 7. 520-527 참조.
31) 호주 PR, paras. 7. 533-534, 미국 PR, paras. 7. 529-530 참조.
32) 호주 PR, para. 7. 535, 미국 PR, para. 7. 531 참조.

14(3)조는 다른 규정이 지리적표시의 사용 또는 가능성 또는 혼동을 언급하는 반면, 여기서는 이와 같은 용어를 언급하지 않는다고 밝혔다. 이것은 14(3)조의 등록이 상품의 진정성에 대하여 소비자를 오인시킬 가능성이 있는 경우라는 기준이 혼동 가능성을 초래할 지리적표시의 사용을 금지할 상표권 소유자의 권리 보다 좁은 상황에 적용되도록 의도되었다고 언급하였다. 이러한 점에 기초하여 패널은 호주와 미국이 동 규칙 14(3)조가 14(2)조가 사실상 상표권 소유자의 권리를 제한하는 데서 발생하는 모든 상황을 금지하지는 못한다는 주장을 법적으로 확립하였다고 밝혔다.[33)]

이에 추가하여, 14(3)조는 지리적표시가 등록되어서는 안 되는 상황을 언급하고 있기 때문에 14(3)조가 후속적인 지리적표시 등록으로 인하여 발생하는 사용을 금지할 수 있는 상표권 소유자의 권리를 보호할 수 있는가의 문제를 검토하였다. 이러한 점에 대하여 패널은 지리적표시의 사용이 기존 상표를 침해하는 모든 경우에 있어 14(3)조에 따른 지리적표시의 등록을 무효화할 수 있는 가능성에 대한 어떠한 증거도 없다고 결론 내렸다. 그것이 가능하지 않은 경우, 기존 상표의 소유자가 제안된 지리적표시의 등록시점에 혼동 가능성을 초래하는 제안된 지리적표시의 후속적인 사용을 예상 가능하게 할 수 있는 것이 필요할 것이라고 하였다.[34)]

이사회규칙 14(3)조의 적용과 관련한 하나의 예를 검토하였는데, 특정 기존 상표 예컨대, BAVARIA와 HøKER BAJER 사용이 허용되었던 단서를 조건으로 하여 2001년 보호되는 지리적표시(PGI)로 등록되었던 "Bayerishes Bier"를 검토하였다. 추가적으로 제소국들은 세 개의 체크 맥주의 지리적표시는 이전의 상표인 BUDWEISER와 BUDE와 혼동 가능성을 초래하는 방식으로 사용될 수 있다고 주장하였다. 패널은 이사회규칙 14(3)조가 사실상 이전의 상표와 혼동 가능성의 결과를 초래하는 지리적표시의 등록 및 사용을 금지한다는 EC의 입장과 네 개의 특정 지리적표시가 특정 기존 상

33) 호주 PR, paras. 7. 560-563, 미국 PR, paras. 7. 559-562 참조.
34) 호주 PR, paras. 7. 567-569, 미국 PR, paras. 7. 566-567 참조.

표와 혼동 가능성의 결과를 초래하지 않는 경우에 사용될 수 있는 상황이 존재할 수도 있다는 데 대한 논쟁을 회피하는 결정 사이에 불일치가 존재하는 것으로 보인다고 하였다. 따라서 패널은 EC가 동 규칙의 14(3)조가 14(2)조의 대상이 되는 상표로부터 발생하는 모든 상황을 금지할 수 없다는 것과 동 규칙이 그러한 상표권 소유자의 권리를 제한한다는 제소국들의 주장을 반박하지 못하였다고 간주하였다.[35)]

2) TRIPS협정 16.1조

TRIPS협정 16.1조는 등록된 상표의 소유자에게 부여되어야 할 권리를 규정하고 있고, 그러한 권리는 또한 사용에 근거해서도 획득될 수 있다. TRIPS협정 16.1조에 따르면, 거래 과정에서 상표가 등록된 상품 또는 서비스와 동일한 또는 유사한 상품 또는 서비스에 동일하거나 유사한 표지를 사용하는 것이 혼동 가능성을 초래할 경우 등록된 상표의 소유자는 모든 제3당사자가 그 소유자의 동의 없이 그러한 사용을 하는 것을 금지할 수 있는 배타적인 권리를 가져야 한다. 동일 상품 또는 서비스에 대하여 동일한 표지를 사용하는 경우, 혼동 가능성은 추정되어야 한다. 또한 그러한 권리는 기존의 권리를 침해하거나 회원국이 그러한 사용에 근거하여 이용 가능한 권리를 창출할 가능성에 영향을 주어서는 안 된다. 패널은 조약의 통상적 의미에 따르면, 기본적으로 동 권리는 거래 중에 동일한 또는 유사한 상품에 대한 동일하거나 유사한 표지를 사용하는 것이 혼동 가능성의 결과를 초래하는 경우에, 그러한 사용에 적용되며, 특정적으로 지리적표시로 보호되는 표지의 사용을 배제하는 것은 아니라는 점을 주목하였다. 더 나아가 16.1조에 규정된 권리는 하나의 배타적인 권리이며, 회원국이 등록된 상표의 소유자에게 이용 가능하도록 하여야 할 배타적 권리에 대한 동 규정에는 지리적표시에 대한 어떠한 묵시적인 제한도 존재하지 않는다고 언급하였다.[36)]

---

35) 호주 PR, paras. 7. 572-576, 미국 PR, paras. 7. 571-575 참조.
36) 호주 PR, paras. 7. 600-603, 미국 PR, paras. 7. 600-603 참조.

3) TRIPS협정 24.5조

TRIPS협정 24.5조에 따르면, Ⅳ부(Part Ⅵ, 경과규정)에 정의된 대로 회원국에서 동 규정의 적용일 이전에 또는 원산지국에서 지리적표시가 보호되기 이전에 어느 경우라도 상표가 적용되어 왔거나 선의로 등록된 경우, 또는 상표에 대한 권리가 선의의 사용을 통하여 획득된 경우, 동 절 (지리적표시)을 이행하기 위한 조치는 그러한 상표가 어떠한 지리적표시와 동일하거나 또는 유사하다는데 근거하여 상표등록의 적격성 또는 유효성 또는 상표에 대한 사용권을 침해해서는 안 된다.

패널은 24.5조가 지리적표시 보호의무를 이행하는 조치는 "상표등록의 적격성 또는 유효성, 또는 상표를 사용할 권리를 침해하여서는 안 된다"고 요구하고 있음을 강조하고, 24.5조가 혼동스러운 사용을 금지할 권리 또는 그러한 사용을 금지할 권리에 대하여 어떠한 제한을 암시하는 것으로 해석하는 것은 적절하지 않다고 잠정적으로 결론 내렸다. 패널은 TRIPS협정 16.1조에 따라 회원국은 상표 소유자에게 지리적표시로의 사용을 포함한 특정 사용에 대한 권리를 이용 가능하도록 하게 할 의무가 있다고 결론을 내렸다. 이와 반대로 동 이사회 규칙은 14(2)조의 대상이 되는 상표의 소유자의 권리의 이용 가능성을 제한하고, TRIPS협정 24.5조는 적용할 수 없으며, 그러한 권리를 제한 할 어떠한 권한도 제공하지 않는다고 언급하였다.[37] 그 다음 패널은 TRIPS협정 24.3조 및 17조에 따른 EC의 반론을 검토하였다.

4) TRIPS협정 24.3조

EC는 TRIPS협정 23.4조에 따라 지리적표시와 기존 상표의 공존을 유지할 것이 요구되는데, 그것은 회원국이 WTO협정 발효 시점에 존재하던 지리적표시의 보호 수준을 감소시키지는 것을 금지하는 정지의무(standstill obligation)라고 주장하였다. TRIPS협정 24.3조에 따르면, 회원국은 3절

37) 호주 PR, paras. 7. 616-625, 미국 PR, paras. 7. 616-625 참조.

을 이행하는데 있어서 WTO협정의 발효일 이전에 그 회원국에서 존재하는 지리적표시 보호를 감소시켜서는 안 된다.

패널은 24.3조의 범위는 "동 절을 이행하는데 있어서"라는 도입부에 의해 제한된다는데 주목하고 따라서 동 규정은 3절 외의 규정을 이행하기 위해 채택된 조치에는 적용되지 않는다고 언급하였다. 상표권자의 권리는 2절에 있으므로, 24.3조가 적용가능하지 않다고 하였다. 또한 패널은 동 협정의 발효 일 바로 전에 회원국에서 존재하던 지리적표시의 보호라는 구문을 그 시점에 보호되었던 개별적인 지리적표시 측면에서 1995년 1월 1일 바로 전에 지리적표시 보호 상태를 의미하는 것으로 해석하였다. 패널은 여기서 당사국들은 1995년 1월 1일 이전에 규칙에 따라 등록된 지리적표시가 없었다는 데 동의하였고, 따라서 여기서는 24.3조가 적용되지 않는다고 하였다.[38)]

5) TRIPS협정 17조

EC는 지리적표시와 기존 상표의 공존은 TRIPS협정 17조에 의해 정당화된다고 주장하였는데, 이사회규칙 14(2)조가 명세서를 준수하는 상품에 대하여 지역에 설립된 생산자들의 사용만을 허용하므로 제한된 예외에 해당된다고 주장하였다. 더욱이 이사회규칙 14(3)조는 대부분 상당한 혼동의 경우를 금지하고, 라벨부착에 관한 법률, 광고 및 광고의 오인 및 불공정 경쟁을 금지하기 때문에 상표 소유자 및 제3 당사자의 적법한 이해관계를 고려하고 있다고 주장하였다.

TRIPS협정 17조[39)]에 따르면, 회원국은 상표에 의해 부여된 권리에 대하여 서술적인 용어의 공정한 사용과 같은 제한된 예외를 제공할 수 있는데, 그러한 예외가 상표의 소유자와 제3당사자의 적법한 이해관계를 고려하는 것을 조건으로 한다.

---

38) 호주 PR, paras. 7. 627-637 참조.
39) TRIPS협정 17조.

패널은 조치가 17조의 예외에 해당된다고 주장하는 EC가 그에 대한 입증책임을 져야한다고 밝혔다. 패널에 의해 언급된 바와 같이 17조는 회원국이 상표에 의해 부여된 권리에 제한된 예외를 제공하는 것을 명시적으로 허용하는데 그러한 권리는 TRIPS협정 16.1조에 규정된 권리를 포함한다. 17조는 제한된 예외의 예를 제공하고 그러한 예외는 상표 소유자와 제3당사자의 적법한 이해관계를 고려해야 한다는 것을 조건으로 한다.40) 패널은 "제한된 예외"와 "단서"(proviso)를 별도로 검토하였다. "제한된 예외"의 의미와 관련하여, 패널은 '캐나다-의약품특허(*Canada-Pharmaceutical Patents*)' 사건에서의 패널의 견해에 동의한다고 밝혔는데, 동 사건에서 패널은 TRIPS협정 30조의 동일한 용어를 해석하는데 있어, '예외'라는 단어는 그 자체로 제한된 예외(일탈)이며, 그러한 예외로부터 규범 전체를 훼손시키지 않는 것을 의미한다고 밝혔다. 패널은 예외는 좁아야 하며, 권리의 매우 작은 감소만을 허용할 뿐이라고 언급하였다. 동 분쟁에서 이러한 제한된 예외는 상표에 의해 부여된 권리에 적용되며, 그러한 권리는 16.1조에 규정된 표지의 특정사용을 금지하는 배타적 권리이다. 따라서 패널은 개별적인 권리를 기초로 하여 그러한 예외를 검토하는 것이 필요하다고 밝혔다.41)

패널은 동 이사회규칙이 상표가 등록된 상품과 동일한 또는 유사한 모든 상품이 아닌 일부 상품에 대한 상표 소유자의 권리를 감소시키며, 모든 제3당사자가 아닌 일부 당사자에 대한 상표 소유자의 권리를 감소시켰고, 상표로서 보호되는 표시와 동일하거나 유사한 모든 표지가 아닌 일부 표지에 대하여 상표 소유자의 권리를 감소시켰다고 평결하였다. 동 규칙에 따라 일단 지리적표시가 등록되면 그 지리적표시는 초래할 수 있는 혼동 가능성에 관계없이 사용될 수 있다. 그러나 동 규칙은 주어진 마크와 함께 혼동 가능성 또는 혼동의 위험을 언급하였는데, 이는 이의제기가 수락될 수 있는 경우, 지리적표시를 등록할지 여부에 대한 결정과 관련하여 7(5)(b)조,

40) 호주 PR, paras. 7. 646-648, 미국 PR, paras. 7. 646-648 참조.
41) 호주 PR, paras. 7. 650-654, 미국 PR, paras. 7. 650-654 참조.

12b(3)조 및 12d(3)조의 동일한 또는 유사한 표지를 지리적표시로 사용함에 따라 초래되는 것으로, EC는 상표 소유자는 다른 지리적 지역산 상품과 관련한 개인 또는 명세서를 준수하지 않은 상품과 관련한 개인이 지리적표시로 등록된 명칭을 사용하는 것은 금지할 권리를 보유한다고 강조하였다. 그리고 지리적표시를 사용할 적극적인 권리는 등록부에 기재된 언어버전에만 확대되며, 등록되지 않은 다른 명칭 또는 표지에는 확대되지 않는다고 강조하였다. EC는 지리적표시로 등록된 명칭의 사용은 식품라벨부착에 적용되는 규칙 및 오인시키는 광고지침의 적용대상이 되며, 명칭이 사용될 수 있는 방식은 제한되어 있지 않다고 설명하였다.[42] 상기 이유로 패널은 동 규칙이 TRIPS협정 17조의 의미 내의 "제한된 예외"를 구성한다고 평결하였다.[43]

그 다음 패널은 17조의 단서, 즉, "그러한 예외는 상표 소유자 및 제3당사자의 적법한 이해관계를 고려한다"는 조건이 만족되었는지를 검토하였다. 패널은 '캐나다-의약품특허(*Canada-Pharmceutical Patents*)' 사건에서 패널이 행한 TRIPS협정 30조 맥락에서의 "적법한 이해관계"에 관한 해석에 동의하였는데, 여기서 '적법한 이해관계'는 관련 공공정책 또는 기타 사회규범에 의해 지지되는 의미에서 정당화 될 수 있는 이해관계의 보호를 요청하는 규범적 주장으로서 법적 문서에서 종종 사용되는 방식으로 정의되어야 한다고 하였다. 패널은 이것이 상표 소유자 및 제3당사자의 '적법한 이해관계'에도 부합하는 것이라고 밝혔다. 상표 소유자의 적법한 이해관계와 관련하여 패널은 모든 상표 소유자는 식별성, 또는 그의 상표를 구별할 수 있는 능력을 보존하는데 적법한 이해관계를 가지며, 상표가 그러한 기능을 수행한다고 하였다, 따라서 규칙은 이들의 이해관계를 고려한다고 밝혔다.[44] 제3당사자의 적법한 이해관계와 관련하여, 패널은 관련 제3당사자는 소비자를 포함하며, 이사회규칙 14(3)조는 그들의 이해관계를 고려한

42) 호주 PR, paras. 7. 646-660, 미국 PR, para. 7. 661 참조.
43) 호주 PR, para. 7. 661, 미국 PR, para. 7. 661 참조.
44) 호주 PR, paras. 7. 664-673, 미국 PR, paras. 7. 664-674 참조.

다는데 주목하였다. 추가로, 미국은 17조의 목적상 제3당사자는 상표의 사용허가를 받은 자(trademark licensees)를 포함한다고 주장하였다. 그러나 패널은 상표의 사용허가를 받은 자의 적법한 이해관계는 대부분 상표 소유자의 적법한 이해관계와 동일하며, 동시에 고려될 수 있음을 주목하였다. 마지막으로 패널은 제3당사자는 지리적표시를 사용하는 사람을 포함한다고 하였는데, 이러한 이해관계는 동 규칙 13조에 의해 고려된다.[45] 이에 기초하여 패널은 TRIPS협정 16조상의 상표 소유자의 권리에 대한 동 이사회규칙에 의한 예외는 TRIPS협정 17조에 의해 정당화된다고 결론 내리고, 호주와 미국은 이러한 추정을 반박하지 못하였다고 결론 내렸다.[46]

(3) 패널의 결론

미국과 호주가 먼저 등록 또는 사용된 기존상표와 나중의 지리적표시와의 충돌은 '선착순, 선 권리 우선의 원칙'에 따라 해결되어야 한다고 주장하였으나 패널은 '공정한 사용'의 예외를 전제조건으로 두 권리가 공존 가능하다는 EC의 주장을 인정하였다. 패널은 이사회규칙이 TRIPS협정 16.1조에 일치하지 않지만 패널에게 제시된 증거에 기초하여 TRIPS협정 17조에 의해 정당화 된다고 평결하였다. 그리고 TRIPS협정 24.3조 및 24.5조는 이 사건에 적용 가능하지 않다고 부언하였다.[47]

먼저 등록된 상표와 지리적표시와의 관계에서 서술적 용어의 공정한 사용이 상표 소유자와 제3자의 적법한 이해관계를 고려하는 것을 조건으로 상표와 지리적표시의 공존이 인정된다는 패널의 결론은 나중에 등록된 지리적표시의 권리자가 갖는 범위를 등록부에 기재된 언어버전으로 한정하였고, 등록되지 않은 다른 명칭 또는 표지에는 확대되지 않는 것으로 한정하여 상표 권리자의 권리가 침해되지 않는 지리적 명칭의 '공정한 사용'의 범위를 제시하였다는 점에서 의미가 있다.

---

45) 호주 PR, paras. 7. 674-684, 미국 PR, paras. 7. 675-686 참조.
46) 호주 PR, para. 7. 685, 미국 PR, para. 7. 687 참조.
47) 호주 PR, para. 7. 686, 미국 PR, para. 7. 688 참조.

Ⅵ. 결 론

상표와 지리적표시는 시장에서 상품을 식별하는 식별표지로서 명성과 상업적 가치를 갖는 지적재산권이지만 법적으로 구별되는 개념의 지적재산권이다. 그러나 동일한 표지가 동일상품에 대하여 상표와 지리적표시로 각각 주장되는 경우 어떠한 권리가 우선하는 가의 문제가 제기된다. 먼저 등록된 지리적표시와 상표와의 관계, 그리고 먼저 등록 또는 사용된 상표와 지리적표시와의 관계에서 권리의 충돌을 생각할 수 있고, 이러한 충돌상황에서 외국의 상표 또는 지리적표시가 관련된 경우 통상분쟁이 제기될 수 있다. 이러한 충돌 문제를 해결하기 위한 접근은 지리적표시 보호의 법적 유형에 따라 다르기도 하다.

WTO TRIPS협정은 그러한 충돌문제를 해결하는 골격원칙을 제시하고 있다. 첫째, 표시된 지역을 원산지로 하지 않는 상품에 대하여 상표에서의 표시의 사용이 상품의 진정한 원산지에 대하여 대중의 오인을 유발할 성격을 갖는다면 그러한 상표등록을 거절 또는 무효화 하여야 한다. 그러나 그러한 상표의 사용이 상품의 진정한 원산지에 대하여 대중의 오인가능성을 유발하지 않는다면, 예컨대, 지리적 명칭이 비현실적이거나 지리적 단어 또는 심볼이 특정 기업을 위하여 이차적인 의미를 획득한 경우 등록될 수 있으며, 지리적표시와 공존할 수 있다. 포도주의 경우는 대중의 오인여부와 상관없이 허위의 지리적표시를 포함하거나 그러한 표시로 구성된 상표의 등록이 거절 또는 무효화되어야 한다. 둘째, WTO협정이 발효되고 그 회원국에서 지리적표시 보호가 개시되기 이전에 적용되어 왔거나 선의로 등록된 상표는 지리적표시와 동일 또는 유사하다고 하여 상표 등록의 적격성, 유효성, 사용권에 침해를 받지 않는다. 즉, 먼저 등록된 상표에 대한 권리가 나중의 지리적표시의 등록으로 인하여 침해받지 않는다.

그런데 먼저 등록된 상표와 지리적표시와의 관계와 관련하여, 더 나아가 상표 소유자의 표지 사용의 배타적 권리가 지리적표시의 사용을 금지할 수 있는 지의 문제가 제기될 수 있다. TRIPS협정 16조에 따르면, 상표 소유자는 거래과정에서 상표가 등록된 상품 또는 서비스와 동일 또는 유사한 상품 또는 서비스에 동일 또는 유사한 표지를 사용하는 것이 혼동 가능성을 초래할 경우, 등록된 상표의 소유자는 제3당사자가 그 소유자의 동의 없이 그러한 사용을 금지할 배타적인 권리를 갖는다. 동 규정이 상표 소유자의 권리가 나중의 지리적표시로 보호되는 표지의 사용을 금지할 수 있는가의 문제와 관련하여, 패널은 'EC-상표 및 지리적표시 보호'사건에서 TRIPS협정 16조가 등록된 상표의 소유자에게 이용 가능하도록 하여야 할 배타적 권리로서 지리적표시에 대한 어떠한 묵시적인 제한을 하는 것은 아니라고 밝혔다. 즉, 상표와 지리적표시가 공존할 수 있는 가능성이 있는데, 그러한 공존은 상표의 소유자와 제3당사자의 적법한 이해관계를 고려하는 것을 조건으로 상표에 의해 부여된 권리에 대하여 서술적 용어의 공정한 사용과 같은 제한된 예외를 부과할 수 있는 TRIPS협정 17조에 따라 정당화될 수 있다고 판단하였다. '공정한 사용'의 범위 내에서 기존 상표와 지리적표시가 공존할 수 있다는 것을 의미한다.

상표법에 따라 단체표장 또는 인증마크로 지리적표시를 보호하는 경우는 선착순원칙에 따라 先 신청, 先 사용 또는 先 사용에 근거하여 충돌문제를 해결하기 때문에 상표와 지리적표시의 공존문제는 발생하지 않지만, 보다 적극적인 지리적표시 등록제도를 두고 있는 경우 기존상표와 지리적표시의 충돌 범위, 예컨대, 상표의 명성, 주지성 및 그 상표가 사용된 기간에 비추어 상품의 진정한 정체성에 대하여 소비자를 오인시킬 가능성, 지리적표시의 사용이 상표의 명성, 식별성에 불리하게 작용하는 지 여부 등을 감안하여 지리적표시의 등록을 거절하도록 하여, 일정한 경우 지리적표시와 공존 가능성을 인정하는 경우도 있다. 결국 상품의 진정한 원산지와 진정한 정체성에 대하여 대중을 오인케 하거나 기만시킬 가능성이 있는 한도 내에서 먼저 등록 또는 사용된 권리에 우선권을 주지만, 먼저 등록된 상표와 지리적표시와의 관계에 있어서는 나중의 지리적표시가 기존의 상표에 대한 권리를 침해하지 않는 범위 내에서 공존이 인정될 수 있다. 그러한 범위는 서술적 용어의 '공정한 사용'의 범위가 되는데, 여기에는 상표 소유자와 제3자의 적법한 이해관계가 반드시 고려되어야 한다.

참고문헌

이로리(2005.12), "EC-농산품 및 식료품의 상표 및 지리적표시 보호사건", 『통상법률』, 통권 제66호

이로리(2005.12), "지리적표시와 상표와의 관계에 관한 통상법적 고찰", 『국제법논총』, 제50권 제3호

Rangnekar, Dwijen, Geographical Indications: A Review of Proposals at the TRIPS Council, UNCTAD/ICTSD Capacity Building Project on Intellectual Property Rights and Sustainable Development(June 2002) (http://www.iprsonline.org/resources/trips.htm.)

〈조약〉

Paris Convention for the Protection of Industrial Property

Lisbon Agreement on Appellation of Origin

Madrid Agreement for the Repression of False or Deceptive Indications of Source

Agreement on Trade Related Aspects of Intellectual Property Rights

〈WTO 문서〉

WTO, European Communities - Protection of Trademarks and

Geographical Indications for Agricultural Products and Foodstuffs, WT/DS174/PR, WT/DS290/PR (15 March 2005)

WTO, Review under Article 24.2 of the TRIPS Agreement on the Provisions of the Section of the TRIPS Agreement on Geographical Indications: Summary of the Responses to the Checklist of Questions, Note by the Secretariat, IP/C/W/253/Rev.1 (24 November 2003)

WIPO, Document SCT/6/3/REV. on Geographical Indications: Historical Background, Nature of Rights, Existing System for Protected and Obtaining Protection in Other Countries, Standing Committee on the Law of Trademarks, Industrial Designs and Geographical Indications (Geneva, May 27-31, 2002)

제 8 장
EU에서의 특허 풀과 경쟁법과의 관계에 관한 비교법적 고찰

》》 I. 서 론

'특허 풀'(patent pool)이란 둘 이상의 특허권 소유자가 그들의 특허 중 하나 또는 그 이상을 서로 또는 제3자에게 라이선스(특허 실시권)를 주는 계약이다. 특허 풀은 크로스 라이선싱(교차 실시권)의 대상이 되는 지적재산권의 집합으로 정의될 수 있다. 그러한 권리는 특허권의 소유자에 의해 라이선스를 받는 자에게 직접 이전되거나 특허 풀을 관리하기 위해 특별히 설치된 합작회사와 같은 중간 매개체를 통하여 이전되기도 한다.[1] 생활의 전 분야에서 다양한 최첨단 기술이 급속도로 발명되고 있고, 그러한 기술에 대한 특허권의 확보는 21세기 지식기반경제에 있어 기업에게 매우 중요한 과제가 되었다. 하나의 상품에는 상품의 특성에 따라 몇 개에서 몇 천 가지의 기술이 결합되어 있기 때문에 원천기술을 확보하지 못한 기업의 경우 엄청난 특허료를 지불하여야 하고, 관련 원천기술에 대한 라이선스를 취득하지 못한 경우 추가적인 신규기술의 발명이 차단된다. 따라서 상품의 생산과정에 여러 기술들이 결합되어 있는 경우 핵심기술을 서로 묶어 특허 풀을 형성하고, 공동으로 라이선스를 관리하는 추세가 확산되고 있다. 또한

1) Patent Pools: A Solution to the Problem of Access in Biotechnology Patents?, United States Patent and Trademark Office(December 5, 2000), p. 4.

그러한 특허 풀은 풀의 참여자간의 특허분쟁의 발생을 예방하므로 특허침해소송에 관련되지 않고 신규기술 개발에 보다 집중할 수 있게 되며, 나아가 제3자의 특허침해에 대하여 공동으로 대응하게 하는 이점이 있다. 합리적인 라이선스 비용과 라이선스 관리 그리고 특허분쟁예방 측면에서 미국이나 EU 등 선진국에서는 특허 풀이 적극적으로 활용되고 있다.

특허법과 경쟁법은 모두 경쟁을 촉진하고, 산업 및 혁신을 장려하는 공통점을 가지고 있지만 특허권의 행사와 경쟁법 사이에는 일정한 긴장관계가 존재한다. 특허권은 지적재산권으로서 배타적이고 독점적인 성격을 가지고 있는 반면, 경쟁법은 시장에서의 독점행위, 경쟁을 제한하는 행위를 규제하기 때문이다. 특허권의 행사는 자체로서 독점을 규제하는 경쟁법의 규제대상이 되지는 않지만, 특허권행사의 형태인 특허 풀의 구성 및 라이선싱 관행 등 특허 풀의 특정 유형의 행위가 시장에서 경쟁을 제한하는 효과를 갖게 되면 경쟁법의 적용 대상이 된다. 그러한 경우 특허권의 정당한 권리행사의 범위가 문제가 되는데, 구체적으로 특허 풀 구성 및 라이선스 계약의 조건과 그러한 구성과 계약조건이 경쟁에 미치는 효과에 따라 경쟁법의 규제대상 여부가 결정될 것이다. 특허법과 경쟁법 정책 간의 적절한 균형이 이루어지지 않으면, 유효한 특허의 親 경쟁적 사용이 제한되고, 생산적인 경쟁이 이루어지지 않으며, 결과적으로는 산업의 혁신 및 발전이 저해된다. 따라서 산업의 혁신과 경쟁을 촉진시켜 궁극적으로 소비자의 복리 증진에 연결되도록 하기 위하여 법 적용에 있어 특허법과 경쟁법 간의 적절한 균형이 모색되어야 한다. 다음에서는 선진기술을 확보하고 있는 EU와 미국의 특허 풀에 대한 경쟁법적 규제와 적용사례를 분석하여 특허 풀에 대한 경쟁법적 규제가 그러한 균형을 어떻게 모색하고 있는 지를 살펴본다.

⋙ Ⅱ. 특허 풀에 대한 경쟁법적 규제 배경

1. EU

EU에서는 유럽경제공동체(EEC)의 창설 초기부터 제도자유주의의 영향으로 특허로 인한 독점이 시장진입의 장벽으로 작용할 수 있다는 점에 대하여 상당한 우려가 존재하였다. 1960년대와 1970년대를 포함하여 상당기간 동안 EU에서는 지적재산권에 대한 주장이 생산을 제한하고, 그러한 권리에 의하여 보호받는 상품의 가격을 인상시킨다는 부정적인 인식이 강하였다. 따라서 지적재산권의 행사는 단일시장을 창설하는 EC 조약의 근본적 목적에 배치된다는 인식이 팽배하였다. 그러나 EC 조약 36조가 지적재산권의 보호를 이유로 수출입에 제한을 가하는 것을 금지하지 않는다고 명시적으로 규정하고 있어, 지적재산권의 보호를 어느 정도 고려한 것으로 보인다.[2] 지적재산권의 독점적 성격과 경쟁의 원칙을 조화시킬 필요성은 EU 경쟁법 차원에서 논의되어 왔다. EU에서의 지적재산권은 각 회원국의 국내법에 의하여 보호되며, 그 권리의 인정범위도 회원국의 국내에만 미치는 것이 원칙이기 때문에, 이러한 지적재산권의 속지주의적인 배타적 성격과 EU의 시장통합의 목적 달성과의 조화는 중요한 문제이다. 따라서 유럽위원회는 시장통합을 위하여 지적재산권의 라이선스계약에 대하여 보다 적극적으로 개입하는 경향을 보이고 있다.[3]

2. 미국

미국 최초의 특허 풀은 1856년 재봉틀제조사(Sewing Machine Combination)

---

2) 정영진, “공정거래법과 지적재산권의 만남”, 한국공정거래연합회, 경쟁저널 제115호, (2005.3), pp. 65-66.

3) Kyung-Hyun Lee, “IP licensing agreement in the US and the EU”, 한국경쟁법학회, 경쟁법연구 제7권(2001), p. 204.

에 의해 설립된 것으로 알려졌고, 1890년대에 그러한 풀 계약은 미국에서 매우 보편화되었다. 특허 풀은 1890년 셔먼법(Shaman Act)에 의해 제정된 반경쟁적 활동에 대한 제한을 피하는 데서 부분적으로 출발했다고 볼 수 있다. 특허 풀이 독점금지법상의 규제적 감독에서 면제되는 것으로 인식되었고, 그러한 인식은 1902년 미 대법원이 미국 특허법의 일반적 원칙은 특허권의 사용 또는 판매의 절대적 자유임을 확인하고, 특허법의 목적이 독점이라는데 주목하면서 특허 풀의 무효화를 거절한 이후로 확산되었다.4)

특허법과 셔먼법과 같은 독점금지법은 모두 혁신, 산업 및 경쟁의 촉진을 목적으로 하는 법이지만, 특히 특허 풀 또는 크로스 라이선싱과 관련되는 경우 이 두 법은 충돌해 왔다. 특허법은 특허권자에게 특허 발명의 독점, 배타적 실시에 관한 권리를 인정하는 반면, 독점금지법은 독점 형성 및 거래에 대한 제한을 금지하므로, 이들 두 법의 충돌은 필연적이다. 미국 대법원이 1900년대 초반에는 특허 풀 또는 크로스 라이선싱이 셔먼법으로부터 면책된다는 입장을 취하였으나, 1912년 *Standard Sanitary Manufacturing Co. v. United States*사건에서 문제의 특허 풀이 가격을 고정하고, 사용허락을 받지 않는 기업을(시장에서) 축출하였다고 하여 문제의 특허 풀을 독점금지법위반으로 해체하였다. 그 이후 민간의 독점금지소송이 급격하게 증가하였고, 1945년 *Hartford-Empire Co. v. United States*사건에서 대법원은 가장 악명 높은 특허 풀 중 하나를 해체하였다. 이 특허 풀은 미국에서 생산되는 모든 유리의 95%를 제조하는 주요 유리 제조사가 참여한 특허 풀로서 그 회원들에게 비합리적으로 높은 수준의 유리가격을 유지하게 하였다고 하여 미 대법원은 이 특허 풀의 독점금지법 위반을 선언하였다.5)

---

4) Cooperative Marketing Agreements Between Competitors: Evidence from Patent Pools, NBER WORKING PAPER SERIES, Working Paper 9680(http://www.nber, org/papers/w9680) p. 4.

5) United States Patent and Trademark Office, Patent Pools: A Solution to the Problem of Access in Biotechnology Patents? (December 5, 2000), p. 5.

미 법원이 특허 풀 자체가 셔먼법 위반이라는 입장을 취한 것은 아니었는데, 1931년 *Standard Oil Co., the New Jersey Co.(Indiana)* 사건에서 정유 회사 간 체결된 해결협정(settlement agreement)은 특허가 참여 기업 간에 크로스 라이선스 되고, 기업들이 소송에서 자유로운 대신에 기술발전에 보다 집중할 수 있다고 판단되어 동 특허 풀이 거래에 제한을 가하지 않는다고 판결하였다.[6] 1960년대에 이르러 미 법무부는 모든 특허 풀을 면밀하게 평가하였고 자체적으로 독점금지법의 위반인 특허 라이선싱 관행 목록(소위 'Nine No-Nos'로 알려짐)[7]의 당연위법원칙에 따라 지적재산권자의 행위를 규제하여 왔으나 그러한 입장은 1970년대 후반과 1980년대 초에 들어서 완화되었다. 1977년 연방대법원은 *Continental T.V., Inc. v. GTE Sylvania Inc.* 판결을 통해 합리성(rule of reason)의 원칙을 확립하였으며, 이후 *'Nine No-Nos'* 원칙은 당연위법원칙으로부터 '위법일 가능성이 있는 신호'(signal of possible concern)로의 지위로 변화하게 된다.[8] 이후 미 법무부와 연방거래위원회(Federal Trade Commission: 이하 'FTC'라 함)는 특허 풀이 세계경제의 급속한 기술혁신분야에서 기업의 생존능력을 향상시킬 수 있는 상당한 친 경쟁적 효과를 가질 수 있음을 인정하여, 사업자들 간의 특허 풀 구성 및 라이선싱 행위가 독점금지법상의 법적 안전성을 확보할 수 있도록 1995년 'IP가이드라인' 과 2000년 '경쟁자협력가이드라인'을 제정하였다. 동 가이드라인을 통하여 독점금지법상의

---

6) *Ibid.*, 각주 19 참조.

7) 강수경, "특허권 사업화 촉진방안으로서의 "Patent Pool의 법적 문제", 한국비교공법학회, 공법학연구, 제5권, 제3호 (2004.12)에서 재인용.

(i) 사용허락을 조건으로 특허 받지 않은 물건의 구매를 강요하는 행위
(ii) 사용허락을 받은 자가 취득하는 후속 특허권의 양도를 요구하는 행위
(iii) 상품의 재판매에 있어서 그 구매자가 갖는 권리를 제한하는 행위
(iv) 상품에 대한 사용허락을 받은 자의 처분권을 특허권의 범위를 초월하여 제한하는 행위
(v) 추가적인 사용허락을 인정하지 않는 사용허락권자의 요구
(vi) 강제적인 일괄사용허락(package licenses);
(vii) 사용허락을 득한 자의 판매량과 합리적으로 연계되지 않은 사용료 조건
(viii) 특허된 제조법에 의해 제작된 상품에 대하여 사용허락을 받은 자의 이용을 제한하는 행위
(ix) 사용허락에 따라 생산된 상품의 최저판매가격을 설정하는 행위.

8) 이문지, "미국의 지적재산권 남용규제", 한국기업법학회, 기업법연구, 제17집 (2004), p. 298.

제한이 적용되지 않는 친 경쟁적 라이선싱 및 경쟁자들의 협력 유형과 반 경쟁적 행위 유형의 범위를 규명하여 왔으며, 라이선스 계약과 경쟁자들의 협력 유형에 경쟁 제한적 요소가 있다 하더라도 친 경쟁적 효과와 경쟁 제한적 효과를 모두 검토하여 비교한 후 위법성 여부를 판단하도록 하고 있다.

Ⅲ. EU의 경쟁법적 규제

1. 근거법률

EU에서 특허권의 행사에 대한 경쟁법적 규제는 EU기능조약의 경쟁법 관련규정인 101조 및 102조(舊 EC조약 81조 및 82조), 'EC조약81조및82조에규정된경쟁규칙의이행을위한이사회규칙 1/2003'[9] (이하 '이사회규칙 1/2003'이라 함), 그리고 EC조약 81조의 일괄적용면제(block exemption)를 규정한 '기술이전협정분야에대한EC조약81조적용에관한위원회규칙 772/2004' [10] (이하 '위원회규칙 772/2004'이라 함), EC 조약 81조의 기술이전계약의 평가원칙을 규정한 '기술이전계약에대한EC조약81조적용에관한가이드라인'[11] (이하 'EC조약81조가이드라인'이라 함)에 의해 규율된다. 또한 EC조약 81(3)조에 포함된 예외에 대한 위원회의 해석을 규정하고 개별 사안에 EC조약 81조를 어떻게 적용할 것인지 지침을 제공하는 'EC조약81(3)조적용에관한가이드라인'[12] (이하 '81(3)조가이드라인'이라 함)이 있다.

---

9) Council Regulation (EC) No 1/2003 on the implementation of the rules on competition laid down in Articles 81 and 82 of the Treaty. OJ L 1 (2003.1.4), p. 1.

10) Commission regulation (EC) No 772/2004 on the application of Article 81(3) of the Treaty to categories of technology transfer agreements, OJ L 123 (2004.4.27).

11) Guideline on the application of Article 81 of the EC Treaty to technology transfer agreements, OJ *C 101 (2004.4.27), p. 2.*

12) *Guideline on the application of Article 81(3) of the Treaty,* OJ C 101 (2004.4.27), p. 94.

2. 주요 내용

1) EU기능조약 101조 및 102조

EU기능조약[13] 101조는(舊 EC조약 81조) 경쟁을 제한하고, 회원국 간 무역에 영향을 미치는 라이선싱 계약에 적용된다. EU기능조약 101조 1항에 따라 회원국 공동시장 내에서 경쟁을 방해, 제한 또는 왜곡할 목적으로 체결되거나, 경쟁을 방해, 제한 또는 왜곡하는 효과를 갖는 사업자간 계약, 사업자 조합의 합의 및 제휴관행은 금지된다. 특히 다음과 같은 기업 간의 계약, 합의 및 제휴관행은 금지되며 자동적으로 무효다[14]:

(a) 가격 또는 기타의 거래조건을 직접 또는 간접으로 결정하는 경우;
(b) 생산, 마케팅, 기술 개발, 또는 투자를 제한하거나 통제하는 경우;
(c) 시장이나 공급원을 할당하는 경우;
(d) 동종의 거래에 대하여 거래 상대방에 따라 다른 거래조건을 적용하여 그들에게 경쟁상의 불이익을 제공하는 경우;
(e) 계약의 상대방이 그 성질이나 상관습에 비추어 당해 계약의 내용과는 아무런 관련이 없는 부수적 의무부담을 수락할 것을 조건으로 계약을 체결하는 경우

그러나 기업 간의 계약, 합의 및 제휴관행이 다음의 네 가지 요건을 충족시키는 경우에는 EU기능조약 101조 1항의 규정이 적용되지 않을 수 있다[15]:

---

13) '유럽연합조약과유럽공동체창설조약을개정하는리스본조약'(Treaty for Lisbon Amending the Treaty Establishing the European Community: 이하 '리스본조약'이라 함)이 2009년 12월 1일 발효되어 EU는 EU조약과 EU기능조약에 근거하게 되었다. EU는 EC를 통합하고, 대체하므로 'EC조약'을 'EU기능조약'(Treaty on the Functioning of the European Union)으로 명칭을 변경하여 그 내용을 개정하였다. 이로리, "리스본조약 발효 이후 EU의 변화와 통상적 시사점", 통상법률 제94호 (2010년 8월) 참조.

14) EU기능조약 101조 1항-2항 참조.

15) EC조약 81(3)조, 81(3)조 가이드라인, *para.* 34.

(ⅰ) 상품의 생산, 판매의 개선 또는 기술적, 경제적 진보 촉진에 기여함;
(ⅱ) 그 결과 초래하는 이익이 소비자들에게 공정하게 분배함;
(ⅲ) 이와 같은 목적을 달성하는 데에 필수적인 제한만을 부과함;
(ⅳ) 당해 상품의 실질적인 부문에 대하여 경쟁을 제거 할 가능성을 제공하지 않는 경우.

EU기능조약 101조(舊EC조약 81조) 적용에 대한 판단은 크게 두 단계로 구분된다. 첫 번째 단계는, 계약이나 합의가 반경쟁적 목적이나 실질적 또는 잠재적으로 반경쟁적 효과를 갖는가를 평가하는 것이고, 두 번째 단계는 계약이나 합의가 경쟁 제한적이라고 판단되는 경우, 그 계약에 친 경쟁적 이익이 있는가, 그리고 그러한 친 경쟁적 이익이 반경쟁적 효과보다 큰가를 비교 형량 하는 것이다.[16]

한편, EU기능조약 102조(舊EC조약 82조)는 EU 공동시장 내 또는 공동시장의 실질적인 부분에서 시장 지배적 지위를 갖는 사업자가 그 지배적 지위를 남용하는 행위를 금지하고 있는데, 그러한 남용행위로는 다음과 같은 행위가 열거되고 있다:

(ⅰ) 직접 또는 간접적으로 불공정한 가격조건을 부과하거나, 다른 불공정 거래조건을 부과하는 경우;
(ⅱ) 생산, 시장, 또는 기술개발을 제한하여 소비자에게 손해가 발생하는 경우;
(ⅲ) 거래의 상대방에 따라 다른 조건을 부과하여 경쟁상의 불이익을 초래하는 경우;
(ⅳ) 계약의 상대방이 거래관행 등에 비추어 당해 계약의 목적과는 아무 관련 없는 부수적 의무 부담을 수락할 것을 조건으로 계약을 체결하는 경우.

시장 지배적 지위 남용을 금지하고 있는 EC조약 82조에서는 81조와 같은 적용의 면제 가능성에 대한 규정을 두고 있지 않다.

---

16) *Ibid., para.* 11.

2) 이사회규칙 1/2003

EC경쟁법의 이행에 관한 이사회 규칙으로서, EC 조약 81(1)조의 적용을 받는 계약, 합의 및 제휴관행이 81(3)조의 요건을 충족하는 경우에, 그러한 계약, 합의 및 제휴관행은 금지되지 아니함을 다시 한 번 확인하고[17], 81조와 82조가 적용되는 경우의 구체적 절차에 관하여 규정하고 있다. 그리고 경쟁 제한적인 계약이 일괄적용면제에 해당되면, 계약 당사자는 당해 계약이 EC조약 81(3)조의 각 요건을 충족시키는가에 대한 입증책임이 면제되며,[18] 다만 동 계약이 일괄적용면제의 혜택을 받는다는 사실만 입증하면 81(3)조의 요건을 모두 충족하는 것으로 추정된다.[19]

3) 위원회규칙 772/2004(기술이전계약 일괄면제규칙)

지적재산권에 관한 거래에도 다른 거래와 동일한 기준이 적용된다. 따라서 지적재산권의 행사 또는 지적재산권에 관한 거래가 회원국의 거래에 영향을 미칠 위험이 있는 경우, 즉 공동체시장내의 경쟁을 방해, 제한 또는 왜곡하는 효과를 초래하는 경우 EU기능조약 101조 1항(舊 EC조약 81(1)조)이 적용되므로 원칙적으로 무효다.[20] 그러나 지적재산권의 라이선싱 계약이 갖는 경쟁 촉진적 성격을 감안하여 유럽위원회는 특허, 노하우 등의 이전계약에 관하여 EU기능조약 101조 3항(舊 EC조약 81(3)조)에 의한 일괄적용면제(block exemption)를 허용하고 있다. 이것은 일종의 '안전피난처'(safe harbors)를 설정한 것으로, 일괄적용면제에 따라 계약 당사자가 자신의 계약이 반경쟁적이 아니라는 법적 안전성을 확보할 수 있다. 일괄적용면제에 관한 위원회규칙은 EU기능조약 101조 1항(舊 EC조약 81(1)조)의 적용이 면제되는 경우뿐만 아니라 적용이 인정되는 경우도 함

17) 이사회규칙 1/2003 1(2)조.
18) 이사회규칙 1/2003 2조.
19) 81(3)조가이드라인, *para.* 35.
20) 81조가이드라인, *para.* 7.

께 규정하고 있다. 동 위원회규칙은 특허권 등의 실시허락계약에 관하여 일정한 표준을 제공하려는 것이다.[21)]

일정한 유형의 기업 간 각종 제휴행위가 EU기능조약 101조 1항(舊EC조약 81(1)조)에 의해 일단 위법이 되고, 이 중에서 101조 3항에 따라 그러한 행위에 대하여 101조 1항의 적용을 면제시키는 판단하는 규제방식에 따르면, 기업은 각각의 행위를 유럽위원회에 제출하여 적용 면제를 구하게 되는데, 이는 유럽위원회의 부담을 가중시키고 심사도 지체시키는 결과를 초래한다. 이러한 문제를 해결하기 위하여 유럽위원회는 대표적인 행위 유형에 대하여 일괄면제규칙을 만들어 라이선스 계약의 내용이 그러한 규칙에 해당되면 별도의 판단 없이 EU기능조약 101조 1항(舊 EC조약 81(1)조)의 적용 면제를 인정하고 있다.[22)] 일괄적용면제규칙은 일괄적용면제가 적용되는 행위, 적용되지 않는 행위(금지되는 행위), 심사에 의해 검토되는 행위를 분류하여 상세히 규정하고 있다. 그리고 참가기업의 시장점유율, 적용제외 기간 등에 관해서도 상세히 규정하고 있다.

가. 일괄적용면제에 해당되는 계약

일괄적용면제에 해당되는 계약의 유형은 특허 라이선싱계약, 노하우 라이선싱계약, 또는 소프트웨어 저작권 라이선싱계약이 있다[23)]. 그러한 면제는 두 사업자간의 계약에는 적용되나 셋 이상의 사업자 사이의 계약에는 적용되지 않는다.[24)] 두 사업자간 계약은 라이선스 받은 자가 제품 또는 서비스 생산을 위하여 라이선스 받은 기술을 활용할 수 있도록 허용하여야 한다.[25)] 라이선스 기술에 의한 제품의 생산을 허락하는 두 사업체간에 체결된 기술이전계약에는 EC조약 81(1)조가 적용되지 않는다.[26)] 즉, 81(1)

21) 송근장 · 김홍주 · 이철남 · 기민호, “독점금지법상 지적재산권의 행사”, 한국지적소유권학회, 지적소유권연구 제2권 (1998), pp. 414-415.

22) 이사회규칙 1/2003 2조.

23) 위원회규칙 772/2004 1(b)조 및 81조 가이드라인, *paras.* 46-53.

24) 위원회규칙 772/2004 2조 및 81조 가이드라인, *para.* 38.

25) 위원회규칙 772/2004 7조 및 81조 가이드라인 *para.* 41.

조의 적용대상에 속하는 경쟁제한요소를 포함하는 계약이라 하더라도 이러한 기술이전계약은 반쟁적이지 않은 것으로 간주된다. 이 면제는 라이선스를 받은 기술에 대한 지식재산권이 만료, 종료 또는 무효가 되지 않는 한 적용되며, 노하우의 경우에는, 라이선스를 받은 자의 행위로 인하여 노하우가 공개되는 경우를 제외하고, 노하우의 비밀이 유지되는 한 계약기간 동안 동 면제가 적용된다. 계약이 일괄적용면제에 해당하기 위해서는 계약이 규칙 4조의 경성제한행위(hardcore restriction)를 포함하지 않아야 하고[27], 계약이 경쟁업체 사이에 체결된 경우에는 당사자의 시장점유율의 합이 20%를 초과하지 않아야 하며, 만약 계약이 비경쟁업체 사이에 체결된 경우에는 관련 시장에서 개별적인 시장점유율이 30%를 초과하지 않아야 한다.[28]

나. 일괄적용면제가 적용되지 않는 계약

라이선스계약에 포함된 일정한 유형의 제한은 일괄적용면제의 대상이 되지 못한다. 그러한 라이선스계약은 계약이 경쟁업체 간에 이루어진 경우와 비 경쟁업체 간에 이루어진 경우로 구별된다. 계약 당사자가 경쟁업체인 경우, 제품을 제3자에게 판매할 때 가격 결정에 관한 당사자의 권리 제한, 생산량의 제한, 시장이나 고객의 할당 라이선스를 받은 자의 기술 개발 권리 제한 또는 계약 당사자들의 연구 개발 실시능력 제한과 같은 내용이 경쟁업체간 라이선스계약에 포함되는 경우에는, 계약 전체가 일괄적용면제의 적용을 받을 수 없다.[29] 그러나 경쟁업체 간의 라이선스계약에 상기 제한 규정이 있는 경우라도 생산량 제한이나 시장분할, 고객의 할당 그리고 연구개발에 대한 제한은 다음과 관련이 있는 경우 일괄적용면제를 받을 수 있다.

---

26) 위원회규칙 772/2004 2조.

27) 위원회규칙 772/2004 4조, 81조 가이드라인 *paras*. 74-106.

28) 위원회규칙 772/2004 3조. EC조약 81조 가이드라인은 관련 시장의 정의(*paras*. 19-25)와 경쟁업체와 비경쟁업체 사이의 구별(*paras*. 26-33)에 관한 지침을 제시하고 있다.

29) 위원회규칙 772/2004 4.1조.

① 생산량 제한에 관한 사항[30]

비상호적(non-reciprocal) 계약에 의해 라이선스를 받는 자에게 부과되거나, 상호적 계약에 의해서 라이선스를 받은 다수 중 한 사람에게만 부과되는 약정 제품의 생산량 제한은 EU기능조약 101조 1항(舊EC조약 81(1)조)의 적용을 받지 않는다.

② 시장분할 또는 고객에 관한 사항[31]

라이선스를 받은 자가 라이선스 받은 기술을 그 실시가 허락된 기술분야 또는 지역에서만 실시하겠다는 의무, 비상호적 계약에서 라이선스를 주는 자 및/또는 라이선스를 받은 자가 서로 상대방에게 실시 허락된 기술 사용분야, 제품시장 또는 독점적 영역 내에서 실시가 허락된 기술을 사용하지 않는다는 의무, 라이선스를 주는 자가 일정지역 내에서 라이선스를 받은 다른 자에게 기술을 실시 허락하지 않는다는 의무, 비상호적 계약에서 라이선스를 받은 자 및/또는 라이선스를 주는 자가 상대방에게 독점적으로 인정된 지역이나 고객을 대상으로 판매행위를 하지 않는다는 제한, 비상호적 계약에서 라이선스를 받은 자가 라이선스를 받은 다른 자에게 할당된 지역의 고객을 대상으로 적극적인 판매를 하지 않는다는 제한, 라이선스를 받은 자가 자신의 용도로 기술을 이용한 상품을 생산하고 여분의 제품을 판매할 수 있도록 한다는 의무, 라이선스를 받은 자가 특정고객에 대한 상품공급 목적으로 라이선스를 받은 경우에 그 특정고객을 위해서만 상품을 생산한다는 의무에는 EC조약의 81(1)조가 적용되지 않는다.

③ 연구개발의 제한에 관한 사항[32]

라이선스계약의 당사자들의 연구개발 실시능력을 제한하는 것이 라이선

---

30) 위원회규칙 772/2004 4.1(b)조.

31) 위원회규칙 772/2004, 4.1(c)(i)~(vii)조.

32) 위원회규칙 772/2004 4.1(d)조.

스 받은 노하우를 제3자에게 공개하는 것을 방지하기 위해 필수적인 경우에는 EU기능조약 101조 1항 (舊 EC조약 81(1)조)의 적용을 받지 않는다. 계약당사자가 경쟁업체가 아닌 경우, 제품을 제3자에게 판매할 때 그 가격을 결정하는 당사자의 권리 제한, 약정제품의 판매지역 또는 고객의 제한, 라이선스를 받은 자가 선택적 분배시스템에서 소매상을 운영하는 경우, 제품사용자에 대하여 라이선스 받은 자의 적극적 또는 소극적인 판매행위 제한다음의 제한이 비 경쟁업체 간 라이선스계약에 포함되는 경우에는 계약 전체가 일괄적용면제의 적용을 받을 수 없다.[33)]

비 경쟁업체 간의 라이선스계약에 상기 제한 규정이 있더라도 가격결정권의 제한, 판매지역 또는 대상고객에 대한 제한과 관련하여 다음의 경우에는 일괄적용면제의 적용을 받을 수 있다:

① 가격결정권 제한에 관한 사항[34)]

가격결정권이 제한되는 경우에도, 그 제한이 상대방의 압력이나 인센티브 제공의 결과가 아니라, 단지 최고판매가격을 설정하거나 또는 판매가격을 권고하는 경우에는 EC조약 81(1)조가 적용되지 않는다.

② 판매지역 또는 대상고객의 제한에 관한 사항[35)]

라이선스를 주는 자가 보유한 독점 지역 또는 고객을 상대로 하는 판매의 제한, 라이선스를 주는 자가 라이선스를 받은 자에게 부여한 배타적 지역이나 고객을 대상으로 하는 초기 2년간의 판매 제한, 라이선스를 받은 자가 자신의 사용만을 위하여 기술을 이용한 상품을 생산하고 여분의 제품을 판매할 수 있도록 한다는 의무, 라이선스를 받은 자가 도매업 운영자인 경우 최종고객에 대한 판매 제한, 선택적 유통체계(selective distribution system: 일정시장을 몇 개의 선택된 유통업체에 제한하여 판매시키는 전

33) 위원회규칙 772/2004 4.2조.
34) 위원회규칙 772/2004 4.2(a)조.
35) 위원회규칙 772/2004 4.2(b)(ⅰ)~(ⅵ)조.

략)인 경우에 그 구성원이 인가 받지 않은 중간 유통업체에게는 제품을 판매하지 않는다는 제한이 있는 경우에는 EC조약 81(1)조의 적용을 받지 않는다.

3) 일괄적용면제의 검토대상 계약

다음의 네 가지 유형의 제한이 라이선스계약에 포함되는 경우에, 그 제한의 친 경쟁적 효과 및 반 경쟁적 효과가 개별적으로 검토된다.[36] 만일 해당 제한규정이 반 경쟁적인 경우라고 판단되는 경우에는, 일괄적용면제는 그 관련 규정을 제외한 계약의 나머지 부분에 대하여 적용되며, 라이선스계약 전체를 무효로 하지는 않는다. (ⅰ) 라이선스를 받은 자가 라이선스 받은 기술에 관하여, 이와 분리할 수 있는 자체적 개발을 하거나 자체적으로 새로운 적용을 한 경우, 이를 라이선스를 주는 자 또는 라이선스를 주는 자가 지정한 제3자에게 독점적 라이선스를 주도록 하는 직/간접적 의무; (ⅱ) 라이선스를 받은 자가 라이선스 받은 기술에 관하여, 이와 분리할 수 있는 자체적 개발을 하거나 자체적으로 새로운 적용을 한 경우, 이를 라이선스를 주는 자 또는 라이선스를 주는 자가 지정한 제3자에게 전체 또는 부분적으로 양도하도록 하는 직/간접적 의무; (ⅲ) 라이선스를 주는 자가 공동시장에서 보유하고 있는 지식재산권의 유효성에 대해, 라이선스를 받은 자가 이의를 제기하지 않을 직/간접적 의무; (ⅳ) 계약 당사자가 경쟁업체가 아닌 경우, 라이선스를 받은 자 자신의 기술을 활용할 권리를 제한하거나, 계약 당사자들의 연구개발 실시능력을 제한하는 직/간접적 의무. 다만, 네 번째 유형에서 라이선스 받은 노하우를 제3자에게 공개하는 것을 방지하기 위해 필수적인 제한으로서, 라이선스 받은 자의 기술 활용 권리를 제한하거나, 연구개발 실시능력을 제한하는 경우는 예외로 한다.

---

36) 위원회규칙 772/2004 5조.

4) 일괄적용면제의 철회

유럽위원회 및 회원국의 경쟁당국은, 라이선스계약이 반경쟁적이라고 판단하는 경우 라이선스계약에 대한 일괄적용면제 혜택을 철회할 수 있다.[37] 이와 같은 경우로는 기술에 대하여 제3자의 시장접근이 제한되는 경우, 라이선스를 받을 가능성이 있는 자의 시장접근이 제한되는 경우, 명백한 이유 없이 계약당사자들이 라이선스 받은 기술을 활용하지 않는 경우가 해당된다.[38] 유사한 기술이전계약이 중첩 적으로 체결됨으로써 병행 네트워크(parallel network)를 형성하여 관련시장에서 50% 이상의 점유율을 차지하는 경우, 위원회는 당해 시장에 일정한 제한을 부과하는 기술이전계약에 대해서 일괄면제가 적용되지 않음을 별도의 규칙을 통하여 선언할 수 있다.[39]

3. 적용사례: 다자간 라이선스계약

EC 차원에서 다루어진 다자간 라이선싱(multiparty licensing)의 사례는 많지 않지만 EC는 다자간 라이선싱이 갖는 제한적 요소들의 잠재적인 반경쟁적 효과에 대하여 오랫동안 이를 검토하고 경계해 왔다. 현재 기술이전계약에 대한 일괄적용면제는 두 사업당사자 사이의 계약에만 적용되고 있다. 따라서 다수 당사자의 특허 풀과 지적재산권의 크로스 라이선스계약에 EC 조약 81(1)조와 81(3)조를 어떻게 적용할 것인지의 문제가 남아 있다. 먼저 다수 당자 간 라이선스계약에 대한 유럽위원회의 태도를 살펴보고, 동 사안에 대하여 EC 경쟁법총국의 요청에 의해 마련된 연구보고서[40] 에서 제시된 다자간 특허 풀 계약 구성요건을 살펴본다.

---

37) 위원회규칙 772/2004 6조 및 81조 가이드라인, *paras*. 117-122.
38) 위원회규칙 772/2004 6(1)조.
39) 위원회규칙 772/2004 7(1)조.
40) Robert C. Lind, Anya V. Kleymenova, Marie Miauton & Paul Muysert, Report on Mutiparty licensing, Charles River Associates Ltd., 2003.4.

(1) 유럽위원회의 태도

1987년 EC는 특허 크로스 라이선스계약이 EC 공동시장의 경쟁에 부정적 효과를 갖는다고 판단한 바 있다.[41] 문제 된 크로스 라이선스계약은 필립스와 소니가 다른 VCR 사업자들과 함께 체결한 VCR 시스템에 기술표준을 동일하게 적용하도록 하는 계약으로서, 기술료가 무료인 동시에 다른 제조사들의 카세트/레코드와 호환성을 전면 인정하는 것이었다. 다만 완성시스템으로서는 필립스 시스템만을 인정하고 있었고, 이 시스템의 변경을 위해서는 계약의 모든 당사자의 동의가 필요하였다. 유럽위원회는 동 계약에서 규정한 VCR 시스템 기준에 합치하기 위해서는 효율성 여부를 불문하고 다른 시스템은 배제되어야 한다는 점, 그리고 이러한 제한이 기술진보를 위해 필수적인 것이라 볼 수 없다는 점을 들어 EC조약 81(1)조의 적용 면제를 부인하였다.[42]

1990년대 이후 EC는 공동표준 설정과 같은 기술공유의 친 경쟁적 측면을 인정하고 있는데, 1993년 체결된 캐논, 코닥, 미놀타, 후지, 니콘의 사진시스템 라이선스계약이 카메라 유형, 필름, 인화장비 생산 등에 있어서 새로운 산업표준을 설정한 데 대하여 EC조약 81(1)조의 적용 면제를 인정한 바 있다. 유럽위원회는 특히 제3자에 대한 라이선싱계약의 성격이 지적재산권의 행사라기보다는 주로 라이선스를 받는 자에 대한 기술원조 측면이 강하다고 보고, '투명하고 공정한 라이선싱 시스템'이 요건이 되어야 한다고 강조하였다.[43] 2000년에 인정된 DVD 풀 또한 이와 유사한 라이선싱 계약을 두고 있었고, MPEG-2 특허 풀(1998년 인정), MPEG LA+5 특허 풀 구성계약(2001년 인정)도 배타성 없는 라이선스 프로그램을 유지한 점과, 특허보유자가 풀 비구성원에게도 라이선스를 줄 수 있다는 점에서 이들 풀 구성계약을 인정하였으며, 이들 계약의 조건들이 친 경쟁적이라는 점에 대하여 미국과 같은 견해를 표명하였다.[44]

---

41) Philips VCR, OJ L 47 (1978.1. 18), p. 42.
42) *Supra* note 40, p. 21.
43) Notice in OJ 330/10 of 1 November 1997.
44) *Supra* note 40, pp. 22-23.

현재 DVD 포럼으로 알려진 DVD 컨소시엄의 경우에도, DVD 특허 라이선싱을 관리하기 위하여 소니, 필립스, 파이오니아가 특허 풀을 구성하였고, 히다찌, 도시바 등이 별도의 특허 풀 구성계약을 체결하였는데, 이들 특허 풀은 DVD 생산에 필수적인 특허를 다량 보유하고 있었고, 특허 전문가를 고용하여 DVD 생산에 필수적인 특허 및 이와 분리되는 독자적인 특허를 구분해 왔다. 미국 사법부는 "DVD 생산을 위해 이들 사업자의 기술이 필요한 제조업자의 접근비용을 낮추었고, 장래의 라이선스를 받는 자가 10여 개의 개별사업자를 상대하는 것보다 두 특허 풀과 거래하는 것이 낫다"고 하여 두 특허 풀을 모두 인정하였는데[45], EC는 동 계약이 제조업자들로 하여금 필요한 DVD 특허라이선스를 신속하게 취득할 수 있도록 하고 있으며, 소비자의 이익 효과를 고려하는 측면에서도 거래의 진입장벽을 낮추는 것이므로 특허 풀을 인정할 수 있다고 하였다.[46]

2002년 3G 모바일 장비 제조업자들의 특허 풀이 EC조약 81(1)조의 적용을 면제받았다. 이 풀의 구성은, 3G의 표준에 부합하기 위해 제조업자들이 이용해야 하는 5개의 필수적인 특허에 관하여, 특허실시는 가능하게 하되 가격은 개별적으로 책정할 수 있도록 하여 필수특허 간에도 경쟁이 유지되도록 하는 것이었다. EC는 이에 대하여 "특정기술을 위해 필수적으로 사용되는 특허라도 다른 기술에 필수적으로 사용되는 특허와 경쟁할 수 있으며, 3G 장비 라이선싱계약에서 경쟁유지를 위한 필수특허의 경쟁은 인정되어야 한다"[47]고 하여 3G 산업을 후원하는 동시에 경쟁기술업자 사이에 경쟁을 유지하고자 하는 관점을 고려하였다.[48]

(2) 다자간 특허 풀 구성요건

다수 당사자 간 지적재산권의 특허 풀 및 크로스 라이선스에 관한

---

45) Letter from Joel I. Klein, Assistant Attorney General, Department of Justice, Antitrust Division, to Carey R. Ramos, Esq. (10 June 1999).

46) European Commission Press release, 9 October 2000.

47) Press release IP/02/1651 of 12 November 2002.

48) *Supra* note 40, p. 23.

EC조약 81(1)조 및 81(3)조와 관련하여, 유럽위원회 경쟁총국을 지원하기 위하여 마련된 연구보고서에 의하면, 유럽위원회는 현재의 위원회규칙을 다자간 라이선싱으로 확대할 것인지, 또는 EC조약81조적용가이드라인에 의해 다자간 라이선싱을 규정할 것인지를 고려하고 있는데, 이 두 가지 방안은 상호 배타적인 것이 아니라, 결합하여 사용할 수 있을 것으로 보인다.[49] 동 연구보고서는 산업표준을 설정하는 데 있어서 효율성과 경쟁성을 기준으로 한 특허 풀 구성계약의 요건을 다음과 같이 기술하고 있다:[50] (i) 특허 풀 내의 지적재산권은 보완적이어야 함; (ii) 로열티가 부과되는 지적재산권은 산업표준에 필수적이어야 함; (iii) 라이선스를 받은 자는 자유롭게 경쟁상품과 표준을 개발할 수 있어야 함; (iv) 라이선스를 주는 자는 자유롭게 경쟁상품 및 표준 개발에 참여할 수 있어야 함; (v) 특허 풀의 라이선스는 배타적이어서는 안 되며, 특허 풀의 기술라이선스를 독립적으로 타인에게 그 기술에 대한 라이선스를 줄 수 있어야 함; (vi) 라이선스 부여는 비차별적으로 이루어져야 함; (vii) 풀에 지급된 로열티는 라이선스 받은 기술의 사용수준에 합당하게 관련되어야 함; (viii) 그랜트백(grantback) 제한은 배타적이어서는 안 되며, 특허 풀에 필수적인 것으로 특허 풀의 라이선스와 같은 동일 분야의 사용이어야 함.

Ⅳ. 미국의 경쟁법적 규제

1. 관련 법

미국의 독점금지정책의 역사는 1890년 셔먼법의 제정에서 시작되었다.

49) *Ibid.,*, p. 1.
50) *Ibid.*, pp. 84-85.

당시 미국에서 석유, 철강, 운수등 주요 사업 대부분에서 스탠더드 오일 등의 대기업이 경쟁 상대방의 흡수 등을 통하여 시장을 독점하고 있었으며, 이에 대하여 시장에서의 경쟁을 보호하기 위하여 셔먼법이 제정되었다. 그런데 동 법 제2조는 경쟁유지를 위한 추상적 규정만 두고 있었다. 이후에 1914년 클레이튼법과 연방거래위원회법이 제정되었으나 구체적인 규제기준을 갖고 있지는 못했다.[51]

미국의 독점금지정책은 시대에 따라 규제기관과 법원의 해석에 의해 독점규제정책에 변화를 보여 왔는데, 특히 지적재산권과 독점금지법과의 관계에서 그러한 변화를 볼 수 있다. 1977년부터 미 법무부의 반독점부서(Antitrust Division)는 민간 기업에 의해 제안된 다양한 유형의 비즈니스 관행을 검토하기 위한 공적인 규제절차를 가지고 있다.[52] FTC도 1979년부터 제안된 비즈니스관행에 관련한 FTC의 권고적 의견을 구하는 유사한 절차를 갖추고 있다.[53] 이러한 절차는 지적재산권분야에서 미 법무부와 FTC의 정책을 이끌어 왔고, 1995년 두 기관은 '지적재산권라이선싱에관한독점금지가이드라인'[54] (Antitrust Guidelines for the Licensing of Intellectual Property: 이하 'IP가이드라인'이라고 함)을 제정하였다. 그 후 경쟁정책과 기업들의 협력에 관한 경쟁법적 가이드라인을 제시한 '2000년 경쟁자들간의협력에관한가이드라인'[55] (이하 '경쟁자협력가이드라인'이라 함)이 제정되었는데, 동 지침은 다수 당사자 간 라이선싱계약에 적용될 수 있는 내용을 담고 있다. 다음에서는 지적재산권(특히 특허 풀과 크로스 라이선싱 문제)과 독점금지법과의 관계와 관련한 1995년 IP가이드

---

51) *Supra* note 21, 402-403쪽.

52) 28 C.F.R § 50.6 (Antitrust Division Business Review Procedure).

53) 16 C.F.R §§ 1.1-1.4 (Advisory Opinions).

54) U.S. DEP'T OF JUSTICE & FED.TRADE COMM'N, ANTITRUST GUIDELINES FOR THE LICENSING OF INTELLECTUAL PROPERTY (1995), http://www.usdoj.gov/at/public/guidelines/ipguide.htm.

55) U.S. DEP'T OF JUSTICE & FED.TRADE COMM'N, ANTITRUST GUIDELINES FOR COLLABORTATIONS AMONG COMPETITORS (2000), *http://www.ftc.gov/os/2000/04/ftcdojguidelines,pdf.*

라인, 2000년 경쟁자협력가이드라인을 중심으로 그 내용을 살펴본다.

2. 주요 내용

(1) 1995년 IP가이드라인

1995년 IP가이드라인은 특허권, 저작권, 상표권 및 영업기밀에 의해 보호되는 지적재산권과 독점금지법과의 관계를 천명한 것으로, 1. 지적재산권과 독점금지법, 2. 일반원칙, 3. 독점금지의 관심사안 및 분석방법, 4. 사용허락협정의 평가와 관련한 일반원칙, 5. 일반원칙의 적용, 6, 무효인 지적재산권의 집행으로 구성되어 있다.

1) 일반원칙

1995년 IP가이드라인은 세 가지 일반원칙을 공표하고 있는데, 첫째, 독점금지의 목적상, 지적재산권을 다른 형태의 재산권과 비교 가능한 것으로 간주한다. 지적재산권법은 지적재산권의 소유자에게 배타적인 특정 권리를 부여하고, 이러한 권리는 지적재산권의 소유자에게 그들의 재산권 사용으로부터 수익을 갖게 한다. 지적재산권 소유자의 배타적 권리는 다른 형태의 재산권의 소유자가 향유하는 권리와 유사하므로, 지적재산권 행사에 있어 특정 유형의 행위는 독점금지법이 보호할 수 있고, 보호하는 것에 반하는 반경쟁적 효과를 가질 수 있다. 따라서 지적재산권은 특별히 독점금지법에 따른 감독에서 자유롭지 못하다. IP가이드라인에 기술된 독점금지원칙은 국내 라이선싱뿐만 아니라 국제 라이선싱에 대해서도 적용된다. 둘째, 지적재산권의 단순한 존재만으로 시장지배력이 추정되지 않는다. 즉, 특허, 저작권, 또는 영업기밀이 그 소유자에게 반드시 시장지배력을 부여하는 것으로 추정되지 않는다. 만약 특허 또는 다른 형태의 지적재산권에 시장지배력을 부여한다고 했을 때 그러한 시장지배력은 그 자체로서 독점금지법을 침해하는 것은 아니다. 상당한 '초 경쟁적 이윤'을 획득하게 하는 것을 가능하게 해 주는 다른 유형적 또는 무형적 자산과 마찬가지로, 최상의 상품, 사업적 통찰력의 결과인 시장지배력은 독점금지법을 위반하지 않는다. 셋째, 지적재산권 라이선싱은 기업이 생산의 보완적 요소들을 결합하는 것을 허용하며, 이것은 일반적으로 친 경쟁적인 것으로 인정된다.56) 지적재산권은 생산과정의 많은 요소 중 일부분이며, 다른 보완적 요소와 결합하여 가치를 창출하게 된다. 생산의 보완적인 요소란 제조 및 유통시설, 인력 및 다른 지적재산권을 말한다. 지적재산권의 소유자는 상업적 가치 창출을 위하여 필요한 다른 요소들을 결합하기 위한 계약을 체결한다. 소유자는 이러한 요소를 결합하기 위하여 다른 사람과 계약하는 것이 가장 효과적이라는 것을 인식하고, 단순히 그러한 보완적인 요소 자체의 공급계약 대신 지적재산권을 매매하거나 또는 그 개발을 위한 합작투자에 들어간다. 라이선싱, 크로스 라이선싱 또는 기타 지적재산권의 이전은 라이선스 된 재산권과 생산의 보완적 요소와의 결합을 촉진시킬 수 있다. 이러한 결합은 보다 효율적인 지적재산권의 개발을 유도하고, 생산비용 인하 및 새로운 신기술의 도입을 통하여 소비자에게 혜택을 준다. 또한 그러한 계약은 소비자와 기술 개발자에게 지적재산권의 가치를 증대시켜 준다. 지적재산권으로부터 예상되는 급부를 잠재적으로 증가시킴으로써, 라이선싱은 창조에 대한 인센티브를 제공하고, 연구개발 분야에 더 많은 투자를 촉진한다. 때때로 지적재산권의 한 아이템을 사용하기 위하여 다른 아이템에 대한 접근이 필요한 경우가 있는데, 이 때 접근이 허용되지 않는 두 번째 지적재산권 아이템이 기술개발을 차단할 수 있다. 예컨대, 특허 받은 기계의 개선이 기계 자체의 특허에 의해 차단될 수 있는데, 라이선싱은 차단 관계(blocking relation)에 있는 기술들의 조정된 발전을 촉진할 수 있다.

2) 특허 풀과 크로스 라이선싱57)

1995년 IP가이드라인은 특허 지적재산권 소유자 및 그들의 권리를 포함

56) IP 가이드라인 §2.0.

57) IP가이드라인 §5.5.

하는 풀 구성 계약(pooling arrangements)을 다루고 있다. IP가이드라인은 지적재산권풀이 친 경쟁적인 경우와 반경쟁적인 경우를 제시하고 있다. 친 경쟁적인 경우로는 지적재산권풀이 (ⅰ) 보완적인 기술을 통합시키고, (ⅱ) 거래비용을 감소시키며, (ⅲ) 특허 간 차단적 지위를 제거하고, (ⅳ) 비용이 소모되는 침해소송을 회피하게 하며, (ⅴ) 기술 확산을 촉진시키는 경우로 제시되었다.

반면에 반경쟁적인 경우로는 (ⅰ)지적재산권 풀에서 특정 기업들을 배제시키고, 배제된 기업들이 라이선스 된 기술을 포함하는 상품의 관련 시장에서 효과적으로 경쟁할 수 없고, (ⅱ) 풀의 참여자가 집단적으로 관련시장에서의 시장지배력을 갖고 있고, 그리고 (ⅲ) 풀 참여에 대한 제한이 풀로 구성된 기술의 효율적인 개발 및 이용에 합리적으로 관련되어 있지 않은 경우로 제시되었다. 특별한 상황이 없는 한, 경쟁자간 협력의 참여자들의 집단적인 시장 점유율이 경쟁이 영향을 받을 수 있는 각 관련 시장의 20% 미만인 경우에는 경쟁당국이 그러한 협력에 이의를 제기하지 않는다.[58] 풀 계약은 일반적으로 참여하기 원하는 모든 사업자에게 개방될 필요는 없으나 시장지배력을 집단적으로 소유하는 사업자들 간의 크로스 라이선싱과 풀 계약으로부터의 배제는 특정 상황에서 경쟁에 해를 끼칠 수 있다. 특허 풀 또는 크로스 라이선싱 자체의 시장 지배력이 없다면, 경쟁자를 협력적인 구매로부터 배제시킨 것은 그 자체로 당연 위법은 아니다. 일반적으로 경쟁적인 기술 간의 풀 구성 또는 크로스 라이선스계약으로부터의 배제는 배제된 기업이 라이선스된 기술을 포함하고 있는 상품의 관련시장에서 효과적으로 경쟁하지 못하고, 풀의 참여자가 관련 시장에서 집단적으로 시장지배력을 갖는 경우가 아니면 반경쟁적인 효과를 갖지 않는 것으로 본다. 만약, 그러한 상황이 존재하면, FTC는 특허 풀 참여에 대한 협정상의 제한이 풀의 대상이 된 기술의 효율적인 개발 및 이용에 합리적으로 관련 되는 지를 검토하고, 관련 시장에서 그러한 제한의 순 효과(net effect)

---

58) IP가이드라인 §4.3.

를 평가한다. 풀 계약이 참여자로 하여금 연구 및 개발에 참여하는 것을 방해하거나 저지하여 혁신을 지연시키는 경우 반경쟁적 효과가 발생할 수 있다. 예컨대, 구성원들이 현재 및 장래의 기술에 대하여 최저 가격에 서로 라이선스를 허용하도록 요구하는 풀 계약은 구성원들에 대하여 연구 및 개발에 참여할 인센티브를 제한한다. 왜냐하면, 풀의 구성원들은 그들의 성공적인 연구 및 개발을 공유해야 하므로 풀의 회원들은 다른 회원들의 업적에 무임승차 할 수가 있기 때문이다. 그러나 그러한 협정은 규모의 경제를 이용할 수 있고, 풀 구성원들의 보완적 능력을 통합시킴으로써 친 경쟁적인 효과를 가질 수 있고, 그러한 협정이 혁신시장에서 잠재적인 연구 및 개발의 많은 부분을 포함하는 경우에만 경쟁적인 문제를 야기할 수 있다.

미 법무부는 세 가지 제안된 특허 풀을 검토하고 승인하면서 이러한 원칙들을 적용하였는데, 첫 검토였던 MPEG-LA에 대한 검토에서 다음의 추가적인 가이드라인을 제시하였다.59)

(i) 특허는 유효한 것으로 만료되어서는 안 됨;
(ii) 경쟁적인 기술의 집합체 및 그에 대한 단일 가격 설정이 없어야 함;
(iii) 특허가 그 풀에서 기술을 보완하는데 필수적인 지 여부를 결정하기 위하여 독립적인 전문가가 활용되어야 함;
(iv) 풀 협정은 하부 상품시장(downstream product market)에서 경쟁자를 불리하게 해서는 안 됨;
(v) 풀 참여자는 풀의 범위 밖에서 예컨대, 하부 상품에 대한 가격에 대하여 담합해서는 안 됨;
(vi) 풀 협정은 라이선스를 받은 자의 혁신에 대한 인센티브를 감소시켜서는 안 됨

지적재산권의 크로스 라이선싱은 특허침해소송을 피하는 가장 효과적인

59) Letter from Joel I. Klein, Assistant Attorney General, Department of Justice, Antitrust Division, to Gerrard R. Beeney, Esq. (June 26 1997), http://www.usdoj.gov/atr/public/busreview/1170.htm..

수단이 될 수 있고, 법원은 일반적으로 당사자 간의 그러한 해결을 선호한다. 그러한 크로스 라이선싱이 수평적 경쟁자들을 포함할 경우, FTC는 그러한 해결의 효과가 실제 존재했거나 그러한 크로스 라이선스의 없었더라면 관련 시장에서 경쟁자 사이의 실제 또는 잠재적으로 존재하였을 경쟁을 감소시키는 지 여부를 검토한다. 이 때 효율성이 그러한 경쟁감소를 상쇄시키지 못한다면, 그러한 해결은 불법적인 거래 제한행위로서 제소될 수 있다.

(2) 2000년 가이드라인(경쟁자협력가이드라인)

2000년도 경쟁자협력가이드라인은 다자간 라이선싱(multiparty licensing)과 관련이 된다. 동 가이드라인은 현대 시장에서 경쟁하기 위하여, 경쟁자들이 때로는 협력할 필요성이 있으며, 경쟁은 기업들로 하여금 외국 시장으로의 확대, 고비용의 혁신노력을 위한 기금마련, 그리고 생산비 및 기타 비용의 인하와 같은 목적을 달성하기 위하여 복합적인 협력을 추진하도록 한다고 언급하면서, 그러한 협력이 때로는 좋은 것일 뿐 아니라 친 경쟁적이라는 것을 인정하였다.[60] 그러한 협력을 분석하는 기본 틀은 먼저 그러한 협력의 친 경쟁적 효과를 규명하고, 검증하는 것이며, 그 다음 경쟁에 대한 발생 가능한 부정적 효과를 규명하고, 분석한 다음 두 효과를 비교하여 균형을 꾀하는 것이다. 동 가이드라인에 따르면, 경쟁자간의 협력을 평가하는 기본원칙은 다음과 같다: (i) 검증될 수 있고, 잠재적으로 친 경쟁적이라고 인정할 수 있는 효율성의 존재할 것; (ii) 제안된 협력이 그러한 효율성을 달성하는데 합리적으로 필요한 것이어야 하고, 그것을 달성하기 위한 가장 덜 제한적인 실제적 대안이 존재할 것; (iii) 그러한 효율성의 혜택이 반경쟁적 비용 또는 유해 보다 클 것. 특별한 상황이 없는 한, 경쟁자간 협력의 참여자들이 보유한 집단적인 시장 점유율이 경쟁이 영향을 받을 수 있는 각 관련 시장의 20% 미만인 경우에는 경쟁당국은 그러한

60) 경쟁자협력가이드라인, p. 2.

협력에 이의를 제기하지 않는다.[61] 이러한 분석틀은 합병의 분석틀과 유사하지만, 합병과는 다르다고 본다. 합병은 관련 시장에서 당사자 간의 경쟁관계를 종식시키지만, 경쟁자 협력은 참가자간의 일정한 형태의 경쟁을 유지한다. 남아있는 경쟁은 경쟁적 우려를 감소시킬 수 있을 뿐만 아니라 참여자들이 남아 있는 경쟁에 대한 반경쟁적 제한에 합의 하였는지의 문제도 제기될 수 있다. 합병은 상시적인 것이지만, 경쟁자협력은 전형적으로 제한된 기간, 제한된 목적으로만 존재한다. 이와 같이 협력의 참여자들은 연구 및 개발과 같은 특정 목적에 대하여 실제적인 경쟁자가 아닌 경우에 조차도 잠재적인 경쟁자로서 남아 있다. 따라서 동 가이드라인은 협력의 참여자간의 장래의 경쟁에 대한 잠재성은 합병과는 다른 독점금지법상의 감독이 요구된다고 밝혔다.[62]

3. 적용사례

IP가이드라인은 크로스 라이선스나 특허 풀에 대한 FTC와 법무부의 입장을 제시한 것으로, 실제 사례에서 미 행정부가 어떠한 판단을 하였는지가 중요할 것이다. 미 법무부는 동 가이드라인을 공표한 이래, 1997년 6월 26일 MPEG-LA의 독점금지법상의 위법성 검토 요청하는 비즈니스레터에 대하여 공식 답변을 한 바 있으며, 이후에도 필립스, 소니 등이 주축이 된 1998년의 DVD-Rom 및 DVD-Video Formats I 특허 풀, 히따치, 미쯔비시, 도시바 등이 주축이 된 1999년의 DVD-Rom 및DVD-Video Formats II 특허 풀에 대하여 각각 1998년 12월 16일 및 1999년 6월 10일 독점금지법상의 판단을 하고, 이들 특허 풀에 대한 공식의견을 표명한 바 있다. 미 법무부는 이들 세 개의 특허 풀이 반독점금지법에 위배되지 않으므로 발표 현재로서는 독점금지집행조치를 취하지 않을 것이라는 입장을 표명하였다. 미 법무부에 의해 승인된 특허 풀인 MPEG-2, DVD

---

61) 경쟁자협력가이드라인 §4.2.
62) 경쟁자협력가이드라인, p. 5.

및 1394 특허 풀 구조의 공통적인 특징은 다음과 같다[63]: (i) 특허 풀의 모든 라이센서들은 풀에 대하여 비 독점적 라이선스를 허용함. 즉, 라이센서는 특허 풀 외부에 대하여 그들의 특허를 라이선스 할 수 있음; (ii) 독립된 특허전문가가 특허 풀 형성에 있어서 어느 특허가 필수적인 것으로 간주되는 지 평가함; (iii) 특허 풀에 요구되는 추가특허에 대한 평가와 특허 풀의 현재 특허에 대한 추가 검토를 위한 메커니즘을 갖추고 있음; (iv) 풀은 기술에 있어 모든 이해관계당사자에게 비차별적인 방식으로 라이선스 됨; (v) 모든 로열티 비율은 합리적이며, 합의된 공식에 따라 배분됨; (vi) 모든 그랜트백(grant back) 규정은 필수특허에 제한되며 공정하고 합리적인 조건으로 비 배타적인 라이선스를 요구함. 이러한 규정은 합리적이어야 하며, 추가적인 혁신을 방해하지 않는 방식이어야 함.

⋙ V. 결 론

미국의 독점금지법과 EU 경쟁법은 특허권의 정당한 권리행사를 보장하면서, 특허권의 행사라 할지라도 그러한 권리의 행사가 경쟁 제한적 효과를 갖는 경우 경쟁법의 규제 대상이 되도록 하고 있다. 특히 경쟁특허로 구성된 특허 풀 또는 크로스 라이선스계약의 경쟁 제한적 효과가 관심 대상이 되며, 그러한 효과가 있는 경우 규제된다. 이들 경쟁법은 특허 풀 및 크로스 라이선스에 대한 공통된 접근 태도를 보이는데, 일반적으로 보완적 특허로 구성되고, 상호 차단적인 지위를 제거하고, 거래 비용을 감소시키며, 구성원들 간의 특허침해 분쟁을 피하게 하고, 기술 확산, 개발을 촉진시키는 등의 특허 풀 및 크로스 라이선스 계약은 친 경쟁적인 것으로 인정된다. 반면에 경쟁특허 또는 대체특허로 구성된 특허 풀 및 크로스 라이선

63) *Supra* note 5, p. 13.

스계약은 그러한 계약에 특정 유형의 제한이 포함되는 경우, 반 경쟁적인 것으로 보아 라이선스계약 자체를 무효로 하거나 또는 그러한 제한의 경쟁제한적 효과와 효율성 증대 효과를 비교하여 경쟁 제한적 효과가 더 큰 경우에만 반 경쟁적인 것으로 인정하여 무효로 한다.

EU의 경우, 특허 풀의 라이선스 또는 크로스 라이선스 계약은 EC경쟁법상의 '기술이전계약'으로서, 일정한 요건을 충족시키면, EU의 회원국 공동시장 내 경쟁을 방해, 제한 또는 왜곡할 목적으로 체결되거나 경쟁을 방해, 제한 또는 왜곡하는 효과를 갖는 사업자간의 계약, 사업자 조합의 합의 또는 제휴관행을 금지하는 EU기능조약 101조 1항의 일괄적용면제의 대상이 된다. 지적재산권의 라이선스 계약이 갖는 경쟁 촉진적 성격을 감안하여 기술이전계약에 대하여 101조 1항의 일괄적인 적용 면제를 인정하고 있는데, 특허 라이선싱도 일정한 요건을 충족하는 것을 전제로 일괄적용면제 해당 계약에 해당된다. 그런데, 그러한 일괄적용면제는 두 사업자간의 라이선스계약에는 적용되지만 셋 이상의 사업자 사이의 라이선스 계약에는 적용되지 않는다. 특허 풀 구성원간의 양자 간 특허 라이선스계약은 일괄적용면제규칙의 요건을 충족시키는 경우 자동적으로 EU기능조약 101조 1항의 적용이 면제되므로, EC경쟁법의 위반 가능성이 없다. 그러한 요건은 라이선스계약이 경성제한행위를 포함하지 않아야 하고, 계약이 경쟁업체 사이에 체결된 경우 당사자의 시장점유율 합이 20%를 초과하지 않아야 하며, 만약, 비 경쟁업체 간에 체결된 경우 관련 시장에서의 개별적인 시장점유율이 30%를 초과해서는 안 된다. 다자간 특허 풀 또는 크로스 라이선스의 경우, 기술이전계약에 대한 EU기능조약 101조 3항의 일괄적용면제는 셋 이상의 사업자간의 라이선스계약에는 적용되지 않으므로, 원칙적으로 EU기능조약 101조 1항의 적용대상이 된다. 그러나 이 경우에도 101조 3항의 친 경쟁적인 요소를 갖는 경우에는 1항의 적용이 면제된다. 다자간 특허 풀 및 라이선스, 크로스 라이선스는 그 특허 풀 구성과 운영, 라이선스 또는 크로스 라이선스의 내용의 친 경쟁적 효과와 반 경쟁적 효과를 검토하여 친 경쟁적 효과가 반 경쟁적 효과 보다 크고, 그러한 효과를 상쇄시킨다고 판단되는 경우에 합법적으로 인정된다. 다수 당사자 간 특허 풀 및 라이선스 프로그램에 대한 유럽위원회의 태도를 보면, 라이선스 프로그램의 비 배타성, 제3자에 대한 라이선스 허용 가능성, 기술발전 촉진, 기술의 수요자 및 소비자의 이익효과, 특허 풀 구성원 간의 경쟁촉진 등이 보장되는 경우 친 경쟁적 효과가 있는 것으로 판단하였다.

한국의 경우[64]에도 독점규제법은 특허법에 의한 권리행사를 존중하면서, 외형상 또는 형식상 지적재산권의 권리행사로 보이지만 지적재산권 보호의 취지를 벗어나 정당한 권리행사로 볼 수 없는 일정한 행위가 시장 지배적 지위의 남용, 기업결합, 부당한 공동행위, 불공정거래행위 등 기술시장 또는 상품시장 등에서 경쟁을 제한하는 경우 이를 규제한다. 특허권의 제3자에 대한 실시 사용 허락계약, 교차실시허락계약(크로스 라이선스), 공동실시허락(특허 풀 계약) 및 지적재산권과 관련되는 거래도 대상이 된다.

미국의 경우, 반 경쟁적 효과를 갖는 특허권의 행사는 특허 풀에서 어떠한 기업들을 배제시키는 경우, 배제된 기업들이 라이선스 된 기술을 포함하는 상품의 관련 시장에서 효과적으로 경쟁할 수 없고, 풀의 참여자가 관련 시장에서 시장지배력을 가지며, 참여에 대한 제한이 풀의 대상이 된 기술의 효율적 개발 및 이용에 합리적으로 관련되어 있지 않은 경우다. 특허 풀이나 크로스 라이선싱이 모든 사업자에게 개방될 필요는 없지만, 배타적

64) 독점규제법은 사업자와 사업자단체의 부당한 국제계약체결과 관련하여 산업재산권도입계약, 저작권도입계약, 노하우 도입계약에 있어 부당한 공동행위, 불공정거래행위, 재판매가격유지행위에 해당하는 사항을 내용으로 하는 계약의 체결을 금지하고 있으며, '국제계약상의불공정거래행위유형기준고시'에서 이를 더욱 구체적으로 규정하고 있다. 그러나 국내계약의 경우에는 기준이 없어 형평성의 문제가 제기되어 오던 중 2000년 8월 30일 '지적재산권의부당한행사에대한심사지침'이 마련되어 국내계약에서도 구체적 심사기준이 마련되었다. 한편, 공정거래위원회는 1997년부터 '부당한지원행위의심사지침'을 마련하여 무체재산권을 무상으로 또는 정상 가격 보다 낮은 가격으로 제공하거나 정상가격 보다 높은 가격으로 제공받는 것을 지원행위로 보고 부당한 지원행위를 규제하고 있다. '부당한지원행위의행사지침'은 2005년 8월 17일 개정되어 시행되고 있다. '지적재산권의부당한행사에대한심사지침' 제7조에 따르면, 지적재산권의 행사와 관련하여 상호실시허락계약 또는 공동실시허락계약을 체결함으로써 경쟁제한 효과를 발생시키는 경우 독점규제법 제19조(부당한 공동행위 금지) 규정이 적용된다. 부당한 공동행위의 일반적 처리원칙을 규정하기 위하여 공정거래위원회는 2002년 5월 30일 '공동행위에 대한 심사기준'을 제정하였다.

성격이 경쟁에 제한을 가하는 경우, FTC는 참여에 대한 제한이 풀의 대상이 된 기술의 효율적 개발 및 이용에 합리적으로 관련되는 지 여부를 검토하며, 관련시장에서 그러한 제한의 순 효과를 평가한다. 또한 특허 풀 또는 크로스 라이선스 계약이 참여자로 하여금 연구개발에 참여하는 것을 방해하거나 저지하여 혁신을 지연시키는 경우에 반경쟁적 효과가 발생하는데, 현재의 그리고 장래의 기술을 최저가격에 크로스 라이선스 하도록 요구하는 특허 풀은 구성원들의 연구 및 개발에 대한 참여 인센티브를 제한하는 효과를 가질 수 있다. 특허 풀 또는 크로스라인센스계약이 혁신시장에서의 잠재적인 연구 및 개발의 대부분을 포함하는 경우에 경쟁적 문제를 야기시킬 수 있다. 그러나 그러한 경우에 그러한 계약이 갖는 친 경쟁적 효과도 동시에 고려하여 평가된다.

미국, EU 등 선진국 뿐 아니라 국내에서도 선진기술을 보유한 기업들이 특허 풀을 통하여 기술카르텔을 형성하여 관련 시장에서의 신규진입을 막거나 경쟁을 제한하는 경우의 비효율적인 사회적 비용 등을 감안할 때, 특허 풀 및 라이선스 관행에 대한 경쟁법적 규제는 필요하다. 그러한 규제가 너무 엄격하게 적용되어 특허가 장려하는 혁신을 저해한다면 유효한 특허의 친 경쟁적 사용을 저해할 수 있다. 따라서 특허 풀 및 특허라이선스 관행에 대한 경쟁법적 규제는 특허권의 정당한 행사 보호와 시장에서의 경쟁보호라는 균형이 적절하게 이루어질 수 있는 범위 내에서 이루어져야 한다.

참고문헌

〈국내문헌〉

강수경(2004.12), “특허권 사업화 촉진방안으로서의 ‘Patent Pool’의 법적 문제”, 한국비교공법학회, 『공법학연구』, 제5권, 제3호

Kyung-Hyun Lee(2001), “IP licensing agreement in the US and the EU”, 한국경쟁법학회, 『경쟁법연구』, 제7권

정영진(2005.3), “공정거래법과 지적재산권의 만남”, 한국공정거래연합회, 『경쟁저널』, 제115호

이로리(2006.6), “특허 풀과 경쟁법과의 관계 - 미국과 EU를 중심으로”, 법무부, 『통상법률』, 통권 제69호

______(2010.8), “리스본조약 발효 이후 EU의 변화와 통상적 시사점”, 법무부, 『통상법률』, 통권 제94호

이문지(2004), “미국의 지적재산권 남용규제”, 한국기업법학회, 『기업법연구』, 제17집

송근장, 김홍주, 이철남, 기민호(1998), “독점금지법상 지적재산권의 행사”, 『지적소유권연구』, 제2권

최병규(2004.3), “지적재산권과 경쟁법의 상호관계”, 특허청, 『지식재산21』, 통권 제83호

〈국외문헌〉

Cooperative Marketing Agreements Between Competitors: Evidence from Patent

Pools, NBER WORKING PAPER SERIES, Working Paper 9680 (http://www.nber.org/papers/w9680)

Letter from Joel I. Klein, Assistant Attorney General, Department of Justice, Antitrust Division, to Gerrard R. Beeney, Esq(June 26 1997). http://www.usdoj.gov/atr/public/busreview/1170.htm.

Letter from Joel I. Klein, Assistant Attorney General, Department of Justice, Antitrust Division, to Carey R. Ramos, Esq(10 June 1999)

Robert C. Lind, Anya V. Kleymenova, Marie Miauton & Paul Muysert, Report on Mutiparty licensing, Charles River Associates Ltd.(2003.4)

United States Patent and Trademark Office, Patent Pools: A Solution to the Problem of Access in Biotechnology Patents? (December 5, 2000)

〈관련 법 및 정부기관 보고서〉

■ 미국

U.S. DEP'T OF JUSTICE & FED.TRADE COMM'N, ANTITRUST GUIDELINES FOR THE LICENSING OF INTELLECTUAL PROPERTY(1995), http://www.usdoj.gov/at/public/guidelines/ipguide.htm.

U.S. DEP'T OF JUSTICE & FED.TRADE COMM'N, ANTITRUST GUIDELINES FOR COLLABORTATIONS AMONG COMPETITORS (2000) (http://www.ftc.gov/os/2000/04/ftcdojguidelines,pdf.)

■ EU

Council Regulation(EC) No 1/2003 on the implementation of the rules on competition laid down in Articles 81 and 82 of the Treaty. OJ L 1 (2003.1.4)

Commission regulation(EC) No 772/2004 on the application of Article 81(3) of the Treaty to categories of technology transfer

agreements, OJ L 123 (2004.4.27)
Guideline on the application of Article 81 of the EC Treaty to technology transfer agreements, OJ C 101 (2004.4.27)

■ 한국

공동행위 심사기준, http://www.ftc.go.kr
국제계약상의 불공정거래행위유형기준고시, 공정거래위원회고시 제1997-23호
기업결합심사기준고시, 공정거래위원회고시 제1999-2호
독점규제및공정거래에관한법률(법률 제7492호, 2005.3.31. 개정)
지적재산권의부당한행사에대한심사지침, http://www.ftc.go.kr
부당한지원행위의심사지침, http://www.ftc.go.kr
특허법(법률 제7554호, 2005.5.31 일부 개정)

제 9 장
EU의 상사분쟁조정제도

I. 서 론

EU는 2008년 5월 24일 '2008년 5월 21일 유럽의회와 EU이사회의 민사 및 상사조정의 특정 측면에 관한 지침'(Directive 2008/52/EC of the European Parliament and the Council of 21 May 2008 on certain aspects of mediation in civil and commercial matters: 이하 'EU조정지침'이라 함)을 관보에 게재하였고[1], 동 지침은 2008년 6월 13일 발효되었다. 덴마크를 제외한 EU회원국들은 2011년 5월까지 EU조정지침의 준수에 필요한 법률, 규정 및 행정규정들을 발효시켜야 한다. 동 지침은 국경 간 분쟁에만 적용되지만 회원국들이 동 지침을 국내조정절차

---

* 우리나라에서 일반적으로 사용되는 '조정'의 양태가 외국의 사용례에서 볼 때 실질적으로는 'conciliation'에 가깝다고 할 수 있다. mediation과 conciliation 모두 우리나라에서 '조정'으로 번역되어 사용되고 있는데, 그 의미를 정확하게 구별하고, 혼란을 피하기 위하여 과거 저자의 논문에서는 'mediation'에 대한 국문번역을 각각의 그 의미에 부합되는 용어로서 국제법에서 사용되는 용어구별을 근거로 'mediation'을 '중개'로 'conciliation'을 '조정'으로 구별하여 사용하였다. 그러나 앞서 언급한 바와 같이 이미 국내에서 'mediation' 과 'conciliation'을 구별 없이 모두 '조정'으로 사용하고 있어 또 다른 혼란의 소지가 있을 수 있고, 조정 기법적 측면에서 보면 조정의 형태 및 조정인의 역할범위에 따라 조정의 유형을 촉진적 조정(facilitative mediation)과 평가적 조정(evaluative mediation)으로 구분할 때 평가적 조정을 'conciliation'에 가까운 형태로 볼 수 있으므로 본서에서는 'mediation'과 'conciliation'을 구별하지 않고 모두 '조정'으로 번역하고, 영문을 병기하였다. 'mediation'과 'conciliation'의 구별은 본 저자의 연구논문 'mediation'과 'conciliation'의 개념에 관한 비교법적 연구, 중재연구 제19권 제2호 (2009년 8월), pp. 27-47 참조.

1) Official Journal L136/3.

에 적용하는 것을 배제하는 것은 아니다.[2] EU조정지침은 EU역내에 주소를 두고 있는 자연인과 법인의 민사 및 상사분쟁해결을 위한 조정만을 적용대상으로 하고 있으므로, EU 역외의 외국과의 민사 및 상사 조정에는 적용되지 않지만, 동 지침이 그러한 적용을 명시적으로 금지하는 것은 아니며, EU회원국이 EU조정지침을 이행하는데 있어 외국이 관련되는 분쟁에 대한 민사 및 상사조정제도를 별도로 운영하기 위하여 법을 개정하거나 입법을 할 가능성은 적다고 볼 수 있다.

EU조정지침상의 '조정'(mediation)은 그 명칭이 무엇이든, 둘 이상의 분쟁당사자들이 조정인(mediator)의 지원으로 분쟁해결에 대한 합의에 도달하기 위하여, 자발적으로, 그들 스스로에 의해 시도되는 구조화된 절차(a structured process)로 정의되었다.[3] 이 경우 조정인 은 분쟁당사자에게 분쟁의 해결책을 제시하거나 부과하지 않는데, 이 점에서 분쟁해결에 개입하는 제3자가 분쟁의 해결책을 적극적으로 제시하는 조정(conciliation)과 다르다. 조정자가 분쟁당사자간의 우호적인 해결책을 도출하는 것을 도와주는 촉진자(facilitator)의 역할을 하는 경우에는 조정(conciliation)과 명확하게 구별되지만, 분쟁해결방식의 구조상 또는 분쟁당사자의 요청으로 분쟁해결에 개입하는 제3자가 좀 더 적극적으로 분쟁의 해결책에 대하여 자신의 의견을 제시하는 평가자(evaluator)의 역할을 하는 경우, 조정(conciliation)과 유사한 성격을 가질 수 있다. EU조정지침의 전문(11)은 명시적으로 동 지침이 계약 전 협상이나 사법조정(judicial conciliation) 제도, 소비자 불만제도, 중재(arbitration) 및 전문가 결정과 같은 사법적 성격의 과정 또는 법적 구속력이 존재하는 지 여부에 관계없이, 분쟁의 해결에 대하여 공식적인 권고를 주는 사람 또는 기관이 관리하는 절차에 적용되지 않는다고 명시하고 있으므로, EU조정지침의 조정(mediation)은 분쟁해결에 참여하는 제3자가 분쟁의 해결책을 제시하는 조정(conciliation)과는 구별된다고 할 것이다.

---

2) EU조정지침.
3) EU조정지침 3(a)조.

EU조정지침은 민사 및 상사 분야의 국경 간 분쟁을 해결하려는 당사자에게 EU차원에서 통일된 조정제도에 관한 최소한의 예측가능성과 조정합의의 집행가능성을 제공하고 있다는 점에서 큰 의미가 있다. 다음에서는 EU조정지침의 채택배경과 주요 내용, 그리고 EU회원국의 조정제도와의 관계 등을 검토함으로써 EU역내에 주소를 두고 있는 한국 기업들의 상사분쟁에 대한 대안적 분쟁해결제도로서의 조정제도를 활용하는데 있어서의 시사점을 도출하고자 한다.

Ⅱ. 지침의 채택배경

1. 근거조약

EU조정지침의 채택 당시의 법적 근거는 EC조약(Treaty on European Communities, 現 EU기능조약[4]))에 있다. EC조약 61조(現 EU기능조약 67조)는 '자유, 안전 및 정의의 영역'(an area of freedom, security and justice)을 점진적으로 창설하기 위하여 EU이사회로 하여금 필요한 조치를 취하게 한다. ADR제도에 관하여 EU이사회는 특히 EC조약 65조에 규정된 민사 문제의 사법협력 분야에서 조치를 채택하여야 한다.[5]) EC조약 65조(現 EU기능조약 81조)에 따르면 국경 간 의의를 갖는 민사 문제의 사법 협력의 조치에는 민사 및 상사 사건의 결정의 승인과 집행 등의 개선과 간소화, 섭외사법 등에 관하여 회원국 등에서 적용 가능한 규정의

4) 2009년 12월 19일 발효된 유럽연합조약과 유럽공동체창설조약을 개정하는 리스본조약(Treaty of Lisbon)에 따라 유럽공동체설립조약(Treaty establishing the European Community)은 EU기능조약(Treaty on the Functioning of the European Union)으로 그 명칭이 변경되고, 그 내용도 개정되었다. EU기능조약은 EU의 기능을 조직하고, 그 관할권 행사 분야, 한계결정 및 관할권 행사방식을 결정한다. 이로리, "리스본조약 발효 이후 EU의 변화와 통상적 시사점 - 조약 및 EU기관 측면의 변화를 중심으로", 통상법률 통권 제94호 (2010.8) 참조.

5) EC조약 61(c)조(現 EU기능조약 70조).

양립성의 증진 및 민사절차의 원활한 기능에 대한 장벽의 제거가 포함된다. EU이사회는 가족법을 제외한 위 65조 (現 EU기능조약 81조)에 규정된 조치를 조정절차에 따라 채택하여야 한다.[6)]

2. 채택배경

1999년 10월 15일과 16일 핀란드의 탐페레(Tampere)에서 개최된 유럽이사회(European Council)의 EU회원국 정상들은 EU에서의 정의에 대한 접근을 개선하기 위하여 회원국들에 분쟁해결을 위한 '대안적이고, 사법관할 외적인 절차'(alternative, extrajudicial procedures)를 창설할 것을 요구하였다.[7)] 전통적인 법원 중심의 사법절차가 모든 분쟁에 대한 최적의 해결이 될 수 없다는 인식이 있었기 때문이다.[8)]

2000년 5월 법무와 내무 분야의 EU이사회(Council of European Union)는 민사 및 상사법에 따른 분쟁의 해결을 위한 대안적 수단에 대한 결론(Conclusions on alternative methods of settling disputes under civil and commercial law)을 채택하면서 이 분야에서 기본원칙의 확립은 정의에 대한 접근을 단순화하고 개선하도록 민사 및 상사 문제의 분쟁 해결을 위한 사법관할 외의 절차의 적절한 개발과 운영을 가능하게 하는 필수적인 조치라고 선언하였다.[9)]

---

6) EC조약 67(5)조 2단.

7) EU조정지침 전문 (2). 정의에 대한 보다 나은 접근의 확보는 '자유, 안전 및 정의의 영역'(an area of freedom, security and justice)을 창설하려는 EU의 목적의 하나이다. 자유, 안전 및 정의의 영역의 창설은 1997년 암스테르담조약에 의하여 도입이 되었는데, 정의에 대한 접근의 개선과 함께 역내 법원 결정의 상호인정이 그 주요 내용이다. EU조약 2조 4단(리스본협정에 의해 개정된 現 EU조약 3조)참조. 또한, 유럽인권협약 제6조는 정의에 대한 접근을 기본인권으로서 규정하고, 법적 구제의 권리는 공동체법의 기본원칙으로서 인정되었다. Case 222/84 Johnston [1986] ECR 1651 참조. 이러한 원칙은 EU의 기본권헌장(Charter of Fundamental Rights) 47조에도 규정되었다.

8) 전통적인 사법절차는 공공이익의 보호나 당사자들 사이의 힘의 심각한 불균형이 있는 경우에 여전히 최적의 해결 수단이 된다고 한다. Jonathan Faull, a remark at the Conference on self-regulation on mediation: a European Code of Conduct (Brussels, 2 July 2004).

9) EU조정지침 전문 (3).

2002년 4월 유럽위원회는 민사 및 상사법의 대안적 분쟁해결에 관한 녹서(Green Paper)[10]를 발표하고, 회원국들 및 이해당사자들과 광범위한 협의를 개시하였다.[11] 동 녹서는 ADR을 '정의에 대한 접근을 개선하는 것을 목적으로 하는 정책의 불가분'(integral part of the policies aimed at improving access to justice)이라고 지적하였다. 동 녹서에 대하여 160개 기관이 유럽에서의 대안적 분쟁해결을 조장하기 위한 의견을 제출하였는데 이들의 의견은 다음과 같이 정리되었다. 첫째, ADR이 가치 있는 분쟁해결방법인 점에 대하여 '사실상 만장일치의 동의'(practically unanimous agreement)가 있었다. 둘째, 현재 정부의 규제적 및 정책적 발의 전에 ADR은 이미 시장을 중심으로 발전되고 있다. 셋째, EU가 'ADR의 사용을 보다 촉진하기 위한 조치'를 취하여야 하는데, 어떠한 조치를 취할 것인가에 대하여 다양한 의견이 제시되었다.[12]

이러한 의견을 반영하여 2004년 10월 유럽위원회는 EU조정지침 초안을 채택하였다.[13] 동 초안은 조정과 재판절차의 건전한 관계를 보장하기 위한 민사절차규정에 집중하였다. 예컨대, 유럽위원회는 동 초안에서 조정절차나 조정자의 임명 등에 관한 규정을 포함하지 않았다.[14] 이를 대신하

---

10) European Commission, Green Paper on alternative resolution in civil and commercial law, COM (2002)196final, Brussels (19.04.2002).

11) *Id.*, 유럽위원회는 1998년과 2001년 각각 다음의 소비자 분쟁에 관한 권고를 채택한 바 있다: Commission Recommendation 98/257/EC 30/03/1998, the principles applicable to the bodies responsible for the extra-judicial resolution of consumer disputes, OJ L115, 17.4.1998, p. 31; Commission Recommendation 2001/310/EC 4/04/2001, the principles applicable to the extrajudicial bodies charged with the consensual resolution of consumer disputes, OJ L109, 19.4.2001, p. 56. 유럽위원회는 ADR 관련 기관으로서 적어도 다음의 두 기관을 두고 있다: 'European Extra Judicial Network'(EEJ-Net), 'Financial Services Complaints Network'(FIN-NET).

12) ASA, ASA comments on the proposed EU directive on certain aspects of mediation in civil and commercial matters published in Brussels 22nd October 2004(이하 'ASA comments'라 함).

13) IP/04/1288.

14) 유럽위원회의 녹서에 대한 의견들에서 이러한 내용은 계획된 지침에 포함되지 않는 것이 바람직하지 않았다고 한다. RAPID, Mediation in civil and commercial matters, MEMO/08/263 (Brussels, 23 April 2008) (http://europa.eu/rapid/pressReleasesAction.do?reference=MEMO/08/263&format=HTML&aged=0&language=EN&guiLanguage=en) 참조.

여 2004년 7월 유럽위원회는 '조정자를 위한 유럽행위규약'(European Code of Conduct for Mediators)을 채택하였다. 동 규약은 조정자의 자기 규제적 접근에 따른 것이다. 따라서 유럽위원회는 동 규약 내의 원칙이 준수되는 여부에 대한 감시의 책임을 지지 않는다.[15]

2005년 12월 영국이 의장국인 시점에서 법무와 내무 분야의 EU이사회는 유럽위원회의 초안에 대한 공동입장을 채택하고, 2007년 3월 유럽의회는 첫 의견을 주었다. 2007년 11월 법무와 내무 분야의 EU이사회는 유럽의회의 의견을 고려하여 EU조정지침에 대한 최종 합의에 도달하였고, 2008년 4월 23일 유럽의회가 동 지침에 대하여 최종적으로 동의 하였다. 동 지침의 의도는 조정을 사법 및 중재절차에 대한 매력적인 대안으로 만드는 것이다.

Ⅲ. 지침의 주요 내용

EU조정지침은 2002년 4월 유럽위원회의 민사 및 상사법의 대안적 분쟁해결에 관한 녹서[16]및 2004년 7월 개시한 조정인을 위한 유럽행위규약(European Code of Conduct for Mediators)의 후속조치로서, 민사 및 상사분야의 국경 간 분쟁에 적용되는 조정과 관련하여, 조정의 질 보장, 조정회부, 조정으로 도출된 합의의 집행가능성, 조정의 비밀유지, 조정과 출소기한 및 시효와의 관계 등을 내용으로 하는 14개 조문으로 구성되어 있다.

동 지침의 목적은 국경 간 분쟁(cross-border disputes) 해결에 대한 접근을 용이하게 하고, 조정의 이용을 장려하고, 조정 및 사법절차간의 건전한 관계를 보장함으로써 분쟁해결의 우호적인 해결을 촉진하는 것이

15) ASA Comments, *supra* note 12, p. 3.
16) European Commission, *supra* note 10.

다.[17] 조정은 당사자의 필요에 부합된 절차를 통하여 비용 효과적이고 신속한 재판 외 분쟁해결을 제공할 수 있으며, 조정을 통하여 도출된 합의는 보다 자발적으로 준수되고, 당사자 간 우호적이고 지속가능한 관계를 보다 더 보전할 가능성이 있다. 이러한 조정의 장점은 국경 간 요소를 포함하고 있는 상황에서 보다 명백해진다.[18]다음에서는 EU조정지침의 주요 부분을 중심으로 간략히 그 내용을 검토한다.

1. '조정' 및 '조정인'의 정의

조정(mediation)은 그 명칭이 무엇이든, 둘 이상의 분쟁당사자들이 조정인(mediator)의 지원으로 분쟁해결에 대한 합의에 도달하기 위하여, 자발적으로, 그들 스스로에 의해 시도되는 하나의 구조화된 절차를 의미한다.[19] 이 절차는 당사자에 의해 개시되거나 법원에 의해 제안 또는 명령되거나 또는 회원국의 국내법에 의해 규정될 수 있다. 조정은 당사자들이 스스로 과정을 책임지고, 자신들이 바라는 대로 조정을 조직하고, 언제라도 종료할 수 있다는 점에서 자발적인 과정이다.[20]

'조정인'(mediator)은 관련 회원국에서의 직함 또는 직업이 무엇이든지, 조정을 수행하기 위하여 임명 또는 책임을 맡게 된 방식이 무엇이든 지 상관없이 효과적이고, 공정하며, 유능한 방식으로 조정을 수행하도록 요청받은 제3자를 의미한다.[21] 동 지침의 조정은 당해 분쟁에 관한 모든 재판절차에 책임이 없는 판사에 의해 수행되는 조정을 포함하지만, 법원 또는 당해 분쟁과 관련하여 재판절차에 배석하였던 판사에 의한 시도는 배제된다.[22]

---

17) EU조정지침 1조.
18) EU조정지침 전문 (6).
19) EU조정지침 3(a)조.
20) EU조정지침 전문 (13).
21) EU조정지침 3(b)조.
22) EU조정지침 3(a)조.

2. 적용범위

1) 적용대상

EU조정지침은 '민사 및 상사의 국경 간 분쟁'에 적용된다. 그러나 관련 적용 가능한 법에 따라 당사자의 처분에 있지 않은 권리와 의무에 대해서는 적용되지 않는다. 특히, 재정, 관세 또는 행정사안이나 국가권한의 행사의 작위 또는 부작위에 대한 책임으로 확대되지 않는다. 동 지침의 적용에 있어 지침의 채택에 참여하지 않은 덴마크는 동 지침에 구속되지 않는데, 이는 '유럽연합조약과 공동체창설조약에 부속된 덴마크의 입장에 관한 의정서(Protocol on the position of Denmark) 1조와 2조에 의한 것이다.[23]

동 지침이 적용되는 '국경 간 분쟁'(cross border disputes)은 당사자가 분쟁에 제기된 후 조정을 이용하기로 합의한 날; 법원에 의해 조정이 명령된 날; 국내법에 따라 발생된 조정의 이용의무일; 또는(동 지침 5조의 목적상) 법원에 의한 조정제안이 당사자에게 이루어진 날짜에 적어도 당사자 중 일방이 주소를 한 회원국 내에 두거나 일상적으로 거주하는 경우의 분쟁을 의미한다.[24] 이 경우 주소는 일명 '브뤼셀협약'(Brussels Convention)인 Regulation(EC) No 44/2001의 59조와 60조에 따라 결정된다.[25] 즉,(분쟁의 일방 당사자가) 당해 사건을 담당하는 법원의 회원국에 주소를 갖고 있는지를 결정하기 위하여 해당 국내법원은 자신의 국내법을 적용한다.[26] 당사자 일방이 해당 법원의 회원국에 주소를 갖고 있지 않으면, 동 당사자가 다른 회원국에 주소를 갖는지 결정하기 위하여 동 법원은 그 다른 회원국의 법을 적용한다.[27] 기업 등 법인과 자연인, 그리고 법인협회는

---

23) EU조정지침 전문 (30).

24) EU조정지침 2(1)조.

25) Council Regulation (EC) No 44/2001 of 22 December 2000 on jurisdiction and the recognition and enforcement of judgments in civil and commercial matters, *OJ* L 012, 16/01/2001 P.

26) Council Regulation (EC) No 44/2001 59(1)조.

27) Council Regulation (EC) No 44/2001 59(2)조.

법정 소재지(statutory seat), 중앙행정(central administration) 또는 사업의 주된 소재지(principal place of business)를 가지고 있는 곳에 주소를 갖는다.[28] 기업합동(trust)이 사건의 담당 법원이 소재한 회원국에 주소를 갖는지 결정하기 위하여, 해당 법원은 자신의 섭외사법규정을 적용한다.[29]

동 지침은 국경 간 분쟁에만 적용되지만, 회원국들은 동 지침의 규정을 자국 내 조정절차에도 적용할 수 있다.[30] 국경 간 분쟁의 광범위한 정의를 고려할 때 동 지침의 비밀유지와 출소기간 및 시효에 관한 규정은 조정의 시점에서 회원국 국가 내부의 성격을 가지지만 사법절차에서 국제적인 상황에도 적용된다.[31] 예컨대, 조정의 실패 후 당사자 일방이 외국으로 이동하는 경우이다.

2) 적용의 예외

동 지침은 계약 전 협상(pre-contractual negotiation)[32]이나 사법조정제도(judicial conciliation schemes), 소비자 불만제도, 중재(arbitration) 및 전문가 결정과 같은 사법적 성격의 과정 또는 분쟁의 해결에 대하여 법적으로 구속력 존재 여부에 관계없이, 공식적인 권고를 주는 사람 또는 기관이 관리하는 절차에 적용되지 않는다.[33]

EU조정지침은 법원이 당사자들을 조정에 회부하거나 국내법이 조정을 규정하는 사건에 적용되는데,[34] 판사가 국내법에 따라 조정자로서 활동할

28) Council Regulation (EC) No 44/2001 60(1)조.
29) Council Regulation (EC) No 44/2001 60(3)조.
30) EU조정지침 전문 (8).
31) IP/04/1288.
32) 계약 전 협상은 계약의 체결을 위한 협상이 수행되기 전에 당사자들 사이에서 교환되는 서신, 통화 및 회의 등을 의미하는데, 정식의 협상에서 당사자들 사이에서 제의(offer)와 수락(acceptance)이 일치하기 전의 단계로서 구별되는 것으로 보인다. Ian Nosworthy, "*A Practical Guide to Effective Contract Management Pre-Contractual Negotiations and New Concepts in Contracting*", IES Conferences (5 June 2001), 3.
33) EU조정지침 전문 (11).
34) EU조정지침 전문 (12).

수 있는 한, 지침은 분쟁의 사안에 관련되는 사법적 절차에 책임을 지지 않는 판사가 수행하는 조정에도 적용된다. 그러나 동 지침은 해당 분쟁에 관한 사법절차에서 분쟁 해결을 담당하는 법원 또는 판사의 조정 또는 담당 법원 또는 판사가 권한 있는 자에게 지원 또는 조언을 요청하는 사건에 확대되지 않는다.

동 지침의 어느 규정도 조정의 사용을 강제적이게 하거나 장려 또는 제재를 조건으로 하는 국내 법령을 침해하지 않는데, 이러한 법령은 당사자들이 사법제도에 대한 접근의 권리를 행사하는 것을 방해하지 말아야 한다. 본 지침의 어느 규정도 기존의 자율규제적인 조정제도가 본 지침이 다루지 않는 측면을 다루는 한 이러한 제도를 침해하지 않는다.[35]

동 지침의 목적이 회원국들에 의하여 충분하게 달성될 수 없고 따라서 조치의 규모 또는 효과의 이유로 공동체 차원에서 더 잘 달성될 수 있기 때문에, 공동체는 EC조약 5조에 규정된 보충성의 원칙(principle of subsidiarity)에 따라 조치를 취할 수 있다. 동 조문에 규정된 비례성의 원칙(principle of proportionality)에 따라 본 지침은 그 목적의 달성에 필요한 것을 넘지 않는다.[36]

3. 조정의 질 (質) 보장

회원국은 적절하다고 생각되는 모든 수단에 의하여 조정서비스규정과 관련된 효과적인 질적 관리제도 뿐만 아니라 조정인과 조정서비스를 제공하는 기관의 자발적인 행위규약(Code of conduct)을 개발하고 준수할 것을 장려하여야 한다. 회원국은 당사자와 관련하여 조정이 효과적이고, 공정하며 유능한 방식으로 수행되는 것을 보장하기 위한 목적으로 조정인에 대한 초기 및 추가훈련을 장려하여야 한다.[37] 조정인들은 인터넷상에서 일반대

35) EU조정지침 전문 (14).
36) EU조정지침 전문 (28).
37) EU조정지침 4조.

중에게도 입수 가능하여야 하는 '조정인을 위한 유럽행위규약'의 존재를 인지하여야 한다.38)

회원국이 조정서비스의 제공에 관한 효과적인 질적 통제장치를 장려하는 데 있어, 회원국들은 시장에 근거한 해결에의 의지를 포함하는 통제장치를 정의하여야 하는데, 그 점에서 자금조달을 제공하도록 요구되지 않는다.39) 동 조정의 질적 통제장치는 조정과정의 유연성과 당사자들의 자율성을 유지하고, 조정 효과적이고 공정하고 적임의 방법으로 수행되도록 보장하는 것을 목적으로 하여야 한다.40) 즉, 비밀유지, 출소 및 시효기간에 대한 효과 및 조정의 결과인 합의의 승인과 이행에 관한 필요한 상호신뢰를 보장하기 위하여 회원국들은, 그들이 적절하다고 고려하는 수단에 의하여, 조정인의 양성과 조정서비스의 제공에 관한 효과적인 질적 통제장치의 도입을 장려하여야 한다.41)

4. 법원에 의한 조정권유

소송이 제기된 법원은 적절한 경우 그리고 사건의 모든 상황을 고려하여 분쟁을 해결하기 위하여 조정을 이용할 것을 당사자에게 권유할 수 있다.42) 즉, 법원의 모든 판사는 적절하다고 고려하는 경우, 사법절차의 어느 단계에서도 당사자들로 하여금 조정을 사용하도록 권고할 수 있다.43) 더욱이, 법원은 적절한 경우에는 언제나 당사자들이 조정의 가능성에 주의

---

38) EU조정지침 전문 (17).

39) EU조정지침 전문 (17). 예컨대, 프랑스는 조정인 (just conciliators)는 당사자들에게서 보수를 받지 않고 정부의 지원을 받는다. 아일랜드의 가사조정도 정부의 재정적 지원을 받는다. 영국에서는 법률구조를 받은 당사자는 조정 비용을 'Legal Service Commission'에 청구할 수 있다. Newman and Antonio Miguel Ferro Gatela Teixeira, Legal Problems and opportunities for ADR in the European Union, EuroExpert Symposium2003 Estoril/Portugal, 2.

40) EU조정지침 전문 (17).

41) EU조정지침 전문 (16).

42) EU조정지침 5조.

43) IP/04/1288.

를 기울일 수 있게 하여야 한다.44) 물론 조정의 개시에 대한 결정은 분쟁 당사들에게 달려 있다.

법원은 조정의 사용에 대한 정보회의(information meeting)가 개최되고 용이하게 접근이 가능한 경우, 분쟁 당사자들에게 동 정보회의에 참석하도록 권유할 수 있다.45) 이 점에서 회원국들은 조정인들과 조정서비스를 제공하는 기관의 접촉에 관한 정보를 일반대중에게 제공하는 것을 장려하여야 한다.46) 또한, 회원국들은 법 실무자들이 그들의 의뢰인들에게 조정의 가능성을 통보하도록 장려하여야 한다.47) 회원국은 조정의 활성화를 위한 정보회의를 마련하여야 할 것이다.

EU조정지침은, 사법절차의 개시 전후를 불문하고, 조정의 사용을 강제적이게 하거나 장려 또는 제재를 조건으로 하는 국내 법령을 침해하지 않지만, 이러한 법령은 당사자들이 사법제도에 대한 접근의 권리를 행사하는 것을 방해하지 말아야 한다.48)

판사가 국내법에 따라 조정자로서 활동할 수 있는 한, 본 지침은 분쟁사안에 관련되는 사법적 절차에 책임을 지지 않는 판사가 수행하는 조정에도 적용된다.49) 그러나, 본 지침은 해당 분쟁에 관한 사법절차에서 분쟁의 해결을 담당하는 법원 또는 판사의 노력 또는 담당 법원 또는 판사가 권한 있는 자에게 지원 또는 조언을 요청하는 사건에 확대되지 않는다.50)

5. 조정으로 도출된 합의의 집행가능성

회원국은 당사자들 또는 그들 중 일방이 다른 일방의 명시적인 동의로서 조정의 결과로 도출된 서면합의의 내용이 집행 가능하도록 요구할 수 있는

---

44) EU조정지침 전문 (13).
45) EU조정지침 5(1)조.
46) EU조정지침 전문 (25).
47) EU조정지침 전문 (25).
48) EU조정지침 5(2)조.
49) EU조정지침 전문 (12).
50) EU조정지침 전문 (12).

가능성을 보장하여야 한다. 그 합의의 내용이 당해 사건에 있어서 그 요청이 행해진 회원국법 또는 그 집행가능성을 규정하지 않은 회원국법에 반하는 경우가 아니라면, 그러한 합의내용은 집행 가능하여야 한다. 합의내용은 법원 또는 관할기관에 의하여 판결 또는 결정 또는 요청이 이루어진 회원국의 법에 따라 인증된 문서로 집행 가능하여야 한다. 회원국은 유럽위원회에 그러한 요청을 접수받는 법원 또는 기타 관할기관을 통보하여야 한다. 분쟁당사자의 조정합의에 대한 집행가능성에 대한 요청을 받는 회원국은 그러한 요청이 유럽위원회에 그러한 요청이 있는 경우 유럽위원회에 통보하여야 한다.[51]

6. 조정의 비밀성

조정이 비밀성을 존중하는 방식으로 개최될 것이 의도된 점에 비추어, 회원국은 당사자들이 달리 합의하지 않는 한 조정인 뿐만 아니라 조정절차의 행정에 결부된 사람들도 민사 및 상사 사법절차 또는 중재(arbitration)에서 조정절차에서 나온 또는 조정절차와 관련하여 제기된 정보에 관한 정보를 제공하도록 강요되어서는 안 된다. 단, 예외적으로 첫째, 해당 회원국의 공공정책의 압도적인 고려를 위하여 필요한 경우, 특히 아이들의 최선의 이익의 보호를 보장하거나 사람의 육체적 또는 정신적 일체성에 대한 해를 방지하는데 요구되는 경우에 예외가 인정된다.[52] 둘째, 조정의 결과인 합의의 이행 또는 집행을 위하여 동 합의의 내용의 공개가 필요한 경우에 예외가 인정된다.[53] 또한, 비밀유지에 관한 EU조정지침의 규정에도 불구하고, 회원국들은 조정의 비밀유지의 보호를 위한 보다 엄격한 조치를 법제화할 수 있다.[54]

51) EU조정지침 6조.
52) EU조정지침 7(1)(a)조.
53) EU조정지침 7(1)(b)조.
54) EU조정지침 7(2)조.

조정에서 비밀유지의무는 우선 당사자들이 부담하는 것이 원칙일 것이다. 엄격한 예외의 경우를 제외하고 조정절차에서 당사자들 사이에서 주고받은 정보는 추후의 재판이나 중재에서 증거로 인정되어서는 안 된다. 같은 맥락에서 조정인도 비밀유지의 의무를 부담하여야 한다. 조정이 실패한 후에 조정인은 추후의 사법절차에서 증인으로 요청될 수 없다. 이 같은 조정에서의 비밀유지는 당사자들과 조정인과의 합의를 통하여 보장될 수 있다. 이러한 합의에도 불구하고 조정절차에서 공개된 비밀의 자료가 추후의 사법절차에 증거로서 제출되면 위의 비밀유지 의무를 이행한 당사자는 불리한 입장에 놓여지고, 동 증거의 허용을 반대하는 것이 쉽지 않게 된다. 이러한 문제에 대하여 일부 회원국들은 명시적인 규정을 하고 있다. 예컨대, 벨기에의 조정법(Mediation Law)[55]에 따르면, 조정을 위하여 준비된 모든 문서와 조정에서 수행된 의사소통은 비밀로 유지되어야 한다.[56] 이러한 조정의 비밀유지 의무를 위반한 당사자는 다른 당사자에게 손해배상을 지불하고, 동 비밀유지 의무에 위반하여 추후의 재판이나 중재에 제출된 정보는 자동적으로 무시되어야 한다. 그러나 네덜란드와 같은 일부 회원국은 조정절차에 비밀유지의 보호를 부여할 필요가 없다고 결정하였다.[57] 이같이 회원국들 사이의 비밀유지에 대한 상이한 규정은 조정을 통한 국경 간 분쟁의 해결을 어렵게 할 수 있다. 예컨대, 비밀유지가 보장되는 회원국에서 조정을 수행한 당사자들이 그러한 보장을 하지 않는 다른 회원국에서 추후의 사법절차에서 비밀인 정보가 공개될 수 있기 때문이다.

이러한 문제의 해결을 위하여 EU조정지침은 조정이 실패한 경우에 조정과정에서 당사자 일방이 제시한 정보는 그 분쟁당사자에 대하여 추후의 사법절차에서 사용될 수 없다고 규정한다. 즉, 당사자들이 달리 합의하지 않

55) Loi du 21 février 2005 modifiant le Code Judiciare en ce qui concerne la mediaton, 2005년 3월 22일 관보에 게재, 2005년 9월 30일 발효.

56) Association of Corporate Counsel, european briefings (ACC Docket June 2006), 2.

57) *Id.*

는다면, 회원국들은 조정인이나 조정과정의 관리에 관여한 다른 자들이 민사 및 상사 사법절차 또는 중재에서 조정과정 또는 조정과정에 관련되어 발생하는 정보에 관한 증거를 주도록 강요되지 않음을 보장하여야 한다.[58] 조정의 비밀이 유지되어야 분쟁 당사자들이 조정에 대한 신뢰를 가질 수 있기 때문에 조정인 등의 비밀유지 의무는 중요하다. 따라서 EU조정지침은 추후의 민사 및 상사 사법절차나 중재(arbitration)에서 조정의 비밀유지를 보호하는데 있어서 민사절차규정과의 양립성의 최소한도를 제공하여야 한다.[59]

7. 조정의 출소기한 및 시효에 대한 효과

회원국은 분쟁을 해결하기 위한 시도로서 조정을 선택한 당사자들이 연속적으로 사법절차 또는 중재(arbitration)를 개시하는 것을 조정절차동안 기간의 만료 또는 시한에 의하여 저지해서는 안 된다. 그러나 동 규정이 회원국이 당사국인 국제협정상의 출소기한 제한 또는 시효에 관한 규정을 침해해서는 안 된다.[60]

8. 검토

늦어도 2016년 5월 21일까지 유럽위원회는 유럽의회, 이사회 및 유럽경제사회이사회에 동 지침의 적용에 관한 보고서를 제출하여야 한다. 동 보고서는 EU전체의 조정의 발전 및 동 지침의 회원국에서의 영향을 고려하여야 한다. 필요한 경우, 보고서는 동 지침을 조화시키기 위한 제안을 수반하여야 한다.[61]

---

58) EU조정지침 7(1)조.
59) EU조정지침 전문 (23).
60) EU조정지침 8조.
61) EU조정지침 8조.

9. 후속조치

회원국들은 EU조정지침이 채택된 후 36개월이 되는 2011년 5월 21일 전에 EU조정지침의 준수에 필요한 법률, 규정 및 행정 규정을 발효해야 한다.[62] 유럽위원회는 회원국들이 전달한 조정 결과의 집행을 요청받을 수 있는 법원이나 당국에 대한 정보를 적절한 수단을 통하여 공개적으로 입수 가능하게 하여야 한다.[63] 이를 위하여 회원국들은 관련 정보를 EU정보지침의 채택 후 30개월이 되는 2010년 11월 21일까지 유럽위원회에 제공하여야 한다.[64]

회원국들이 EU조정지침을 회원국 국내법체제로 전환할 때에 해당 이행법령 등을 국경 간 분쟁에 적용하도록 할 것인지 아니면 EU조정지침의 규정을 국내 사건에도 적용하게 할 것인지를 결정하여야 한다.[65]

Ⅳ. EU 회원국에서의 조정제도

1. 프랑스

(1) 근거법률

프랑스에서 조정(mediation)은 조정인이 양 당사자를 만나 분쟁에 대한 해결책을 분쟁당사자들이 찾도록 도와주는 행위로 정의된다. 제3자인 조정인의 역할은 소송절차의 판사와 같이 어떠한 결정을 내리는 권한 또는 조정(conciliation)과 같이 제3자가 분쟁의 해결책 제시하는 권한을 갖지 않고, 분쟁당사자가 스스로 원하는 방식으로 그들의 분쟁을 해결할 수 있도

62) EU조정지침 12(1)조.
63) EU조정지침 10조.
64) EU조정지침 12(1)조 및 6(3)조.
65) IP/04/1288.

록 도와주는 것이다.[66] 민사조정의 경우 법원과 관련하여 수행되는 조정은 민사절차법(Code de procédure civil)에 근거하여 이루어진다. 법원과 관련된 민사조정제도는 1995년 2월 8일 법에 의해 최초로 민사절차법 Title Ⅵ bis(médiation)에 도입되었다. 동 법 131-1조에서 131-15조는 법원의 조정제도를 다루고 있는데, 조정절차, 조정인의 자격, 조정인 선임절차, 조정인의 권한 및 의무, 조정절차의 비밀성, 조정결정의 효력 등에 대하여 규정하고 있다.

법원 밖에서 이루어지는 조정을 규율하는 일반적 법 규정은 없으나, 민사절차법 1441-4조는 사건이 회부된 고등법원의 재판장은 법원 밖 해결(out-of-court settlement)의 일방 당사자의 청원에 의하여 법원에 회부된 행위에 집행영장을 부여한다고 규정하고 있다. 이는 법원 밖에서 수행되는 조정을 통하여 분쟁이 해결된 경우, 그러한 해결합의에 집행력을 부여하는 수단이 된다.

민사절차법에 따른 조정제도 외에도, 민법에도 2002년 3월 4일 법에 의하여 판사가 분쟁당사자들에게 조정인(mediator)을 만나도록 권유하는 것을 허용하는 규정(민법 373-2-10조)이 포함되었고, 2004년 5월 26일 이혼개혁이 통과됨에 따라, 민법 255-1조 및 255-2조에서 가사전담판사가 잠정적 조치로서 당사자의 동의를 얻어 조정인에게 사건을 회부하거나 또는 당사자에게 조정인을 만나도록 요구할 것을 결정할 수 있게 되었다.[67]

상사조정은 민사조정과 마찬가지로 새로운 민사절차법의 적용을 받는다. 상사조정은 법원 밖 또는 소송절차 중에 실시될 수 있는데, 후자의 경우 새로운 민사절차법 131-1조의 규율을 받으며, 판사의 감독 하에 조정절차가 진행된다. 분쟁이 회부된 판사는 당사자의 동의로 조정을 이용할 수 있

---

66) European Commission, Alternative Dispute Resolution-France (http://ec.europa.eu/civiljusitce/adr/adr_fra_en.htm, 2008년 9월 25일 방문).

67) Nathalie RIOMET, "The French Approach: legal and practical aspects" in the State of Affairs of mediation in Europe, What can Governments do(more)?, Programme International Expert Meeting(Hague, 29 and 30 June 2006).

다. 이러한 목적을 위하여 판사는 자격을 갖춘, 공정하고 독립적인 제3자를 조정인으로 임명한다. 조정절차는 3개월을 초과할 수 없으며, 그 비밀성이 보장된다. 조정인의 보수는 판사에 의해 정해지며, 당사자가 부담한다. 분쟁당사자는 절차의 개시시점에 예비금을 납부하여야 한다. 법적 지원을 받을 자격이 있는(경제력이 없는) 당사자의 경우 이러한 예비금의 납부 의무로부터 제외된다.

상사분야에 있어 민간차원에서 분쟁을 우호적으로 해결하고, 분쟁 발생 시 조정의 이용을 합의한 조정헌장(Charte de la mediation Inter-entreprises pour le Règlement des Conflicts Commerciaux)이 2005년 11월 22일 채택되었다. 조정헌장은 45개 주요 프랑스 회사가 재정부의 참석 하에 서명한 헌장으로서, 동 헌장에 서명한 기업들은 적절한 경우 그들의 분쟁을 우호적으로 해결하고, 이용하는데 합의하였다. 재정부의 영향력 아래 상당수의 프랑스 대기업들이 동 헌장에 서명하였다. [68] 재정부(Ministry of Finance)는 이러한 조정헌장을 적극적으로 지지하고 장려해 왔다.

프랑스에서 상사조정을 제공하는 주된 기관은 CMAP(Center for Mediation and Arbitration of Paris)로, 연간 250-300건의 상사조정을 수행하고 있다. 빠리상사법원(Commercial Court of Paris)에서 연간 처리되는 6만 - 8만의 소송건 수에 비하면 상대적으로 적은 비중을 차지하지만 프랑스 내에서는 상사조정에 있어 질적, 경험적 측면에서 명성을 갖추고 있다.[69]

(2) EU조정지침과의 비교

EU조정지침상의 법원의 조정회부, 조정결과의 집행력, 조정의 비밀유지, 조정의 출소기간 등의 효과 등은 프랑스의 기존 민사절차법과 민법에 이미 반영되어 있는 부분들이 있고, 동 지침에서 다루지 않은 계약상 조정합의

---

68) Laurent Jaeger, Latham & Watkins, Commercial Mediation in France(http://www.cmap.fr/pdf/Intervention20%LJA%20%York%2015%20September%202006.pdf, 2008년 10월 3일 방문), p.2.

69) *Id.*, 1.

의 이행의무 등도 이미 시행중인 제도에 포함되어 있다.

법원절차 중 소송판사가 직권으로 또는 당사자들의 동의를 얻어 분쟁을 조정에 회부할 수 있고, 당사자의 동의를 얻은 후 조정을 담당할 제3자를 선임한다. 따라서 적절한 경우 판사가 당사자에게 조정을 통한 분쟁해결을 권유할 수 있다. 소송판사는 분쟁이 회부된 조정절차에 관여하지 않는다. 분쟁을 조정에 회부하는 법원의 명령은 당사자의 동의에 근거하므로 당사자의 의사에 반하여 강제로 조정에 분쟁이 회부되는 것은 아니며, 이것은 조정의 자발적 성격을 보장하는 것이다.

그러나 분쟁당사자가(사전에) 계약으로 법원절차를 개시하기 전에 조정을 통하여 분쟁을 해결하기로 합의하였다면, 그러한 합의는 당사자들을 구속하므로 분쟁당사자는 법적 소송절차를 개시하기 전에 분쟁을 조정에 회부하여야 한다. 계약상의 조정합의에 근거하여 조정을 통한 분쟁해결을 시도하지 않고 바로 법적 소송절차를 개시하는 경우 판사는 그 사건을 기각하여야 한다는 프랑스 대법원 판결이 있었다.70)

사법조정을 통하여 합의된 해결책은 판사의 승인으로 판결과 동일한 효력을 가지며, 사법외 조정(extra judicial mediation)은 민사소송법 1441-4조에 근거하여 일방 당사자의 청원에 의하여 고등법원 재판장에게 회부된 조치에 대하여 집행영장을 부여함으로써 합의의 집행력을 부여한다.

조정의 비밀유지는 조정절차의 핵심인데, 조정인이 조정절차 중 입수한 조사결과 및 선언들은 당사자의 동의 없이 후속절차에서 공표되거나 인용되지 않을 것을 요구하는 비밀성 조항이 민사소송법 131-14조에 반영되어 있다.

조정의 출소기간에 대한 효과와 관련하여, 계약상의 조정합의의 경우 대법원의 판결에 따르면, 조정의 이행은 출소기간규정의 적용을 정지시키는 것으로 조정을 통한 합의도출이 실패한 경우에도 후속적인 법적 소송절차

---

70) Court de Cassation-Chambre Mixed, 17 février 2003, arrêt n°217P, Laurent Jaeger, Latham & Watkins, *supra* note 68에서 재인용.

를 개시할 권리를 보전한다.[71] 법원 절차 중에 조정절차가 개시되는 경우 법원절차는 조정이 수행되는 기간 동안 중단되며, 조정을 통한 합의도출에 실패한 경우 사건은 정해진 날짜에 다시 판사에게 제기된다.[72]

2. 영국

(1) 근거법률

영국의 민사 및 상사조정제도는 1999년 4월 시행된 민사절차법(Civil Procedure Rules: CPR)에 근거를 두고 있다. 동 CPR은 새로운 절차법으로서, 법원이 사건을 적극적으로 관리함으로써 사건을 공정하게 처리할 수 있게 하는 최우선의 목적을 규정하고 있다.[73] 사건을 공정하게 처리하는 것은 실행 가능한 한 (a) 당사자들이 동등한 선상에 있을 것을 보장하는 것; (b) 비용을 절감하는 것; (c) 다음에 비례적인 방식으로 사건을 처리할 것 (관련 금액, 사건의 중요성, 사안의 복잡성 그리고 당사자의 재정적 지위); (e) 사건이 신속하고 공정하게 처리될 것을 보장할 것; (e) 다른 사건에 자원을 배분할 필요성을 고려하면서 법원 자원의 적절한 몫을 배분할 것을 포함한다.[74]

CPR이 1999년 4월 1일 발효된 이후 소송당사자들에 의한 ADR 이용이 법원에 의하여 다양한 방식으로 장려되었고, CPR, 실행명령(practice directions), 소송 전 프로토콜들(pre-actions protocols)[75]이 그에 상

71) *Id.*
72) Code of procédure civil, 131-11조.
73) CPR 1.1.(1).
74) CPR 1.1(2).
75) Pre-Action Protocols에는 다음과 같은 것이 있다: Practice Directions-Protocols; Pre-action Protocol for the Construction and Engineering dispute; Pre-Action protocol for defamation; Pre-Action Protocol for Personal Injury Claims; Pre-Action Protocol for the Resolution of Clinical Disputes; Pre-Action Protocol for Professional Negligence; Pre-Action Protocol for Judicial Review; Pre-Action Protocol for Disease and Illness Claims; Pre-Action Protocol for Housing Disrepair Cases; Pre-Action Protocol for Possession claims based on Rent Arrrears, http://www.justice.gov.uk/civil/procrules_fin/menus/protocol.htm (2008년 10월 1일 방문)

당한 역할을 하였다. CPR 1(4)(1)은 법원이 사건의 적극적인 관리를 통하여 사건을 공정하게 처리하도록 하는 최우선의 목적을 심화시킬 의무를 법원에 부과하고 있는데, '적극적인 사건관리'(active case management)는 "법원이 ADR절차의 이용이 적절하고, 그러한 절차의 이용을 촉진할 것을 고려하는 경우 당사자에게 ADR을 이용할 것을 장려하는 것을 포함한다."[76] CPR의 정의에 따르면, ADR은 보통의 재판절차 이회의 분쟁해결 방식에 대한 집단적 기술을 의미하는 것인데, 사실상 영국에서의 ADR은 항상 제3자에 의한 조정형태의 ADR을 언급하는 것으로 이해된다.[77]

CPR에 따르면, 법원은 당사자들이 조정을 이용하는 것을 허용하기 위하여 재판을 중단할 수 있다. 또한 만약 분쟁당사자들이 분쟁의 조정을 거절하는 경우 법원은 금전적인 패널티를 납부하도록 명령할 수 있다.[78] 일반적인 원칙은 패소한 당사자가 승소한 당사자의 비용을 부담하도록 명령을 받는데, 법원이 다른 결정을 내릴 수도 있다.[79]

상사조정은 앞서 검토한 민사조정과 기본적으로 유사하지만 다른 분야의 조정제도에 비하여 법원에 의한 분쟁당사자들의 ADR이용의 장려가 강력하게 이루어지고 있다. ADR의 중요성에 대한 공식적인 인정은 1993년 12월 상사법원이 발표한 *Practice Statement*에 포함 되었다. 동 문서에 따르면, 판사는 적절한 경우 당사자들이 그들의 사건 또는 그 사건의 특정 문제가 ADR에 의해 해결될 수 있는 지 여부를 고려하도록 제안할 수 있다. 예컨대, 소송비용이 소송금액에 전적으로 불균형적일 가능성이 있는 경우 ADR이 시도될 수 있다. *Practice Statement*는 *Summon Directions*라고 알려진 소송의 중간 단계 전에 당사자들이 작성하는 체크리스트의 내용을 다루고 있다. 1996년 6월 새로운 실행명령(practice direction)이 발

---

76) CPR 1.4(2)(e).

77) Michel Kallipetis and Stephen Ruttle, "Better Dispute Resolution – the Development and Practice of Mediation in the United Kingdom between 1995-2000 in Jean – Claude Goldsmith, Gerald H. Pointon, Arnold Ingen-Housz(eds.), *ADR in Business*, The Netherlands,: KLUWER LAW International, 2006, 191.

78) European Commission, *supra* note 10, p. 15.

79) CPR 44.3(2)(a).

표되었는데, 동 명령은 ADR절차의 이점을 잘 요약하고 있다.[80)]

(2) EU조정지침과의 비교

영국은 EU조정지침을 2011년 5월 21일까지 동 지침의 준수에 필요한 법률, 규정 및 행정규정을 발효하여야 한다.[81)] EU조정지침상의 법원의 조정회부, 조정결과의 집행력, 조정의 비밀유지, 조정의 출소기간 등의 효과 등은 영국(웨일즈 및 잉글랜드를 중심으로) 기존 민사 및 상사조정제도에 이미 반영되어 있는 부분들이 있고, 동 지침에서 다루지 않은 계약상 조정합의의 이행의무 등도 포함되어 있다. 영국의 경우, 프랑스나 독일에 비하여 법원이 분쟁당사자들에게 조정 등 ADR의 이용을 적극적으로 장려하고 있다는 점이 특징이다. 또한 판사뿐만 아니라 변호사에 대하여 조정의 장려의무를 적극적으로 부여하고 있다.

법원의 조정회부와 관련하여, 영국의 민사절차법(CPR)은 판사에게 적절한 경우 ADR의 이용을 장려할 것을 규정하고 있고, 관련 절차를 규정하고 있다. 법원 밖의 ADR절차는 법의 규율을 받지는 않는다. CPR은 법원에게 당사자로 하여금 적절한 ADR절차를 이용하도록 장려함으로써 최우선의 목적을 추구할 뿐 아니라 일정한 분쟁(개인의 인적침해, 임상과실, 건설 및 기술, 명예훼손, 전문직 손해배상, 사법재심, 질병청구, 주택파손 , 임차료체불에 근거한 점유청구)에 일련의 소송 前 절차를 이행할 것을 명령하고 있다.[82)]

소송 前 프로토콜(pre-action protocols)의 목적은 소송절차가 개시되

---

80) ADR절차의 이점은 다음과 같이 요약 된다 :
(i) 소송당사자들이 사건을 재판에 회부하는 상당한 비용을 절약할 수 있다; (ii) 분쟁을 종결시키는데 있어 소송의 지체를 면하게 해 준다; (iii) 기존의 상업적 관계와 시장의 명성을 보존시키면서 분쟁을 해결할 수 있도록 해 준다; (iv) 소송에 의해 제공되는 해결책 보다 광범위한 해결책을 제공 한다; (v) 사법자원의 보다 효율적인 이용에 실질적인 기여를 할 가능성이 있다.

81) EU조정지침 12(1)조.

82) 영국 법무부(Ministry of Justice) 사이트(http://www.justice.gov.uk/civil/procedures_fin/menus/protocol.htm) 참조.

기 전에 분쟁의 해결을 촉진하는 것이다. 동 프로토콜들은 대부분은 조정을 포함하여 적어도 하나의 ADR 절차를 고려할 요건을 언급하고 있다. 프로토콜실행명령(protocol practice direction)은 승인된 프로토콜의 대상이 되지 않는 사건(非 프로토콜 사건)에서도 법원이 사건의 공정한 해결이라는 최우선적 목적에 따라 당사자들이 청구와 관련된 정보와 서류를 교환을 하고, 일반적으로 소송절차 개시의 필요성을 피하기 위하여 노력하는데 있어 합리적으로 행동할 것을 기대한다고 언급하였다.

절차가 개시되고, 당사자가 실행명령 또는 특정 프로토콜을 준수하지 않는 경우 법원은 분쟁당사자에게 부과할 금전적 패널티를 결정한다.[83] 조정의 자발적 성격을 보장하지만 실제 분쟁당사자가 진지하게 그들의 분쟁을 ADR을 통하여 해결할 수 있는 지에 대하여 검토하게 하고, ADR을 통해 해결될 수 있다고 간주되는 분쟁에 대해서는 법적 소송절차를 통하여 그 분쟁이 해결되더라도 그러한 시도를 하지 않은 당사자에 대하여 금전적인 패널티를 부과한다.

조정결과의 집행가능성과 관련하여, 조정절차의 결과 분쟁의 해결책이 도출된 경우 그러한 해결책은 분쟁당사자의 결정 또는 당사자의 합의의 형식을 취할 수 있다. 조정을 통하여 도출된 해결책이 집행될 수 있는 방식은 다양한데, 당사자가 합의된 해결책을 법적으로 구속력 있는 계약으로 작성하는 것이 가능하다. 조정을 통하여 합의를 도출한 당사자는 일반적으로 동일 사안으로 법원에 소송을 제기할 수 없다. 합의를 촉진시키기 위하여 계획된 조정절차에 대하여 법적으로 상소할 권리는 없다. 분쟁의 당사자가 합의된 해결책을 이행하지 않는 경우 분쟁당사자는 법원에 소송을 제기할 권리를 보유한다. 분쟁의 해결책이 계약적 합의로 작성되었다면, 그 위반에 대한 구제는 소송제기가 된다.

조정의 출소기간에 대한 효과와 관련하여, 법원 소송절차 중에 조정이 이루어지는 경우, 법원은 조정을 통하여 그 분쟁이 해결될 수 있는 시간을

---

83) CPR 44.3(2).

허용하여야 한다. CPR에 따르면, 법원은 당사자들이 조정을 이용하도록 허용하기 위하여 재판을 중단할 수 있다.[84)]

조정의 비밀유지와 관련하여, 조정절차에서의 비밀유지는 조정의 핵심요소 중 하나로 조정절차에서 언급과 행동은 법원에서의 후속절차에 회부되어서는 안 된다. 이러한 비밀성 규정은 일반적으로 조정 당일 조정절차를 규율하기 위하여 서명되는 조정약정(mediation agreement)에 포함된다. 분쟁당사자와의 공동회의에서 언급되는 모든 것을 비밀로 하여야 하는데, 조정인과 각 분쟁당사자간에 갖는 개별회의에서 언급된 것도 일방 당사자 또는 당사자들이 그 사실을 공개하도록 허가하지 않는 한 비밀이다.[85)]

조정은 다른 기득권을 침해하지 못한다. 조정의 목적으로 만들어진 모든 것과 언급된 것은 다른 기득권을 침해하지 않는다. 조정을 통하여 어떠한 해결책도 도출하지 못한 경우에도, 어느 일방당사자도 후속절차에서 조정절차를 위하여 만든 서류 또는 공식 조정절차 중에 언급된 것에 의존할 수 없다. 이러한 것은 영국법과 다양한 보통법국가들의 법에 따라 인정되는 것이다.[86)]

3. 독일

(1) 근거법률

독일에서의 민사 및 상사조정제도는 앞서 검토한 프랑스나 영국에 비하여 상대적으로 그 활용이 제한적이다. 독일법은 일반적으로 분쟁당사자들이 자신들의 분쟁을 법원에 제기하기 전에 사법외적으로 분쟁을 해결할 의무를 당사자들에게 부과하지 않는데, 2000년 발효된 민사절차를 도입하는 법(Act introducing the Code of Civil Procedure: EGZPO) Section

---

84) European Commission, *supra* note 10, p. 15.

85) Rhys Cliff, "Introduction to Alternative Dispute Resolution: A Comparison between Arbitration and Mediation", HILL DIKNSON(www.hilldickinson.com, 2008년 9월 20일 검색), p. 8.

86) *Id.*, pp. 7-8.

15a에 따라 특정 유형의 분쟁의 유형의 경우 소송절차를 개시하기 전에 분쟁당사자들이 자신의 분쟁을 해결하기 위하여 강제적 조정(mandatory mediation)을 이용할 의무가 규정되었다. 민사절차법을 도입하는 법(EGZPO)은 중요한 두 가지 목적을 갖는데, 첫째는 법이 법조인과 분쟁당사자간에 분쟁해결방법으로서 조정의 실행을 촉진하는 것과 법원 차원의 분쟁사건의 부담을 상당히 경감시켜 주는 것이다.

그러나 민사절차법을 도입하는 법(EGZPO) Section 15a는 독일연방의 주들이 주법으로써 법원 절차 전에 분쟁을 해결하기 위한 조정을 요구하는 입법을 하는 것을 허용하는 내용이므로, 주법으로 특정 분쟁유형에 강제조정의무를 부과하는 경우에 한하여, 강제조정이 적용된다. 독일연방의 각 주는 상응하는 법률을 제정할 때 지역의 분쟁문화, 가용 가능한 자원 및 기존의 인프라 지역적 요소를 고려할 기회를 가지고 있다. 이러한 재량권으로 각기 다른 조정모델이 채택될 여지가 있다. 이러한 다양성과 혁신에 대한 잠재성은 독일연방정부에 의해서 예측된 것이기는 하지만, 중요한 것은 독일 주들이 강제입법을 할 의무를 갖지 않는다는 점이다. 그럼에도 불구하고 Bavaria, Baden, Hambourg, Hesse, Lower Saxony, North Rhine Westphalia와 Shlewig-Holstein 등 다수의 독일 주들은 법안을 준비하고 있거나 시행하고 있다.[87] 강제조정이 적용되는 분쟁에서 소송 전에 합의에 도달하기 위한 조정의 시도 없이 소송이 제기된 경우, 그 소송은 법원에 의하여 기각될 수 있다.

독일민사절차법(German Code of Civil Procedure) 278조는 법원 절차 내에서 법원이 관장하는 조정(court-administered mediation)을 규정하고 있다. 1심법원의 소송절차와 관련하여, 민사절차법(Code of Civil Procedure: ZPO) 278(2)조는 분쟁의 우호적인 해결을 달성하기 위하여 법원공청회를 시행하는 합의에 의한 논의규정을 두고 있다. 이러한 원칙은 EGZPO Section 15a에 따라서 이미 연방주법에 따라 조정기관에서 사법

87) Katja Funken, “Comparative Dispute Management”, German Law Journal vol.3, No.2 (1 February 2002).

외적인 조정에서 합의도출을 위한 시도가 이루어져서 합의를 도출하기 위한 논의가 성공할 전망이 없는 경우 또는 합의에 기반 한 논의가 가망이 없는 다른 이유가 명백할 때는 적용되지 않는다. ZPO 278(2)조에 따른 합의적인 토론을 요구하는 대신, 적절한 경우에 법원은 당사자들이 그들의 분쟁을 사법외적으로 해결하도록 제안할 수 있다.

사법외적으로 당사자의 합의에 기초하여 이루어지는 조정 등의 대안적 분쟁해결절차에 적용되는 법 규정은 존재하지 않는다.

(2) EU조정지침과의 비교

독일은 EU조정지침을 2011년 5월 21일까지 동 지침의 준수에 필요한 법률, 규정 및 행정규정을 발효하여야 한다.[88] 독일에서 조정을 포함한 ADR의 활용이 그다지 적극적인 편이 아님에도 불구하고, EU조정지침상의 법원의 조정회부, 조정결과의 집행력, 조정의 비밀유지, 조정의 출소기간 등의 효과 등은 독일민사제도에 이미 반영되어 있는 부분들이 있다. 법원의 조정회부와 관련하여, 독일법은 분쟁당사자들이 자신들의 분쟁을 법원에 제기하기 전에 사법외적으로 분쟁을 해결할 의무를 당사자들에게 부과하지 않지만, 법원은 법에 의하여 소송절차의 매 단계에서 당사자 간의 우호적인 해결책을 도출하도록 요구받는다. 또한 EGZPO Section 15a에 따르면, 연방주는 법으로써 분쟁당사자들에게 인정된 조정기관에서 분쟁의 합의를 도출하기 위한 시도를 한 후에 법원에 소송을 제기하도록 요구할 수 있다. 즉, 독일연방의 주들이 이에 상응하는 입법을 하는 경우 그러한 기준에 부합하는 분쟁은 법원절차가 개시되기 전에 조정절차를 반드시 거쳐야 함을 의미한다.[89]

강제조정절차가 적용되는 분쟁 유형은 소송가액이 700유로를 초과하지 않는 분쟁 , 미디어를 통하여 공표되지 않은 특정 명예훼손 분쟁, 이웃 및

88) EU조정지침 12(1)조.
89) Funken, *supra* note 87.

인접소유권의 이해관계에 대한 법과 관련된 분쟁 등이 있으며, 이러한 분쟁유형에 해당하더라도 강제적 조정이 적용되지 않는 일정한 예외[90]를 인정하고 있다. 강제적인 사법외적 ADR의 경우는 EGZPO 15a(4)조에 따라 민사절차법 (ZPO) 91조 의미내의 후속적인 법원절차비용의 부분으로 간주된다. 따라서 만약 법원 절차가 성공하지 못한 조정절차의 후속으로 진행되었다면, 소송에서 패한 당사자가 그 비용을 부담하여야 한다.

조정의 출소기간에 대한 효과와 관련하여, 분쟁을 사법외적으로 해결하기 위하여 시도하는 중에는 분쟁당사자의 주장과 관련된 출소제한규정의 적용은 중단된다. 주에서 운영하거나 또는 인정된 합의기구에서의 합의 및 중재절차의 경우, 독일민법(German Civil Code: BGB) Section 204(1) No 4 규정의 직접적 결과로 출소제한규정의 적용이 중단된다. 다른 형태의 분쟁해결제도의 경우 독일민법(BGB) Section 203 Sentence 1의 결과로 출소제한이 중단된다. 이것은 당사자들이 출소제한의 소멸 전에 사법외적 협상을 종결시키도록 압력을 행사하지 않는 효과를 갖는다.[91]

조정절차의 비밀성은 조정절차의 참여자들이 비밀성에 합의하는 계약을 체결한 경우에 보장된다. 조정인은 그의 직업적 능력에서 행해진 일과 관련되는 증거의 모든 쟁점에 관한 질문에 대하여 답변을 거절하는 포괄적인 권리를 부여 받은 전문직그룹에 속해있는 경우, 질문에 대한 답변을 거절할 권리만을 갖는다. 이것은 특히 변호사 및 공증인들에 관련된다.[92] 바이에른주법에 따르면, 조정은 공개되지 않는다. 이해당사자들은 당사자들이 동의하지 않는 한 조정절차에 출석이 허용되지 않는다. 조정인은 조정절차

90) EGZPO Section 15(a)2 참조.

91) 독일민법 제203조(사실상의 이유에 의한 소멸시효의 정지)에 따라 각종 조정위원회에 조정을 신청하는 경우 소멸시효의 정지를 인정하고 있다. 독일에서는 양당사자가 조정절차의 진행에 합의하면 소멸시효의 진행이 정지되며, 피신청인이 조정에 응하지 않거나 전혀 반응을 보이지 않는 경우에는 조정절차가 진행될 수 없으므로 소멸시효의 정지도 인정되지 않는다. 정선주, ADR,통일절차법의 제정에 대한 연구, 민사소송법 제11권(2007), 305면, 각주 19 참조.

92) European Commission, Alternative Dispute Resolution-Germany(http://ec.europa.eu/civiljustice/adr/adr_ger_en.htm, 2008년 10월 10일 방문).

동안 입수된 정보를 공개하지 않을 직무특권을 갖는다.

조정결과의 집행력과 관련하여, 조정을 통하여 도출된 합의는 서면의 형식으로 작성되며, 계약적 성격을 가지므로 당사자들을 구속한다. 일방 당사자가 합의를 위반한 경우, 타방 당사자는 법원절차를 개시함으로써 그 합의의 내용을 집행할 수 있다. 민사절차를 도입하는 법(EGZPO) Section 15a의 의미 내의 주에서 운영되는 또는 주에서 인정하는 합의기관에서 해결책이 도출된 경우 법원에서 도출된 해결책과 같이 집행영장에 의하여 집행될 수 있다.[93)]

변호사화해제도의 형태로 분쟁당사자간의 변호사에 의해 합의가 체결된 경우, 일차적으로 법원 사법절차를 통한 판결 없이도 직접 집행될 수 있다. 이러한 경우 책임 있는 당사자는 즉시 집행하여야 한다. 해결책이 지방법원(Amstsgericht)에 기탁된 경우 그 해결책은 일방 당사자의 신청에 의하여 관할법원에서 집행 가능한 것으로 선언될 수 있다.[94)]

V. 결 론

조정은 중립적인 제3자가 개입하여 분쟁당사자들이 자신의 분쟁을 스스로 해결할 수 있도록 도와주는 분쟁해결방식이다. 조정의 이러한 합의적인 접근은 분쟁이 해결된 이후 분쟁당사자들이 관계를 유지할 수 있도록 해주는 장점이 있다. 그러한 점에서 분쟁 이후에도 지속적인 관계유지의 필요성이 있는 민사 및 상사관계에서 조정의 효용성이 있을 것이다.

그러나 현실적으로, 영국을 제외한 다른 유럽국가 법원에서는 조정절차의 성격 및 법원에 관련된 조정이 자국의 관할권 내에서 분쟁해결의 효율

93) 민사절차법(ZPO) Section 794(1)5.

94) 민사절차법(ZPO) Section 794(1)과 관련하여 Section 796a, 796b 참조. European Commission, *supra* note 92 참조.

성에 미치는 영향 등이 상대적으로 덜 평가 받고 있는 실정이다.[95] 그러한 상황에서 덴마크를 제외한 EU회원국들 2011년 5월까지 동 지침의 준수에 필요한 법률, 규정 및 행정규정들을 발효시켜야 하므로, 동 지침은 EU회원국에서의 ADR로서의 조정제도 확산에 큰 계기가 될 것으로 보인다. 특히 조정절차의 비밀유지, 조정으로 도출된 합의의 집행력 확보 및 조정과 출소기한의 관계 등을 명확히 함으로써 조정제도가 EU역내에서 ADR로서 보다 활성화 될 수 있는 계기를 마련하였다는 점에서 의의가 있다.

EU조정지침은 민사 및 상사 분야의 '국경 간 분쟁'에 적용되는데, 국경 간 분쟁은 당사자가 분쟁에 제기된 후 조정을 이용하기로 합의한 날; 법원에 의해 조정이 명령된 날; 국내법에 따라 발생된 조정의 이용의무일; 또는 법원에 의한 조정제안이 당사자에게 이루어진 날짜에 적어도 당사자 중 일방이 주소를 한 회원국 내에 두거나 일상적으로 거주하는 경우의 분쟁을 의미 한다. 따라서 EU 역내에서 활동하는 한국 기업들도 시간과 비용 측면에서 경제적으로 분쟁을 해결하고, 분쟁 당사자와의 관계도 유지할 수 있는 ADR로서의 조정제도를 활용할 수 있을 것이다. 동 지침이 외국과의 민사 및 상사 조정제도에는 적용되지 않지만, 동 지침이 이를 명시적으로 금지하고 있지 않고, 이는 회원국에 재량에 속하므로, 동 지침을 이행하기 위하여 조정제도에 관한 국내입법 또는 법 개정을 하는데 있어서 국내법에서 별도로 외국이 관련되는 민사 및 상사조정제도를 별도로 둘 가능성은 적다고 볼 것이다. 따라서 EU 역내에 주소를 둔 한국 기업뿐만 아니라 EU의 자연인 또는 법인과 무역을 하는 한국기업들도 이러한 조정제도의 이점을 활용할 수 있을 것이다.

조정이 성공하기 위해서는 조정제도의 인프라 즉, 조정서비스를 제공하는 사람(조정인)의 역량과 조정문화가 중요하다. EU조정지침으로 EU 역내에서 최소한의 조정의 질, 비밀성, 조정으로 도출된 합의의 집행 가능성

95) F. Peter Phillips, The European Directive on Commercial Mediation: What It Provides and What It Doesn't(http://www.businessconflictmanagement.com/pdf/BCMpress/pdf/BCPress_EUDirective.pdf, 2009년 2월 1일 방문).

등이 확보가 되지만 본문에서 검토한 바와 같이 EU회원국 마다 조정제도의 인프라 수준이 다르므로, 사전계약으로서 또는 사후 합의로서 조정을 통하여 분쟁을 해결하는 경우 그러한 점이 고려되어야 할 것이다.

참고문헌

이로리(2009.4), “ADR을 통한 EU의 국경간 분쟁해결 - EU 민 · 상사중개지침을 중심으로”, 『통상법률』, 통권 제86호

______(2009.8), “‘mediation’과 ‘conciliation’의 개념에 관한 비교법적 연구”, 『중재연구』, 제19권 2호

______(2010.8), “리스본조약 발효 이후 EU의 변화와 통상적 시사점 - 조약 및 EU기관 측면의 변화를 중심으로”, 『통상법률』, 통권 제94호

정선주(2007), “ADR,통일절차법의 제정에 대한 연구”, 『민사소송법』, 제11권

ASA, ASA comments on the proposed EU directive on certain aspects of mediation in civil and commercial matters published in Brussels 22nd October 2004

Association of Corporate Counsel, european briefings (ACC Docket June 2006)

Directive 2008/52/EC of the European Parliament and of the Council of 21 May 2008 on certain aspects of mediation in civil and commercial matters, *Official Journal* (OJ) L136/3 (24.5.2008)

European Commission, Green Paper on alternative resolution in civil and commercial law, COM (2002)196final, Brussels (19.04.2002)

European Commission, Alternative Dispute Resolution – Germany (http://ec.europa.eu/civiljustice/adr/adr_ger_en.htm, 2008년 10월 10일 방문)

European Commission, Alternative Dispute Resolution-France (http://ec.europa.eu/civiljusitce/adr/adr_fra_en.htm, 2008년 9월 25일 방문)

European Commission, *Alternative Dispute Resolutions – UK* (http://ec.europa.eu/civiljustice/adr_uni_en.htm, 2008년 10월 10일 방문)

F. Peter Phillips, The European Directive on Commercial Mediation: What It Provides and What It Doesn't (http://www.businessconflictmanagement.com/pdf/BCMpress/pdf/BCPress_EUDirective.pdf, 2009년 2월 1일 방문)

Ian Nosworthy, "*A Practical Guide to Effective Contract Management Pre-Contractual Negotiations and New Concepts in Contracting*", IES Conferences (5 June 2001)

Jonathan Faull, a remark at the Conference on self-regulation on mediation: a European Code of Conduct (Brussels, 2 July 2004)

Katja Funken, "Comparative Dispute Management", German Law Journal vol.3, No.2 (1 February 2002)

RAPID, Mediation in civil and commercial matters, MEMO/08/263 (Brussels, 23 April 2008) (http://europa.eu/rapid/pressReleasesAction.do?reference=MEMO/08/263&format=HTML&aged=0&language=EN&guiLanguage=en)

Laurent Jaeger, Latham & Watkins, Commercial Mediation in France (http://www.cmap.fr/pdf/Intervention20%LJA%20%

York%2015%20September%202006.pdf, 2008년 10월 3일 방문)

Michel Kallipetis and Stephen Ruttle, "Better Dispute Resolution - the Development and Practice of Mediation in the United Kingdom between 1995-2000 in Jean - Claude Goldsmith", Gerald H. Pointon, Arnold Ingen-Housz(eds.), *ADR in Business*, the Netherlands: KLUWER LAW International, 2006

Nathalie RIOMET, "The French Approach: legal and practical aspects" in the State of Affairs of mediation in Europe, What can Governments do(more)?, Programme International Expert Meeting(Hague, 29 and 30 June 2006)

Newman and Antonio Miguel Ferro Gatela Teixeira, Legal Problems and opportunities for ADR in the European Union, EuroExpert Symposium2003 Estoril/Portugal

Rhys Cliff, "Introduction to Alternative Dispute Resolution: A Comparison between Arbitration and Mediation", HILL DIKNSON (www.hilldickinson.com, 2008년 9월 20일 방문)

부 록

24.5.2008 EN Official Journal of the European Union L 136/3

DIRECTIVES

DIRECTIVE 2008/52/EC OF THE EUROPEAN PARLIAMENT AND OF THE COUNCIL

of 21 May 2008

on certain aspects of mediation in civil and commercial matters

THE EUROPEAN PARLIAMENT AND THE COUNCIL OF THE EUROPEAN UNION,

Having regard to the Treaty establishing the European Community, and in particular Article 61(c) and the second indent of Article 67(5) thereof,

Having regard to the proposal from the Commission,

Having regard to the Opinion of the European Economic and Social Committee [1],

Acting in accordance with the procedure laid down in Article 251 of the Treaty [2],

Whereas:

(1) The Community has set itself the objective of maintaining and developing an area of freedom, security and justice, in which the free movement of persons is ensured. To that end, the Community has to adopt, inter alia, measures in the field of judicial cooperation in civil matters that are necessary for the proper functioning of the internal market.

(2) The principle of access to justice is fundamental and, with a view to facilitating better access to justice, the European Council at its meeting in Tampere on 15 and 16 October 1999 called for alternative, extra-judicial procedures to be created by the Member States.

(3) In May 2000 the Council adopted Conclusions on alternative methods of settling disputes under civil and commercial law, stating that the establishment of basic principles in this area is an essential step towards enabling the appropriate development and operation of extrajudicial procedures for the settlement of disputes in civil and commercial matters so as to simplify and improve access to justice.

(4) In April 2002 the Commission presented a Green Paper on alternative dispute resolution in civil and commercial law, taking stock of the existing situation as concerns alternative dispute resolution methods in the European Union and initiating widespread consultations with Member States and interested parties on possible measures to promote the use of mediation.

(5) The objective of securing better access to justice, as part of the policy of the European Union to establish an area of freedom, security and justice, should encompass access to judicial as well as extrajudicial dispute resolution methods. This Directive should contribute to the proper functioning of the internal market, in particular as concerns the availability of mediation services.

(6) Mediation can provide a cost-effective and quick extrajudicial resolution of disputes in civil and commercial matters through processes tailored to the needs of the parties. Agreements resulting from mediation are more likely to be complied with voluntarily and are more likely to preserve an amicable and sustainable relationship between the parties. These benefits become even more pronounced in situations displaying cross-border elements.

(7) In order to promote further the use of mediation and ensure that parties having recourse to mediation can rely on a predictable legal framework, it is necessary to introduce framework legislation addressing, in particular, key aspects of civil procedure.

(8) The provisions of this Directive should apply only to mediation in cross-border disputes, but nothing should prevent Member States from applying such provisions also to internal mediation processes.

(9) This Directive should not in any way prevent the use of modern communication technologies in the mediation process.

---

[1] OJ C 286, 17.11.2005, p. 1.

[2] Opinion of the European Parliament of 29 March 2007 (OJ C 27 E, 31.1.2008, p. 129). Council Common Position of 28 February 2008 (not yet published in the Official Journal) and Position of the European Parliament of 23 April 2008 (not yet published in the Official Journal).

(10) This Directive should apply to processes whereby two or more parties to a cross-border dispute attempt by themselves, on a voluntary basis, to reach an amicable agreement on the settlement of their dispute with the assistance of a mediator. It should apply in civil and commercial matters. However, it should not apply to rights and obligations on which the parties are not free to decide themselves under the relevant applicable law. Such rights and obligations are particularly frequent in family law and employment law.

(11) This Directive should not apply to pre-contractual negotiations or to processes of an adjudicatory nature such as certain judicial conciliation schemes, consumer complaint schemes, arbitration and expert determination or to processes administered by persons or bodies issuing a formal recommendation, whether or not it be legally binding as to the resolution of the dispute.

(12) This Directive should apply to cases where a court refers parties to mediation or in which national law prescribes mediation. Furthermore, in so far as a judge may act as a mediator under national law, this Directive should also apply to mediation conducted by a judge who is not responsible for any judicial proceedings relating to the matter or matters in dispute. This Directive should not, however, extend to attempts made by the court or judge seised to settle a dispute in the context of judicial proceedings concerning the dispute in question or to cases in which the court or judge seised requests assistance or advice from a competent person.

(13) The mediation provided for in this Directive should be a voluntary process in the sense that the parties are themselves in charge of the process and may organise it as they wish and terminate it at any time. However, it should be possible under national law for the courts to set time-limits for a mediation process. Moreover, the courts should be able to draw the parties' attention to the possibility of mediation whenever this is appropriate.

(14) Nothing in this Directive should prejudice national legislation making the use of mediation compulsory or subject to incentives or sanctions provided that such legislation does not prevent parties from exercising their right of access to the judicial system. Nor should anything in this Directive prejudice existing self-regulating mediation systems in so far as these deal with aspects which are not covered by this Directive.

(15) In order to provide legal certainty, this Directive should indicate which date should be relevant for determining whether or not a dispute which the parties attempt to settle through mediation is a cross-border dispute. In the absence of a written agreement, the parties should be deemed to agree to use mediation at the point in time when they take specific action to start the mediation process.

(16) To ensure the necessary mutual trust with respect to confidentiality, effect on limitation and prescription periods, and recognition and enforcement of agreements resulting from mediation, Member States should encourage, by any means they consider appropriate, the training of mediators and the introduction of effective quality control mechanisms concerning the provision of mediation services.

(17) Member States should define such mechanisms, which may include having recourse to market-based solutions, and should not be required to provide any funding in that respect. The mechanisms should aim at preserving the flexibility of the mediation process and the autonomy of the parties, and at ensuring that mediation is conducted in an effective, impartial and competent way. Mediators should be made aware of the existence of the European Code of Conduct for Mediators which should also be made available to the general public on the Internet.

(18) In the field of consumer protection, the Commission has adopted a Recommendation [1] establishing minimum quality criteria which out-of-court bodies involved in the consensual resolution of consumer disputes should offer to their users. Any mediators or organisations coming within the scope of that Recommendation should be encouraged to respect its principles. In order to facilitate the dissemination of information concerning such bodies, the Commission should set up a database of out-of-court schemes which Member States consider as respecting the principles of that Recommendation.

(19) Mediation should not be regarded as a poorer alternative to judicial proceedings in the sense that compliance with agreements resulting from mediation would depend on the good will of the parties. Member States should therefore ensure that the parties to a written agreement resulting from mediation can have the content of their agreement made enforceable. It should only be possible for a Member State to refuse to make an agreement enforceable if the content is contrary to its law, including its private international law, or if its law does not provide for the enforceability of the content of the specific agreement. This could be the case if the obligation specified in the agreement was by its nature unenforceable.

---

[1] Commission Recommendation 2001/310/EC of 4 April 2001 on the principles for out-of-court bodies involved in the consensual resolution of consumer disputes (OJ L 109, 19.4.2001, p. 56).

(20) The content of an agreement resulting from mediation which has been made enforceable in a Member State should be recognised and declared enforceable in the other Member States in accordance with applicable Community or national law. This could, for example, be on the basis of Council Regulation (EC) No 44/2001 of 22 December 2000 on jurisdiction and the recognition and enforcement of judgments in civil and commercial matters (1) or Council Regulation (EC) No 2201/2003 of 27 November 2003 concerning jurisdiction and the recognition and enforcement of judgments in matrimonial matters and the matters of parental responsibility (2).

(21) Regulation (EC) No 2201/2003 specifically provides that, in order to be enforceable in another Member State, agreements between the parties have to be enforceable in the Member State in which they were concluded. Consequently, if the content of an agreement resulting from mediation in a family law matter is not enforceable in the Member State where the agreement was concluded and where the request for enforceability is made, this Directive should not encourage the parties to circumvent the law of that Member State by having their agreement made enforceable in another Member State.

(22) This Directive should not affect the rules in the Member States concerning enforcement of agreements resulting from mediation.

(23) Confidentiality in the mediation process is important and this Directive should therefore provide for a minimum degree of compatibility of civil procedural rules with regard to how to protect the confidentiality of mediation in any subsequent civil and commercial judicial proceedings or arbitration.

(24) In order to encourage the parties to use mediation, Member States should ensure that their rules on limitation and prescription periods do not prevent the parties from going to court or to arbitration if their mediation attempt fails. Member States should make sure that this result is achieved even though this Directive does not harmonise national rules on limitation and prescription periods. Provisions on limitation and prescription periods in international agreements as implemented in the Member States, for instance in the area of transport law, should not be affected by this Directive.

(1) OJ L 12, 16.1.2001, p. 1. Regulation as last amended by Regulation (EC) No 1791/2006 (OJ L 363, 20.12.2006, p. 1).
(2) OJ L 338, 23.12.2003, p. 1. Regulation as amended by Regulation (EC) No 2116/2004 (OJ L 367, 14.12.2004, p. 1).

(25) Member States should encourage the provision of information to the general public on how to contact mediators and organisations providing mediation services. They should also encourage legal practitioners to inform their clients of the possibility of mediation.

(26) In accordance with point 34 of the Interinstitutional agreement on better law-making (3), Member States are encouraged to draw up, for themselves and in the interests of the Community, their own tables illustrating, as far as possible, the correlation between this Directive and the transposition measures, and to make them public.

(27) This Directive seeks to promote the fundamental rights, and takes into account the principles, recognised in particular by the Charter of Fundamental Rights of the European Union.

(28) Since the objective of this Directive cannot be sufficiently achieved by the Member States and can therefore, by reason of the scale or effects of the action, be better achieved at Community level, the Community may adopt measures in accordance with the principle of subsidiarity as set out in Article 5 of the Treaty. In accordance with the principle of proportionality, as set out in that Article, this Directive does not go beyond what is necessary in order to achieve that objective.

(29) In accordance with Article 3 of the Protocol on the position of the United Kingdom and Ireland, annexed to the Treaty on European Union and to the Treaty establishing the European Community, the United Kingdom and Ireland have given notice of their wish to take part in the adoption and application of this Directive.

(30) In accordance with Articles 1 and 2 of the Protocol on the position of Denmark, annexed to the Treaty on European Union and to the Treaty establishing the European Community, Denmark does not take part in the adoption of this Directive and is not bound by it or subject to its application,

(3) OJ C 321, 31.12.2003, p. 1.

HAVE ADOPTED THIS DIRECTIVE:

Article 1

Objective and scope

1. The objective of this Directive is to facilitate access to alternative dispute resolution and to promote the amicable settlement of disputes by encouraging the use of mediation and by ensuring a balanced relationship between mediation and judicial proceedings.

2. This Directive shall apply, in cross-border disputes, to civil and commercial matters except as regards rights and obligations which are not at the parties' disposal under the relevant applicable law. It shall not extend, in particular, to revenue, customs or administrative matters or to the liability of the State for acts and omissions in the exercise of State authority (*acta iure imperii*).

3. In this Directive, the term 'Member State' shall mean Member States with the exception of Denmark.

Article 2

Cross-border disputes

1. For the purposes of this Directive a cross-border dispute shall be one in which at least one of the parties is domiciled or habitually resident in a Member State other than that of any other party on the date on which:

(a) the parties agree to use mediation after the dispute has arisen;

(b) mediation is ordered by a court;

(c) an obligation to use mediation arises under national law; or

(d) for the purposes of Article 5 an invitation is made to the parties.

2. Notwithstanding paragraph 1, for the purposes of Articles 7 and 8 a cross-border dispute shall also be one in which judicial proceedings or arbitration following mediation between the parties are initiated in a Member State other than that in which the parties were domiciled or habitually resident on the date referred to in paragraph 1(a), (b) or (c).

3. For the purposes of paragraphs 1 and 2, domicile shall be determined in accordance with Articles 59 and 60 of Regulation (EC) No 44/2001.

Article 3

Definitions

For the purposes of this Directive the following definitions shall apply:

(a) 'Mediation' means a structured process, however named or referred to, whereby two or more parties to a dispute attempt by themselves, on a voluntary basis, to reach an agreement on the settlement of their dispute with the assistance of a mediator. This process may be initiated by the parties or suggested or ordered by a court or prescribed by the law of a Member State.

It includes mediation conducted by a judge who is not responsible for any judicial proceedings concerning the dispute in question. It excludes attempts made by the court or the judge seised to settle a dispute in the course of judicial proceedings concerning the dispute in question.

(b) 'Mediator' means any third person who is asked to conduct a mediation in an effective, impartial and competent way, regardless of the denomination or profession of that third person in the Member State concerned and of the way in which the third person has been appointed or requested to conduct the mediation.

Article 4

Ensuring the quality of mediation

1. Member States shall encourage, by any means which they consider appropriate, the development of, and adherence to, voluntary codes of conduct by mediators and organisations providing mediation services, as well as other effective quality control mechanisms concerning the provision of mediation services.

2. Member States shall encourage the initial and further training of mediators in order to ensure that the mediation is conducted in an effective, impartial and competent way in relation to the parties.

Article 5

Recourse to mediation

1. A court before which an action is brought may, when appropriate and having regard to all the circumstances of the case, invite the parties to use mediation in order to settle the dispute. The court may also invite the parties to attend an information session on the use of mediation if such sessions are held and are easily available.

2. This Directive is without prejudice to national legislation making the use of mediation compulsory or subject to incentives or sanctions, whether before or after judicial proceedings have started, provided that such legislation does not prevent the parties from exercising their right of access to the judicial system.

Article 6

Enforceability of agreements resulting from mediation

1. Member States shall ensure that it is possible for the parties, or for one of them with the explicit consent of the others, to request that the content of a written agreement resulting from mediation be made enforceable. The content of such an agreement shall be made enforceable unless, in the case in question, either the content of that agreement is contrary to the law of the Member State where the request is made or the law of that Member State does not provide for its enforceability.

2. The content of the agreement may be made enforceable by a court or other competent authority in a judgment or decision or in an authentic instrument in accordance with the law of the Member State where the request is made.

3. Member States shall inform the Commission of the courts or other authorities competent to receive requests in accordance with paragraphs 1 and 2.

4. Nothing in this Article shall affect the rules applicable to the recognition and enforcement in another Member State of an agreement made enforceable in accordance with paragraph 1.

Article 7

Confidentiality of mediation

1. Given that mediation is intended to take place in a manner which respects confidentiality, Member States shall ensure that, unless the parties agree otherwise, neither mediators nor those involved in the administration of the mediation process shall be compelled to give evidence in civil and commercial judicial proceedings or arbitration regarding information arising out of or in connection with a mediation process, except:

(a) where this is necessary for overriding considerations of public policy of the Member State concerned, in particular when required to ensure the protection of the best interests of children or to prevent harm to the physical or psychological integrity of a person; or

(b) where disclosure of the content of the agreement resulting from mediation is necessary in order to implement or enforce that agreement.

2. Nothing in paragraph 1 shall preclude Member States from enacting stricter measures to protect the confidentiality of mediation.

Article 8

Effect of mediation on limitation and prescription periods

1. Member States shall ensure that parties who choose mediation in an attempt to settle a dispute are not subsequently prevented from initiating judicial proceedings or arbitration in relation to that dispute by the expiry of limitation or prescription periods during the mediation process.

2. Paragraph 1 shall be without prejudice to provisions on limitation or prescription periods in international agreements to which Member States are party.

Article 9

Information for the general public

Member States shall encourage, by any means which they consider appropriate, the availability to the general public, in particular on the Internet, of information on how to contact mediators and organisations providing mediation services.

Article 10

Information on competent courts and authorities

The Commission shall make publicly available, by any appropriate means, information on the competent courts or authorities communicated by the Member States pursuant to Article 6(3).

Article 11

Review

Not later than 21 May 2016, the Commission shall submit to the European Parliament, the Council and the European Economic and Social Committee a report on the application of this Directive. The report shall consider the development of mediation throughout the European Union and the impact of this Directive in the Member States. If necessary, the report shall be accompanied by proposals to adapt this Directive.

L 136/8 EN Official Journal of the European Union 24.5.2008

Article 12

Transposition

1. Member States shall bring into force the laws, regulations, and administrative provisions necessary to comply with this Directive before 21 May 2011, with the exception of Article 10, for which the date of compliance shall be 21 November 2010 at the latest. They shall forthwith inform the Commission thereof.

When they are adopted by Member States, these measures shall contain a reference to this Directive or shall be accompanied by such reference on the occasion of their official publication. The methods of making such reference shall be laid down by Member States.

2. Member States shall communicate to the Commission the text of the main provisions of national law which they adopt in the field covered by this Directive.

Article 13

Entry into force

This Directive shall enter into force on the 20th day following its publication in the *Official Journal of the European Union*.

Article 14

Addressees

This Directive is addressed to the Member States.

Done at Strasbourg, 21 May 2008.

For the European Parliament	*For the Council*
The President	*The President*
H.-G. PÖTTERING	J. LENARČIČ

변재웅(卞載雄)

계명대학교 국제통상학과 교수 ■ 홈페이지: http://hope.kmu.ac.kr

[학력]

영국 Leicester 대학교 경제학 박사
영국 Warwick 대학교 경제학 석사 수료
계명대학교 경제학사(무역학 부전공)

[주요 경력]

"Marquis Who's Who in the World" 2010년도 인명사전 등재
IBC 2010년도 인명사전 등재(2000 Outstanding Intellectuals of the 21st Century)
ABI(American Biographical Institute) 2011년도 인명사전 등재
(현) 대구시 경상북도 자문위원, 한영협회(The Korea-UK Association) 사무국장
(전) 계명대학교 산학협력단(산학연구처) 부단장, 대구광역시 경제정책지원실 연구실장 (계약직 가급) 역임

[학회]

(전) 한국무역학회 부회장
(현) 한국무역통상학회 부회장, 한중경상학회 부회장, 한국유럽학회, 국제지역학회, 한국국제경영관리학회, 전문경영인학회, 중견기업학회 등 이사

[주요 연구저서]

변재웅 외(2012), "최신 국제기업경영론", 탑북스.
변재웅, 이로리(2010), "EU통상정책 특수문제연구 I", 계명대학교 출판부.
(2011년 문화체육관광부 우수도서 선정)
변재웅(2010), "해외직접투자론 I (이론 및 전략)", 비즈프레스.
Jae-Woong Byun(2011), "Value-based Services for Sustainable Business", 한국유통경영학회지, 14(3).
Jae-Woong Byun, C.C. Cheong(2007), "International Trade: an Application to the Case of the U.S. Imports from France", Journal of Korea Trade, 11(2).
Jae-Woong Byun, C.C. Cheong(2004), "Structural Relationships between Exchange Rate Volatility, Price Competitiveness, and Trade Volumes: Evidence from the UK", Journal of Korea Trade, 8(2).
Jae-Woong Byun, S. Pudney(1994), "Estimation of Discrete Dynamic Models from Endogenously-Sampled Company Panel Data: An Analysis of Direct Investment by Korean Firms in the EU". No. 94/19. 외 다수 논문 발표

이로리(李露利)

계명대학교 법학과 교수

[학력]

고려대학교 대학원 법학박사
고려대학교 대학원 법학석사
한국외국어대학교 문학사(불어전공/ 법학 부전공)

[주요 경력]

(현) 경북도청, 토지수용위원회 위원
(현) 대구지방검찰청 형사조정위원회 위원
(현) 대구시청, 정보공개청구심의위원회 위원

[학회]

(현) 대한국제법학회 이사
(현) 한국국제경제법학회 이사
(현) 한국조정학회 이사

[주요 연구저서]

한국국제경제법학회 공저(2012), 국제경제법, 박영사.
변재웅, 이로리(2010), "EU통상정책 특수문제연구 I", 계명대학교 출판부.
(2011년 문화체육관광부 우수도서 선정)
Junji Nakagawa(Ed.) (2007), Anti-Dumping Laws and Practices of the New Users, Cameron May.
한국국제경제법학회 공저(2006), 국제경제법, 법문사.
이로리(2011), "탄소라벨링에 대한 통상법적 검토", 통상법률 제 100호, 법무부.
이로리(2010), "리스본조약 발효 이후 EU의 변화와 통상적 시사점 - 조약 및 EU기관 측면의 변화를 중심으로, 통상법률, 제94호, 법무부.
이로리(2010), "탄소세의 국경세 조정에 대한 WTO법적 검토", 국제법학회논총, 제55권, 대한국제법학회.
이로리(2009), "TRIPS협정상의 의약품 특허의 강제실시의 최근 동향", 통상법률, 제90호, 법무부.
이로리(2008), "지역무역무역협정에서의 환경보호", 통상법률, 제81호, 법무부 외 다수 논문 발표

한-EU FTA 특수문제연구

2012년 2월 15일 초판 1쇄 인쇄
2012년 2월 22일 초판 1쇄 발행

저 자 **변재웅, 이로리**
펴낸이 **신 일 희**
펴낸곳 계명대학교 출판부
(704-701) 대구광역시 달서구 달구벌대로 1095
TEL: (053)580-6233
FAX: (053)580-6235
홈페이지: www.kmupress.com
출판등록: 1970. 9. 1(제347-1998-1호)

ISBN 978-89-7585-580-1 93320 정가 25,000원
*잘못된 책은 교환하여 드립니다.